"十二五"普通高等教育车辆工程专业规划教材

汽车车身制造工艺学

QICHE CHESHEN ZHIZAO GONGYIXUE

钟诗清　主　编
吴焕芹　副主编

人民交通出版社
China Communications Press

内 容 提 要

本书系统地阐述了汽车车身制造的全过程,共分八章,包括汽车车身结构及其制造过程、车身材料、冲压工艺基础、车身冲压、车身焊接工艺、机器人和机械手的应用、涂装工艺、现代车身技术及其发展趋势等内容。

本书为高等院校车辆工程及相关专业学生教材,也可供汽车行业工程技术人员参考。

图书在版编目(CIP)数据

汽车车身制造工艺学/钟诗清主编. — 北京:人民交通出版社,2012.11
ISBN 978-7-114-10085-7

Ⅰ.①汽… Ⅱ.①钟… Ⅲ.①汽车-车体-车辆制造-工艺学 Ⅳ.①U463.820.6

中国版本图书馆 CIP 数据核字(2012)第 219349 号

书　　名:	汽车车身制造工艺学
著 作 者:	钟诗清
责任编辑:	夏　韡
出版发行:	人民交通出版社股份有限公司
地　　址:	(100011)北京市朝阳区安定门外外馆斜街3号
网　　址:	http://www.ccpress.com.cn
销售电话:	(010) 59757973
总 经 销:	人民交通出版社股份有限公司发行部
经　　销:	各地新华书店
印　　刷:	北京市密东印刷有限公司
开　　本:	787×1092　1/16
印　　张:	13.5
字　　数:	337千
版　　次:	2012年11月　第1版
印　　次:	2019年12月　第3次印刷
书　　号:	ISBN 978-7-114-10085-7
定　　价:	27.00元

(有印刷、装订质量问题的图书由本社负责调换)

"十二五"普通高等教育车辆工程专业规划教材

编委会名单

编委会主任

龚金科(湖南大学)

编委会副主任(按姓名拼音顺序)

陈　南(东南大学)	方锡邦(合肥工业大学)	过学迅(武汉理工大学)
刘晶郁(长安大学)	吴光强(同济大学)	于多年(吉林大学)

编委会委员(按姓名拼音顺序)

蔡红民(长安大学)	陈全世(清华大学)	陈　鑫(吉林大学)
杜爱民(同济大学)	冯崇毅(东南大学)	冯晋祥(山东交通学院)
郭应时(长安大学)	韩英淳(吉林大学)	何耀华(武汉理工大学)
胡　骅(武汉理工大学)	胡兴军(吉林大学)	黄韶炯(中国农业大学)
兰　巍(吉林大学)	宋　慧(武汉科技大学)	谭继锦(合肥工业大学)
王增才(山东大学)	阎　岩(青岛理工大学)	张德鹏(长安大学)
张志沛(长沙理工大学)	钟诗清(武汉理工大学)	周淑渊(泛亚汽车技术中心)

前 言

汽车车身制造工艺学是一门综合性的工程技术学科，涉及冲压、焊接、油漆、装饰等多个领域，该课程是一门跨专业的课程。

车身制造不仅技术精密、资金投入量大，而且反应出现代制造技术的发展水平，车身技术人才培养越来越受到汽车行业的重视和关注。

本书取材和编写的特点如下：

(1) 从制造过程出发，根据教学的特点，由浅入深，由基础理论到实际应用，逐步阐述车身制造的全过程。

(2) 以车身制造的冲压、焊接、油漆、装饰四大工艺为题材，重点介绍其工艺特点、工艺方法、工艺参数、工艺规范及其工艺装备等基本内容，同时对现代车身技术的发展趋势也作了一些必要的叙述。

(3) 精选内容，突出重点，使之适合于教学，也适宜于汽车工作者使用。

本书由武汉理工大学钟诗清任主编，吴焕芹任副主编。钟诗清编写第1章、第5章1~4节、第7章、第8章第5节；齐芳编写第2章；吴焕芹编写第3章和第4章；张宏编写第5章第5节和第6章；东风公司技术中心史建鹏编写第8章1~4节。本书编写过程中，东风、神龙公司的很多专家给予了大力支持和悉心指导，在此特致以衷心感谢！

由于汽车车身技术发展迅猛，新工艺、新技术日新月异，加之编者水平的限制和教材的一些要求，未能迅速将其提升为课堂教学的内容，书中的错误和疏漏之处，恳请专家和读者批评指正。

编　者

2012年2月

目　录

第1章　汽车车身结构及其制造过程 …………………………………………… 1
1.1　车身的类型及其典型结构 …………………………………………… 1
1.1.1　车身的类型 …………………………………………………… 1
1.1.2　车身的典型结构 ……………………………………………… 1
1.2　车身的生产类型及其工艺特点 ……………………………………… 2
1.3　车身的制造过程 ……………………………………………………… 3
1.3.1　车身冲压过程 ………………………………………………… 3
1.3.2　车身的装焊过程 ……………………………………………… 5
1.3.3　车身的涂装工艺 ……………………………………………… 6

第2章　车身材料 …………………………………………………………………… 7
2.1　车身覆盖件材料 ……………………………………………………… 7
2.1.1　冲压加工对原料的要求 ……………………………………… 7
2.1.2　焊接工艺对原材料的要求 …………………………………… 8
2.1.3　车身覆盖件常用材料 ………………………………………… 10
2.1.4　车身上使用的新材料 ………………………………………… 11
2.2　内饰材料 ……………………………………………………………… 13
2.2.1　内饰件表皮材料 ……………………………………………… 13
2.2.2　内饰用基础材料 ……………………………………………… 16
2.2.3　内饰树脂材料 ………………………………………………… 17

第3章　冲压工艺基础 …………………………………………………………… 18
3.1　概述 …………………………………………………………………… 18
3.1.1　冲压加工的特点 ……………………………………………… 18
3.1.2　冲压工序的种类 ……………………………………………… 18
3.2　冲裁 …………………………………………………………………… 21
3.2.1　影响冲裁质量的因素 ………………………………………… 21
3.2.2　合理间隙的确定 ……………………………………………… 22
3.2.3　冲裁力的计算及减小冲裁力的方法 ………………………… 23
3.2.4　材料的经济利用 ……………………………………………… 26
3.2.5　冲裁的工艺设计 ……………………………………………… 27
3.2.6　冲裁模的典型结构 …………………………………………… 30
3.3　弯曲 …………………………………………………………………… 31
3.3.1　弯曲件的工艺性 ……………………………………………… 31
3.3.2　弯曲件的回弹 ………………………………………………… 32
3.3.3　弯曲件毛坯尺寸的计算 ……………………………………… 33

>   3.3.4 弯曲力的计算……33
>   3.3.5 弯曲模凸凹模之间的间隙……35
>   3.3.6 弯曲模的结构……35
>   3.3.7 提高弯曲件精度的工艺措施……35
>   3.4 拉伸……37
>   3.4.1 拉伸过程……38
>   3.4.2 拉伸工艺参数的确定……38
>   3.4.3 车身覆盖件的拉伸……50
>   3.5 其他成型工艺……54
>   3.5.1 局部成型……55
>   3.5.2 翻边……56
>   3.5.3 胀形……61
>   3.5.4 缩口……62
>   3.5.5 校形……63
>
> 第4章 车身冲压……66
>   4.1 车身冲压设备……66
>   4.1.1 常用压力机的分类和代号……66
>   4.1.2 曲柄压力机……66
>   4.1.3 拉伸压力机……68
>   4.1.4 压力机的选用原则……70
>   4.2 车身冲压生产……71
>   4.2.1 车身冲压生产线……71
>   4.2.2 生产线上的输送装置……74
>
> 第5章 车身焊接工艺……78
>   5.1 概述……78
>   5.1.1 车身装焊特点……78
>   5.1.2 车身装焊的生产方式……78
>   5.1.3 车身装焊中的电阻焊……78
>   5.2 点焊工艺……80
>   5.2.1 焊点的形成过程……80
>   5.2.2 点焊的结构工艺性……81
>   5.2.3 焊前准备……83
>   5.2.4 焊接规范……84
>   5.2.5 凸焊……85
>   5.2.6 缝焊……87
>   5.3 点焊设备及其焊接工具……88
>   5.3.1 点焊机的分类……88
>   5.3.2 固定式点焊机……88
>   5.3.3 移动式点焊机……91
>   5.3.4 多点焊机……92

  5.3.5 焊接工具 ……………………………………………………………… 93
 5.4 车身装焊夹具与辅具 …………………………………………………………… 100
  5.4.1 装焊夹具 ……………………………………………………………… 100
  5.4.2 辅助工具 ……………………………………………………………… 103
 5.5 汽车车身装焊工艺 ……………………………………………………………… 104
  5.5.1 汽车焊接工艺概况 …………………………………………………… 104
  5.5.2 汽车焊接生产方式 …………………………………………………… 105
  5.5.3 轿车车身装焊线 ……………………………………………………… 109
  5.5.4 轿车车身装焊调整线 ………………………………………………… 111

第6章 机器人和机械手的应用 ……………………………………………………… 115
 6.1 概述 ……………………………………………………………………………… 115
  6.1.1 机器人和机械手 ……………………………………………………… 115
  6.1.2 机器人的组成、运动及分类 ………………………………………… 116
  6.1.3 工业机器人的主要技术参数 ………………………………………… 122
 6.2 机器人和机械手的本体结构 …………………………………………………… 123
  6.2.1 手指 …………………………………………………………………… 123
  6.2.2 手腕 …………………………………………………………………… 125
  6.2.3 手臂 …………………………………………………………………… 126
  6.2.4 定位及缓冲 …………………………………………………………… 127
 6.3 机器人和机械手的应用 ………………………………………………………… 131
  6.3.1 在冲压线上的应用 …………………………………………………… 131
  6.3.2 在装焊线上的应用 …………………………………………………… 132
  6.3.3 在油漆线上的应用 …………………………………………………… 132

第7章 涂装工艺 ……………………………………………………………………… 134
 7.1 概述 ……………………………………………………………………………… 134
  7.1.1 涂装的作用 …………………………………………………………… 134
  7.1.2 涂装的要求 …………………………………………………………… 134
 7.2 涂料 ……………………………………………………………………………… 135
  7.2.1 涂料的组成 …………………………………………………………… 135
  7.2.2 涂料的分类、命名及编号 …………………………………………… 137
  7.2.3 合理选用涂料的一般原则 …………………………………………… 141
 7.3 涂装前金属的表面处理 ………………………………………………………… 141
  7.3.1 概述 …………………………………………………………………… 141
  7.3.2 脱脂方法 ……………………………………………………………… 142
  7.3.3 磷化处理 ……………………………………………………………… 145
  7.3.4 磷化处理的工艺流程 ………………………………………………… 147
 7.4 汽车的涂装工艺 ………………………………………………………………… 148
  7.4.1 静电喷漆 ……………………………………………………………… 148
  7.4.2 电泳涂装 ……………………………………………………………… 150
  7.4.3 粉末喷涂 ……………………………………………………………… 152

7.5 干燥工艺 153
　7.5.1 干燥方法 153
　7.5.2 各类涂料所适用的干燥方法 154
7.6 典型涂装工艺 154
　7.6.1 汽车用涂料 154
　7.6.2 车身用底漆 155
　7.6.3 车身用中间层涂料 155
　7.6.4 车身用面漆 156
　7.6.5 车身涂装的典型工艺 157

第8章 现代车身技术及其发展趋势

8.1 CFD 技术 159
　8.1.1 CFD 基本知识 159
　8.1.2 CFD 的求解过程 163
　8.1.3 CFD 在车身开发中的应用 163
8.2 模流技术 167
　8.2.1 模流分析技术简介 168
　8.2.2 汽车塑料零部件开发中遇到的问题 169
　8.2.3 模流技术在车身开发中的应用 169
　8.2.4 模流技术的应用前景 170
8.3 冲压成型中的 CAE 技术 171
　8.3.1 概述 171
　8.3.2 冲压成型技术 172
　8.3.3 冲压成型中的 CAE 技术 176
8.4 现代汽车车身焊接技术及其发展趋势 186
　8.4.1 现代车身结构对焊接技术的要求 186
　8.4.2 车身新材料和焊接新技术 188
　8.4.3 车身尺寸精度控制 193
　8.4.4 车身柔性化生产装焊技术 195
　8.4.5 工业机器人在车身装焊中的运用 198
8.5 车身涂装技术的发展趋势 202
　8.5.1 表面处理技术 202
　8.5.2 阴极电泳涂装技术 202
　8.5.3 膜过滤技术 203
　8.5.4 自动静电涂装技术 203
　8.5.5 静电粉末涂装技术 203
　8.5.6 烘干技术 203
　8.5.7 车用涂料 204

参考文献 205

第1章 汽车车身结构及其制造过程

1.1 车身的类型及其典型结构

1.1.1 车身的类型

汽车车身的种类很多,根据车型和结构形式的不同,有不同的分类方法。

(1)根据车型的不同,可分为:①轿车车身。②大型客车车身。③载货汽车车身(包括驾驶室和车厢)。

(2)根据车身承载形式的不同,可分为:①非承载式车身。②半承载式车身。③承载式车身。

(3)根据车身结构的不同,可分为:①有骨架车身。②无完整骨架车身。

1.1.2 车身的典型结构

车身是汽车的重要组成部分,称为车身总成。无论何种类型的车身,一般都是由地板、前围、后围、左右侧围、顶盖、车门等部分组成。图1-1为轿车车身结构图。车身各部分又由很多合件、组件及零件(大多冲压件)构成。未经涂装(油漆)和内外装饰的车身总成,又称白车身。这里通常所讲的车身指白车身。

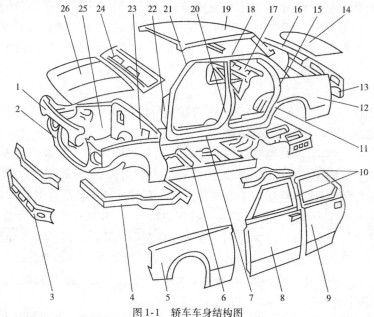

图1-1 轿车车身结构图

1-发动机罩前支撑板;2-散热器固定框架;3-前裙板;4-前框架;5-前翼子板;6-地板总成;7-门槛;8-前门;9-后门;10-门窗框;11-车轮挡泥板;12-后翼子板;13-后围板;14-行李舱盖;15-后立柱(C柱);16-后围上盖板;17-后窗台板;18-上边梁;19-顶盖;20-中立柱(B柱);21-前立柱(A柱);22-前围侧板;23-前围板;24-前围上盖板;25-前挡泥板;26-发动机罩

1.2 车身的生产类型及其工艺特点

汽车车身属于大型薄壁结构,由于生产纲领不同,其生产方式有很大区别,以车身大型覆盖件的冲压和壳体的装焊为例,根据不同的生产纲领,可分为以下几种类型的生产方式。

(1)单件生产。

年产量在 300 辆以下为单件生产。

(2)成批生产。

①小批生产:年产量在 300~3000 辆之间。

②中批生产:年产量在 3000~30000 辆之间。

③大批生产:年产量在 30000~150000 辆之间。

(3)大量生产。

年产量超过 150000 辆为大量生产。

由于生产类型不同,其工艺特点及生产组织方式有很大区别。

单件生产中,车身的大型覆盖件往往以钣金、手工工艺为主,使用少量的胎具和机械化工具,配备少量的拉伸、成型模具,产品的质量在很大程度上靠手工工艺来保证。车身的装配是采用修配的方法来保证装配间隙的;焊接时,除点焊外,还大量采用气焊、电弧焊及二氧化碳气体保护焊。在涂装工序中,为了获得平整的车身表面,需在零件表面刮腻子、挂锡和打磨。表面处理采用手工清洗和喷漆。漆膜可经烘干,也可不经烘烤而采用自然干燥。

在小批生产中,车身覆盖件的制造常将主要成型加工工序放在液压机或机械式双动压力机上,用简易冲模拉伸出来,然后将已成型的拉伸件在滚剪、振动剪及一些专用胎具上按照样板用手工操作或使用机械化工具来完成修边、翻边和冲孔等工序,其模具比单件生产要多一些。车身的装配是在固定的装配台上完成。零件的相互位置用夹具来保证,车身的形状精度较差。焊接以接触点焊为主。表面处理要经过简易清洗室、喷漆室和烘干室,操作仍为手工。产品运输使用一般的机械化装置,如电葫芦或可在地面轨道上运行的轻便小车来完成。

在单件生产和小批生产中,近些年来,车身覆盖件的拉伸和主要成型工序开始采用低熔点合金模具来完成,以保证车身的成型质量。

在中批生产和大批生产中,覆盖件的冲压基本上全部模具化。覆盖件的各道工序是在一台或数台压力机上分别用模具压制出来。由数台压力机组成的冲压生产线,常常要承担数种甚至数十种冲压件的生产,其性质属于流水性生产。车身及其主要部件的装配,采用多工位的各种形式的通用装配生产线。焊接以专用焊钳和焊枪为主,并采用少量多点焊机。车身的表面处理具有较完善的涂装生产线,如采用三室清洗机及磷化联合机对车身表面进行脱脂、清洗和磷化处理;采用电泳底漆或静电喷漆,以及红外线烘干室等新型的高效热源设备烘干。工序间的运输使用滑道、输送带、悬挂运输链及专用叉车等。施工工艺除人工操作外,部分实现半机械化、机械化和半自动化。

在大量生产中,机械化和自动化程度最高。车身覆盖件的冲压,有相当部分是在通用或专用冲压自动线或半自动线上完成,其性质属于大量流水生产。车身及其部件的装配、焊接和涂装,大多是在专用生产线上进行,这些专用生产线,一般都是实现了自动控制。

1.3 车身的制造过程

车身生产一般批量很大,白车身几乎全部都是由大大小小的冲压件经装焊而成。因此,车身的制造过程可概括为卷料开卷、板料冲压、装配焊接、检测调整、涂装装饰等程序。现将车身制造中的冲压、装焊、涂装过程简要叙述如下。

1.3.1 车身冲压过程

车身冲压件主要是指车身的内、外覆盖件,如驾驶室顶盖、发动机罩、车门、挡泥板等。这些冲压件是由薄钢板在双轴向拉伸应力的作用下产生变形而成为曲面覆盖件的。覆盖件的特征是具有形状复杂的空间曲面,要求表面光洁、刚性好和美观。这些要求是通过加工过程中工件产生足够的塑性变形并与模型相吻合而获得的。生产车身冲压件的工艺方法很多,现简要介绍如下。

(1) 双动压力机拉伸成型。用这一工艺方法生产的轿车车身冲压件的件数、工序数和压力机的规格见表1-1。表中序号栏3栏和4栏所示冲压件,正在向连续自动冲压和多工序连续加工的方向发展。

轿车车身冲压件拉伸的数据   表1-1

序 号	冲压件名称	零件数/每辆车	工序数/每件	压力机吨位(t)	工作台面积(mm²)
1	顶盖、挡泥板、车身侧围板、地板、保险杠、发动机罩	8~12	3~6	600~1000	3500×2000~4000×2000
2	车门外板、行李舱盖板、仪表板、车轮罩、车身前、后边板、后窗与行李舱盖连接板等	20~26	5~6	400~500	2500×1500~2500×1700
3	行李舱托架、覆盖版、中门柱、前门柱等	约50	3~6	300~400	2150×1200~2150×1500
4	车门铰链、前挡泥板	20~30	2~6	250	1500×1000

这种工艺方法的主要内容是:在拉伸开始之前,装夹于压力机外滑块上的压边圈先将薄钢板毛坯四周压紧在凹模上,安装在内滑块上的模具,再将钢板毛坯引入凹模内完成拉伸成型。拉伸之后,再经单动压力机上的配套冲模顺序进行修边、翻边、冲孔等工序,最后成为完整的合格产品。这种工艺方法历史悠久,技术完备,能成型各种复杂形状的车身覆盖件,因此被广泛采用。

(2) 张拉成型。这种工艺方法的内容是:先使薄钢板产生弹性极限范围内的单向张拉应力,以利于在以后压制成型时钢板各部分均能处于塑性变形状态,从而达到成型稳定、提高冲制精度的目的。其成型过程如图1-2所示。

如图1-2a)所示,将毛坯置于夹持座内并夹紧,以预定的载荷进行单向拉伸,载荷值由夹持座的位移控制。

如图1-2b)所示,毛坯夹持座下移,将毛坯压盖在下模上,其下移量由工作要求确定。如图1-2c)所示,上模下落,与下模闭合,毛坯成型。成型过程中,毛坯夹持座在液压作用下使毛坯保持张力,而液压的"软"支撑作用,可以防止冲压件产生起皱或冲裂现象。上模到达下止点时,液压作用降为零,致使张力消失,以防止冲压件破裂和变形。如图1-2d)所示,上模回升。如图1-2e)所示,毛坯夹持座随之升起,冲压件脱模。然后毛坯夹持座松开,取出冲压件。上述张拉成型的全过程均可实现机械化。这种工艺方法,可用于生产公共汽车和厢式汽车车身前后围下部及各种弯角门柱等。

(3) 扩胀成型。这是由四个车身冲压件组合成盒形的薄板冲压件的成型工艺。方盒形的毛坯通过心部的内冲头组向外围的外冲模组作径向扩胀,使方盒形毛坯处于张拉状态,然后外冲模组从四周朝内冲头组作径向移动,与内冲头组闭合,毛坯即成为四个冲压件。扩胀成型的工艺过程如图1-3所示。图1-3a)所示为通过切断、卷圆、焊接和扩胀等工艺程序,制成方盒形毛坯;图1-3b)所示为把毛坯套入扩胀成型机内的内冲头组上,依次扩胀成型;图1-3c)所示为将成型好的毛坯送入切开机上切成四件。

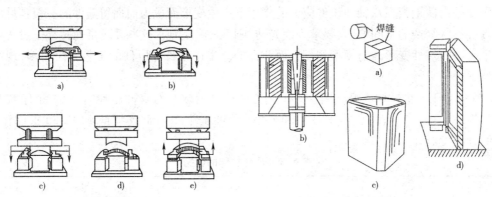

图1-2 张拉成型过程　　　　　图1-3 扩张成型过程

用这种工艺方法生产轿车的车门,生产过程可以高度机械化。它可以一次生产一辆轿车的四种车门;也可以一次生产四个同一类型的车门;还可以用来压制发动机罩、翼子板、地板、前围、仪表板、顶盖、行李舱盖和油箱等半壳形零件。

此外,超声波振动冲压、爆炸成型、液电成型、电磁成型等工艺方法在车身制造中也得到应用。

冲压厂是车身厂的重要组成部分,车身冲压厂具有以下特点:

(1) 车身冲压厂的组成。车身冲压厂一般由以下几个部分组成:①薄钢板卷料仓库。②卷料开卷落料生产线。③成垛落料毛坯的储存和输送系统。④冲压生产线。⑤冲压件储存和输送系统。⑥冲压废料的输送、分理、打包和储存系统。⑦模具的安装、调整、储存和维修系统。⑧设备和机械装置的维修和易损备件的更换系统。

(2) 车间的平面布置。图1-4所示为车身冲压厂车间的典型平面布置图,图中说明了冲压生产过程中组成部分所处的合理位置。

近年来,由于汽车工业迅速地发展,而新建的大型车身冲压车间,大体上与图1-4相同,但其厂房结构和平面布置又完全不一样,概括起来有以下三个特点:

(1) 利用压力机的带形基础,建成二层楼的冲压车间,带形基础的钢梁上(即车间楼上)为压力机生产线,属于冲压生产系统,在带形基础的地沟内设废料处理系统,车间楼下为钢板卷料储存仓库。

(2) 钢板卷料通过专用铁道从楼上进入冲压车间,冲压废料通过另一条专用铁道从楼下送出冲压车间。

(3) 零件先装入集装箱,用叉车送往高架仓库,然后再分送至个装配生产线。

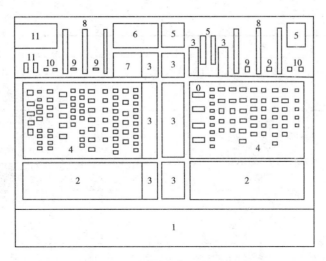

图 1-4　冲压车间典型平面布置图

1-存放处；2-模具存放处；3-模具修理处；4-串联式冲压线；5-传送带式冲压线；6-卷料存放场；7-储藏库；8-落料生产线；9-钢板校平机；10-剪切机；11-辊式送料压力机

1.3.2　车身的装焊过程

装配焊接是车身制造中最重要的环节之一，它直接影响车身质量、生产率和经济性。提高装配精度和焊接质量是车身制造的核心工作。

焊接是一种不可拆卸的连接方法，在车身制造中获得了极为广泛的应用。表 1-2 列出了汽车生产中所采用的焊接方法及其典型应用实例。在这些焊接方法中，由于接触电阻焊具有快速高效、变形小、辅助材料消耗少、易于掌握、易于实现机械化和自动化，以及无环境污染等优点，而且对于低碳钢制成的薄板车身零部件特别适用，所以在车身装焊中，得到了广泛应用；其次是电弧焊和气焊。据统计，在轿车车身装焊中，接触焊占 75%，二氧化碳（CO_2）气体保护焊占 12.5%，其他焊接方法，如锡焊、气焊、高频钎焊等仅占 17.5%。因此，接触焊，特别是接触点焊在汽车工业中应用和发展很快。但是为了适应汽车工业发展的需要，现在还需不断地对焊接新技术、新工艺进行深入广泛地研究，以提高焊接质量和机械化、自动化水平，继续扩大接触焊的应用范围，大力发展机器人点焊和二氧化碳气体保护的半自动和全自动焊，同时还应加强对激光焊、电子束焊、微弧等离子焊、摩擦焊等特种焊接方法在装焊中的应用研究。

现代汽车生产中采用的焊接方法及其典型应用实例　　　　表 1-2

	焊接方法		典型应用实例
接触焊	点焊	悬挂电焊钳（手工或机械手）	车身总成，车身侧围分总成
		固定焊机	小型零部件
	多点焊	压床式多点焊机	车身地板总成
		C 形多电焊机	车门、发动机罩、行李舱盖总成
	凸焊		螺母、小支架
	缝焊	悬挂缝焊钳	车身顶盖流水槽
		固定焊机	汽油箱总成
	闪光对焊		后桥壳管、车轮轮辋

续上表

焊接方法		典型应用实例
电弧焊	CO_2气体保护焊 半自动	车身总成
	CO_2气体保护焊 自动	后桥壳、消声器
	氩弧焊	车身顶盖后两侧接缝
	手工电弧焊	厚料零部件
	埋弧焊	重型后桥壳
气焊	氧乙炔焊	车身总成补焊
	钎(铜、银)焊	铜和钢件
	锡焊	散热器
特种焊	微弧等离子焊	车身顶盖后角板
	电子束焊	齿轮
	激光焊	车身底板
	摩擦焊	后桥壳管与凸缘转向器

1.3.3 车身的涂装工艺

车身的表面涂装，不仅起着防腐蚀、防氧化、提高使用期限的作用，而且是美化车身的主要工艺手段。

涂层美观是汽车产品的性能指标之一，除造型外，涂层质量（外观、光泽、颜色等）的优劣，给人以直观的评价，甚至直接影响汽车的销路。因此，在车身制造中，涂装工艺占有重要的地位。

车身涂装属于多层涂装，由于各种汽车使用条件和环境不同，车身的涂装工艺也各不相同，但概括起来可分为以下三个基本体系：

（1）第一涂装体系：涂三层烘三次体系，即底漆涂层→中间涂层→面漆涂层，三层分别烘干。

（2）第二涂装体系：涂三层烘二次体系，涂层次数同上，但底漆层不烘干，涂中间涂层后一起烘干，因而烘干次数由三次减为两次。

（3）第三涂装体系：涂两层烘两次体系，即底漆涂层→面漆涂层，分别烘干，无中间涂层。

一般选用原则是，对于外观装饰要求高的轿车车身、旅行车和大型客车车身采用第一、第二涂装体系；轻型及部分中型载货汽车的驾驶室及覆盖件，一般采用第二、第三涂装体系；中重型载货汽车车身一般采用第三涂装体系。

采用第一涂装体系时，其工艺流程为：去油清洗→磷化→干燥→涂底漆→烘干→打磨→干燥→涂中间层→烘干→打磨→干燥→涂面漆→烘干。

采用第三涂装体系，则无中间涂层及其烘干、打磨和干燥等工序。

第2章 车身材料

汽车上所用的材料极其繁多,包括金属材料和非金属材料等,并且时时都在推陈出新。随着各种材料和新品种的不断出现,车身材料正在不断地发生变化。

2.1 车身覆盖件材料

2.1.1 冲压加工对原料的要求

由于车身覆盖件形状复杂且不对称,拉伸过程中的应力、变形很不均匀,而且多数情况要求工件一次拉伸成型,材料需要承受很大的应力,产生最大限度的塑性变形,因此它对深拉伸钢板的冲压性能提出了很高要求。影响深拉伸钢板冲压性能的因素很多,钢板的表面质量、厚度变化、化学成分、力学性能、工艺性能和金相组织都直接或间接地影响其冲压性能。覆盖件的冲压加工对原材料提出了下列要求:

(1)深拉伸钢板含碳量应介于 0.06% ~ 0.09% 之间;凡与铁能形成固溶体的元素,如硅(Si≤0.03%)、磷(P≤0.06%),均应保持在最低允许含量内,因为它们使铁素体变硬、变脆;另外,硫的含量亦应力求减少到最小限度(S≤0.05%),因为它和锰与铁呈脆性的化合物存在。

(2)晶粒大小及其均匀度对材料的塑性和冲压件的质量有很大影响。均匀而细小的晶粒组织既有较好的塑性便于拉伸变形,而且冲压件的表面质量亦光滑美观;晶粒粗大,虽然容易变形,但容易使工件表面产生麻点和橘皮状。晶粒过细,由于难于变形而使工件产生裂纹,并且弹性亦大,影响工件精度。具有良好的拉伸性能的钢板,其晶粒度级别应为 6 ~ 7 级,并要求晶粒度大小均匀。

(3)钢板中珠光体的形状对冲压性能也有较大的影响。球状珠光体有利于拉伸。游离渗碳体性质硬且脆,当它沿铁素体晶界分布时,拉伸易产生裂纹,深拉伸钢板组织中游离渗碳体应限制在 1 ~ 2 级内。非金属夹杂物,尤以条状、方块状连续分布时,对拉伸十分不利。实践证明:因工艺问题而产生的废品,一般裂口比较整齐;因材料质量差而产生的废品,裂口多为半锯齿状或不规则形状。

(4)力学性能是衡量钢板冲压性能好坏的重要指标,δ_s 与 δ_b 的比值(屈强比)愈小,意味着应力不大时就开始塑性变形,而且变形阶段长,能持久而不破裂。延伸率 δ 愈大,则塑性愈好。用于覆盖件的深拉伸钢板要求: $\dfrac{\delta_s}{\delta_b} \leq 0.65, \delta_{10} \geq 40\%$。

另外,还要求大的硬化指数 n。n 值大的材料具有扩展变形区,使变形均匀化,减少局部变薄和增大极限变形的作用,成型性能好。

(5)深拉伸钢板,尤其是沸腾钢,由于时效作用,在材料力学性能试验的拉伸图上有屈服平台,如图 2-1a)所示,即当拉伸变形达到屈服点后在相当长一段变形量内,材料的变形抗力维持不变,甚至略有下降。这样在不均匀变形的情况下,就会使首先塑性变形的区域继续局部延伸,要当变形越过屈服平台后才能扩展至邻近区域,这种现象使得拉伸后的零件表面出现局部凹纹,称为滑带。它有损零件的外观,这对表面要求很高的车身覆盖件是不允许的。为了消除滑带,除了要从钢板冶炼中设法解决外,还可在拉伸前将钢板用0.5%~3%的压下量冷轧一下,又会因时效作用重新出现屈服平台。

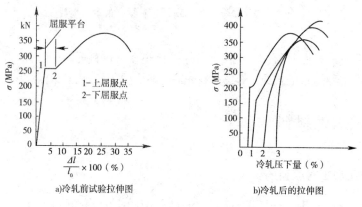

图2-1 低碳钢假想拉伸曲线与材料状态的关系

(6)覆盖件对钢板的表面质量和厚度偏差亦要求很高。表面质量要求达到特别高级精整平面Ⅰ级或高级精整平面Ⅱ级;厚度偏差要求达到高级精整级或较高A级精度B级。

2.1.2 焊接工艺对原材料的要求

材料的焊接特别是接触电阻焊,评价车身覆盖件原材料电阻焊的可焊性,可从以下几方面研究。

(1)焊点的拉剪强度。随着母材强度的提高,焊点的静拉剪强度虽有提高,但不与母材强度的提高成比例,在设计点焊接头时应考虑这一因素。

(2)焊点的拉伸强度。一般来说,焊点的拉伸强度随母材的拉伸强度的提高而有所提高,但其增长的速度又不及焊点拉剪强度的增长速度,有些低合金钢的焊点拉伸强度甚至随着母材拉伸强度的提高而降低。

(3)塑性比和破断模式。焊点的拉伸强度和拉剪强度之比值称为塑性比,该比值可在一定程度上反映焊点的塑性。比值越大,焊点的塑性越好;比值越小,焊点倾向于"脆性破坏",即"表面破坏"模式。试验证明:当塑性比小于0.6时,焊点倾向于"表面破坏"模式;低合金钢焊点的塑性不如低碳钢。

塑性比和破坏模式是评定可焊性的重要指标。如果一个钢种的电焊接头的塑性比不高(如在0.6左右),在剥离试验或强度试验中呈现"表面破坏"模式,则其应用于电焊结构产品时必须十分谨慎。

(4)焊点融化区硬度。一般说来,母材的拉伸强度越高,焊点熔核的硬度也越高。熔核的硬度高与焊点的塑性比低、可焊性不佳是联系在一起的。

(5)焊点的疲劳强度。只要焊接接头的形式和尺寸相同,无论是低碳钢还是低合金钢,接头的疲劳强度强度都大体相同。也就是说,疲劳强度只要是受接头集合因素的制约,而与材质无关。如果用低合金钢取代低碳钢,并不能增加疲劳强度,如果在取代的同时减薄材料则会使疲劳强度下降,在这种情况下,可以考虑用增加焊点来补救。

(6)可焊性区间。材料的可焊性是一个受到多方面因素影响的复杂问题,焊点的力学性能、外观质量、电极的寿命和操作复杂性等都可作为评定可焊性的标准。对于一般低碳钢和低合金钢来说,焊点质量良好的标准通常是:焊核直径符合要求和没有飞溅;而对于汽车工业,焊核直径的标准是:

$$D = 5\sqrt{t}$$

式中：D——焊核直径；

t——板厚。

但是对于汽车上某些不重要的接头,也可采用 $D = 4\sqrt{t}$

点焊的主要参数是焊接电流、通电时间和电极压力。固定这些参数之一,变化其他两个参数就可以求得可焊性区间,如图2-2所示。

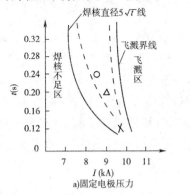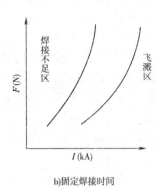

a) 固定电极压力　　　　　b) 固定焊接时间

图2-2　某材料的可焊性区间

从图2-2a)所示可以看出,焊接时间0.24s、电流8.5kA是该材料点焊的最佳规范。因为用这一规范点焊,电流容许变化范围大,即使在点焊时电流有所波动,也不会产生焊核太小或飞溅现象。如果加长焊接时间,Δl 不会增加,只是徒然浪费电能和生产时间。如果缩短焊接时间,Δl 也将减小,不利于保证质量。但是为了提高生产率,将规范制定在0.2s、9kA也可以说是合理的,是实用上的最佳规范。如果把焊接时间定为0.12s、9.8kA则很不合理,很小的电流波动将会引起极不稳定的点焊质量。

图2-2a)中的虚线为另一材料的可焊性区间,它明显地较实线所表示的可焊性区间窄,即可焊性较差。

图2-2b)所示为固定通电时间求得的可焊性区间,可作为确定电极压力的依据。

不同的材料具有不同的可焊性区间;不同的材料具有不同的焊接特点。

低碳钢的焊接特点为:

(1) 低碳钢含碳量及含其他合金元素均较少,因而低碳钢的焊接性较好。一般不需采取特殊的工艺措施即可得到优质的焊接接头。低碳钢几乎适应各种焊接方法。

(2) 低碳钢的焊接可保证接头与母材等强度。

(3) 低碳钢焊接不需要预热。

中碳钢的焊接特点为:

(1) 热影响区容易产生低塑淬硬组织,钢中含碳量越高,板厚越大;淬硬倾向也越大,并且淬硬区易产生冷裂纹。

(2) 焊接接头的塑性及抗疲劳强度较低,易产生裂纹。

(3) 由于含碳量较高,对气孔的敏感性增加。

总之,中碳钢的可焊性比低碳钢差,而高碳钢则不宜焊接。

2.1.3 车身覆盖件常用材料

目前车身常用材料仍为钢材,覆盖件常用冷轧薄钢板,它们主要有08Al、08F、08、10、15和20钢等,它们都可进行深拉伸,其化学成分见表2-1。

深拉伸冷轧薄钢板的化学成分(GB 699—80)　　　表2-1

钢号	C	Si	Mn	P	S	Ni	Cr	Cu	金属Al
08Al	0.05~0.12	≤0.03	0.25~0.65	≤0.035	≤0.035	≤0.25	≤0.10	≤0.25	0.02~0.07
08F	0.05~0.11	≤0.03	0.25~0.50	≤0.035	≤0.035	≤0.25	≤0.10	≤0.25	—
08	0.05~0.12	0.17~0.37	0.35~0.65	≤0.035	≤0.035	≤0.25	≤0.10	≤0.25	
10	0.07~0.14	0.17~0.37	0.35~0.65	≤0.035	≤0.035	≤0.25	≤0.15	≤0.25	
15	0.12~0.19	0.17~0.37	0.35~0.65	≤0.035	≤0.035	≤0.25	≤0.25	≤0.25	
20	0.17~0.24	0.17~0.37	0.35~0.65	≤0.035	≤0.035	≤0.25	≤0.25	≤0.25	—

在此类钢板中用量最大的是08钢,并有沸腾钢与镇静钢之分。沸腾钢板价格低、表面质量好,但偏析比较严重,钢锭不同部位轧成的钢板性能不一致,且有"应变时效"倾向,即重新出现屈服平台,冲压件又不会出现滑带现象。这对冲压性能要求高,外观要求较严格的零件不宜。铝镇静钢板价格较高,但性能较好,"应变时效"倾向小,适用于车身覆盖件。铝镇静钢08Al按其质量分为三级:

ZF　最复杂:用于拉伸最复杂的零件。

HF　很复杂:用于拉伸很复杂的零件。

F　复杂:用于拉伸复杂的零件。

按其表面质量分为三组:

Ⅰ组:特别高级的精整表面。

Ⅱ组:高级的精整表面。

Ⅲ组:较高级的精整表面。

对其他拉伸薄钢板,按其冲压性能分为:

Z:最深拉伸。

S:深拉伸。

P:普通拉伸(包括热轧钢板)。

影响钢板冲压、焊接性能的主要因素有:化学成分、金相组织、力学性能和表面质量等。

表2-2所列为深拉伸冷轧薄钢板的力学性能。

深拉伸冷轧薄钢板的力学性能　　　表2-2

钢　种	拉　延　级　别				
	Z	S 和 P	Z	S	P
	抗拉强度 σ_b(MPa)		δ_{10}(%)不小于		
			冷轧钢板		
08F	275~365(28~37)	275~380(28~39)	34	32	30
08 08Al 10F	275~390(28~40)	275~410(28~42)	32	30	28

续上表

钢 种	拉 延 级 别				
	Z	S 和 P	Z	S	P
	抗拉强度 σ_b(MPa)		δ_{10}(%)不小于		
			冷轧钢板		
10	295~410(30~42)	295~430(30~44)	30	29	28
15F	315~430(32~44)	315~450(32~46)	29	28	27
15 15Al 20F	335~450(34~46)	335~470(34~48)	27	26	25
20	355~490(36~50)	355~500(36~51)	26	25	24
25	—	390~540(40~55)	—	24	23
30	—	440~590(45~60)	—	22	21
35	—	490~635(50~65)	—	20	19
40	—	510~650(52~67)	—		18
45	—	540~685(55~70)	—		16
50	—	540~715(55~73)	—		14

2.1.4 车身上使用的新材料

由于汽车工业对增强可靠性、减轻汽车整备质量和节约燃料的要求日趋提高,而车身质量(轿车)约占整车的50%,所以减小车身的质量已成为减轻整备质量的关键问题。其主要手段是使车身材料轻量化。目前作为轻量化的材料主要有低合金高强度钢板、铝、塑料、复合材料等。塑料使用在汽车上时,最薄为2mm,再薄就不能用了;铝是轻金属,产量不多,而且价格比低合金高强度钢高,现在车身制造的方式又是按照钢铁材料设计的,用铝就必须改变现有的设备和工艺,困难很多。然而高强度钢板只要在加工普通钢板的现行设备上,做少量改动就能够进行生产,与其他轻材料相比,还有成本低的优点,所以在汽车上应用较广泛。

近年来,高强度钢板在成型性、焊接性、疲劳强度和装饰性等方面的研究有很大进展,在结构部件和车身外板上的应用急速扩大。现已从只在前、后保险杆和车门横向加强梁上的应用扩展到车门外板、发动机罩、支柱内板以及地板等部位。但并不是什么地方都用低合金高强度钢,应注意不同零件的使用条件,同时还要考虑经济性。

1. 低合金高强度钢

按照强度等级和强化方式,大致可将低合金高强度钢分为三类:

(1)固溶强化并时效强化的重磷钢和重氮钢。它是在向普通沸腾钢中加入过量的磷或氮而形成的。磷或氮固溶在铁素体中形成固溶强化。一般深拉伸钢板的屈服极限在200MPa以下,重磷钢或重氮钢的屈服极限在240~310MPa,具有良好的冲压成型性能,产品经油漆烘烤后,其屈服极限可以进一步提高到380MPa;重磷钢中的含磷量一般在0.04%~0.10%,含碳量小于0.10%。

(2)碳-氮化物析出强化的低合金高强度钢。在低碳钢中加入微量的Nb、V、Ti或N,生成碳-氮化物,形成析出强化。这类钢的屈服极限达275~550MPa。在轧制时应控制加热和冷却的程度,以保证得到细的晶粒结构。由于含碳量保持在0.1%以下,其成型性能相当好。有时还加入稀土元素进一步改进其性能。

(3)双向组织(铁素体和马氏体)的低合金超高强度钢。这类钢的屈服极限高达550~1400MPa,常用于制造汽车保险杠等零件。

2. 塑料

塑料作为车身内、外装饰件的主要材料已经很普及,目前正向着车身覆盖件、强度构件、机能构件等方面发展。

多层复合材料的研究在深入进行着,金属+树脂+金属的多层复合材料,可望在轻量化、隔热性、防振隔声性能方面得到理想的效果。薄钢板和聚乙烯的符合材料在同一厚度情况下,比钢板轻10%,把复合材料增加10%就具有同钢板相同的弯曲刚性和拉伸刚性。但就其应用还有很多需要解决的问题,如降低成本、防止热变形、发展成型技术和完善装配方法等。

3. 铝

铝作为轻质材料能使质量减少50%~60%,另外还有良好的耐腐蚀性能,因此在车身外板上得到了广泛应用。

但是,由于铝在成型性、焊接性、热膨胀和表面处理等方面的缺点,以及冶炼成本高(冶炼时的能耗较高,比钢高5倍,比塑料高2倍)而受到限制。因此,铝板在车身上的用量不像塑料那样明显的增长。然而,铝铸件发展得很快,目前在发动机、悬架、轮辋等部件上已经实用化。

4. 玻璃材料

目前一些国家对汽车用玻璃结构进行着广泛的研究,以期提高安全性,减小质量,改进汽车空气动力性指标。由于钢化玻璃在遇到强烈的撞击时,表面会破裂为蜂窝状网纹,使其变得不透明,而且玻璃碎片常飞落在客室里。而夹层玻璃在此种情况下,只引起外层的有限破裂,对视线影响较小,并且在汽车遇到障碍物紧急制动等情况下,乘员头部碰撞到玻璃时,能缓和头部的冲击力,减轻损伤。因此,几乎所有的国家都采用了双夹层玻璃制造前、后风窗玻璃,有些国家还做出了必须采用的规定。

最初的夹层玻璃用3mm厚的单片,目前减薄到2.0~2.3mm,质量可减轻20%~30%。

现在最新的一种夹层玻璃是所谓四层夹层玻璃,即在内表面附加上一层厚的聚氨基甲酸酯膜,以提高安全性。附加层是透明、柔软、高强度、高弹性,并且能自动修复的特殊塑料。四层材料从外向内依次为2.6mm的普通玻璃,0.76mm聚乙烯醇缩丁醛芯层,2.6mm的普通玻璃、特殊塑料层。这种玻璃受到冲击时,裂纹密度显著变疏,使玻璃能保持一定的透明度。当驾驶员的头部撞击到玻璃时,玻璃不会被其洞穿,只是发生大面积塌陷,其下陷深度可达到数厘米,对驾驶员的头起着良好的缓冲作用。由于内侧有一层特殊塑料层,不会散落玻璃碎屑,可大大减少乘员的损伤率。

另外,目前改进车身的造型和结构的主要倾向之一是加大玻璃面积,以期改善视野和增强明快感。但是,加大了玻璃面积,会使车内的微气候受到影响,而且迎面来的光线会使驾驶员炫目。因此,近几年彩色玻璃得到了日益推广。这种玻璃是将着色的透明薄膜粘在玻璃表面上,或者夹在夹层玻璃的玻璃中间。彩色玻璃的颜色从上到下,由深到浅逐渐变化,在玻璃高度的2/3左右变成无色。彩色玻璃的颜色不尽相同,有蓝色、绿色、无色等,最近又出现了一种青铜色玻璃。为了适应车身造型的圆型化、球面化的需要,有用树脂材料代替无机玻璃的动向。用丙烯酸酯玻璃代替目前的硅酸盐玻璃制造侧窗和后风窗玻璃,其特点是透明度好、质量轻、韧性好和耐老化。

2.2 内饰材料

现代汽车在人们心目中已不仅仅是一种交通工具,还有一层艺术品、消费品的含义,它正向着商品化方向转移。

汽车外观固然重要,但内饰也不容忽视,内饰的直观性、内饰材料的手感性等,直接成为汽车的商品形象。

目前对车身内饰的评价有三个指标,即商品能力、高性能和安全性。

商品能力的评价项目有:皮革软化、外观、质量可靠性、噪声振动和价格合理性等。

高性能的评价项目有:质量可靠性、轻量化、噪声及振动等。

安全性主要是要求其符合法规制度。

2.2.1 内饰件表皮材料

1. 座椅表皮

按面积而论,座椅表皮占车身内饰件材料的大部分。其花纹颜色、图案式样、手感及抗皱性、加工性、抗磨性都很重要。图2-3所示为座椅材料、性能、加工方法、评价方法等。

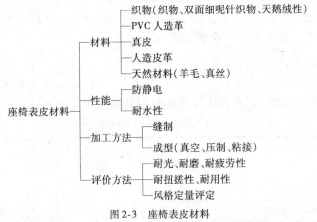

图2-3 座椅表皮材料

目前,座椅面料仍以织物、PVC人造革为多。天然真皮革少量采用,并有被织物替代的趋势。

面料的织法多是长毛针织或特殊花样。调合及隐蔽花纹也正在兴起。织物的原料种类很多,但目前仍以聚酯涤纶纤维为主,并朝着高质量、耐磨、低成本方向发展。由于表面印刷与无纺布复合及用棍子转印与隔离纸叠压化技术的应用,使PVC人造革进入了实用化时期。天然真皮,只用于少数运动车、高级轿车的座椅。为满足面料耐磨性、柔软性、宽松性的要求,多数天然真皮经过了人工涂膜处理,同时还采用了人工细孔方法,提高了透气性。

为了保持面料的风格及仿皮革的真实感,新的加工方法及新材料也不断出现。一种是已大量采用与真皮组织极其相似的合成纤维革;另一种是在基布上涂以聚氨酯黏合剂,再粘上涤纶或极细尼龙纤维,然后进行拉毛处理。这种人造面料有光滑的手感,具有坐垫要求的耐磨性、耐老化性和高强度。

部分汽车为了防止静电、阻燃及具有柔顺性等,采用了一些天然材料,如羊毛织物等。

随着汽车发展的需要,织物面料面临着高机能化的挑战,因而采用了对人造面料进行防静电及疏水处理技术等。表2-3介绍的纤维防静电的两种方法是:采用吸湿性亲水化合物对织物进行覆盖处理以及在面料中织进导电材料的新技术。为了将摩擦电压控制在2kV以下,可将坐椅、地毯、门内板聚酯(涤纶)纤维织物化。

纤维防静电法　　　　　　　　　　　　　　　　　　　　表2-3

防静电技术		上胶法	织入法
防静电技术		亲水化合物反应固接在纤维表面	将导电材料织入纤维中
可靠性	初期	○	○
可靠性	耐久性	△	△
对物性的影响		摩擦强度降低 疏水性降低	风格变化(炭是带色的) 加工时注意火花

注:○表示好,△表示一般。

所谓疏水处理是指对织物进行氟、硅树酯乳液浸渍,从而降低其表面张力,使水无法向组织内部浸透并容易擦拭。

要使汽车座椅既舒适又柔软,采用型模成型和填充加工最为有利。如坐垫采用缓冲型冷塑发泡体,填充物则用垫塑体,或者对坐垫的全部、局部和侧面赋予硬度差,即所谓"各部位异硬化",对舒适性、扶正性将十分有益。今后随着异硬化技术的发展,可实现座、靠背体和上下边侧部分的复层处理以及对坐垫的减薄填装等。

2. 仪表板表皮

仪表板是内饰的门面,除了对其外观、柔顺性有要求外,对防止光反射、耐冲击、耐挤压、耐热、耐光等性能也有具体规定。对仪表板表皮材料的要求见表2-4。

仪表板表皮材料的特点　　　　　　　　　　　　　　　　　表2-4

项目	表皮成型方法	搪塑型		涂装型	真空成型		
		粉末成型	溶胶成型	型模包涂	半硬PVC片	PVC片	PVC片
压花纹性	压革纹	⊙	⊙	⊙	△	△	△
压花纹性	压针迹纹	○	○	○	△	△	△
表皮厚度均匀性		○	○~△	△	△	△	△
材料构成		PVC粉	PVC膏体	PUR涂料	PVC/ABS NBR	PVC片/ PVC发泡体	PVC片/ PP发泡体
厚度(mm)		1.0~1.2	1.5~2.0	50~80um	0.8~1.0	2.5~3.0	2.5~3.0
成本		○~△	△	△	○		
物理性能	抗拉强度(MPa)	10~15	10~15	1~2	15~20	5~7	10~15
物理性能	延伸率(%)	200~300	300~400	50~150	100~200	200~300	200~300
物理性能	耐热光性	○	○	○	○	○	○
雾度		无烟雾					

注:⊙表示最好,○表示好,△表示一般。

仪表板的发展趋向是与其他部件一体化,因而PVC空心模压法越来越受到重视。同时粉状物搪塑型均一薄壁化工艺,可进一步使表皮软化。

最近几年,已开发出软质仪表板,并设想朝织物方向发展。

3. 车门内板表皮

车门内板一般以硬质纤维板为基材,再层压或复合上聚氨酯内衬和PVC薄膜等。为了更有效地利用车内空间,使仪表板等有一种整体感,采用门内板与车门扶手一体化的造型。成型门内板多采用PVC片材深拉加工成型。最近又出现了对表皮材料进行模塑成型,而且主要以仿皮革、缝合针迹图案格调等进行阴模压印处理。

随着内饰材料的高档化,车门内板内衬表皮材料正向着用塑料片材与混纺织物的方向发展,并大有全面采用的倾向。加工方法有真空和手工粘贴两种。织物如直接成型,要求高延伸率并保证在成型时不倒绒,所以加工条件必须严格,或者对织物加饰,使其端边不外露。近来采用自动化成型技术可到达这一目的。

对轿车硬质门内衬,开始采用静电植绒软化法,而门立柱内衬则采用尼龙短纤维织物装饰。此外,新的植毛技术和对织物或PVC片材进行预成型,再往模内注以热塑性树脂或聚氨酯等新技术也正在开发之中。

目前大多数门内板以民用纤维为基材,贴以PVC膜后再经过压制整形粘边处理。模压和模塑内板,织物、植绒面料门内板也有应用。

4. 地毯

汽车地毯多以PVC发泡体、橡胶基片材、尼龙割绒以及聚丙烯、聚酯纤维经针刺或簇绒织物制成。由于计算机的应用,织物的各种图案和颜色都相继出现。对织物基料喷射染料,提高其耐久性的新技术也正在应用。

地毯与仪表板一样,要求挺括和防声,绝对不允许有松弛、折皱产生,所以基布大都采用聚乙烯。

最近,开发了新的材料加工方法,其中对地毯的整体化技术进行了大量研究。如要保证地毯外观、成型性和定型性,底板最好趋于平面化。表2-5示出了地板用防声材料。

地板用防声材料　　　　　表2-5

材料组成	地毯 背衬EVA 加色无机物毡 沥青 地板	地毯 PE PVC片 毡 沥青 地板	地毯 PE 毡 沥青发泡体 沥青 地板	地毯 PE 橡胶片 PU发泡体 沥青 地板	地毯 PE 毡 硫化橡胶片 沥青片 地板	地毯 PE 毡 板衬 沥青 地板
质量(kg)	4.5~5.5	5.6~6.0	4.5~5.0	6.0~7.0	7.0~8.0	10.0~11.0
效果　空气传播音	○	○	○	○	○	○
固体音(低频)	—	○	○	○	○	○

注:○表示好。

5. 顶篷及行李舱架

顶篷面料,需要综合考虑成型自由度、柔软度、价格等因素。聚酯纤维无纺布将逐渐替代传统的PVC或TPE片材。顶篷基材贴合无纺布后,进行热压成型,有时还在压前对无纺布印刷带色图案,使之更加风格化和高档化。

目前顶篷面料仍然继续沿用PVC与PU泡沫复合片材,织物型复合材料仅应用在个别车型上。

后行李舱架多数采用无纺布与热塑性树脂基材压制成型工艺。预计今后顶篷也可能借鉴成型方法。

2.2.2 内饰用基础材料

为了确保车内有效空间,设计自由度大及改善零部件装饰条件的需要,内饰件必然向立体化成型方向发展。比较成熟的成型用基础材料见表2-6。

门内板、顶篷用基础材料   表2-6

区别	材料组成	质量(kg) 门内板	质量(kg) 顶篷	比弹性率	成型性	冲击性(20~30℃)	湿冷热尺寸变化	吸声性	成型方法
木质纤维材料	纸浆、黄麻、粗毛酚醛树脂	1.6	1.4	○	○	○	○	○~△	热压成型
	旧纸浆、酚醛、氨基树脂	1.4~1.6	—	○	○~△	○	○~△	○	热压成型
	纸浆、酚醛树脂	2.0~2.2	—	○	○	○	○	○	热压成型
	玻璃毡、酚醛树脂	—	1.0~1.2	○	○~△	○	○	○	热压成型
	纸浆、酚醛树脂(蜂窝状)	—	0.6~1.0	○	○	○	○	○	热压成型
树脂复合材料	PP木粉、无机填料	2.0~2.2	—	○	○	○	○	△	冷压注射
	PP聚酯棉纤维无机物	2.0~2.2	—	○	○	○	○	○	冷压注射
	PP滑石粉(蜂窝状)	—	1.0~1.0	○~△	○~△	○	○	○	真空成型
发泡树脂材料	聚苯乙烯、发泡	—	0.6~0.7	○	○	○	○	△	压塑成型
树脂层压材料	PU发泡体、PU树脂玻璃毡	—	0.5~0.8	○~△	○	○	○	○	冷压成型

注:○表示好,△表示一般。

以传统钢板喷漆或采用民用纤维板作基材,其成型性、密度、强度均满足不了新形势要求。

顶篷基材有瓦棱纸、树脂毛毡等,因它们的基质轻、刚性好、价格低及加工装配性好,所以在日本仍一直占主流;美国采用玻璃纤维毡、改性聚苯乙烯等基材;欧洲以树脂毛毡为多,同时采用成型聚氨酯型芯,再与适量短切玻璃纤维层压表面而成有弹性及塑性的整体硬性材料,它由机器人自动装配和粘接,这种材料使装配敷贴性和吸声性得到了进一步提高。

目前,汽车制造中钣金件生产自动化率已高达90%,而内饰件生产自动化率仅有30%左右。今后对车身的骨架模式化和内饰件自动化的要求会越来越高,进一步开发总体式、系列化材料及新加工方法势在必行。

2.2.3 内饰树脂材料

仪表板材料必须具备耐热、耐冲击、高刚性、易成型等特点。如在无遮阳玻璃条件下,炎热地带仪表板温度高,常用树脂有 PPF、ABS、ASG、PPO 等。其中 PPF 价格最低,成型性也好。另外,PPF 多用在轻型车上,它可通过 EPR 橡胶或长纤维对其冲击性、强度、表面硬度进行调整。

表面美观和颜色协调是内饰树脂材料的发展趋势。装饰件消光方法,可以从材料自身方面改进,也可通过控制成型条件和型腔花纹来达到目的。

我国汽车内装饰材料的数值化工作虽然刚刚开始,但是发展很快,趋于普及阶段。但实现树脂专用化、提高装饰水平和档次等方面还需要做些工作。只有材料和工艺等相关工业一起努力,才能赶超先进水平。

第3章 冲压工艺基础

3.1 概述

3.1.1 冲压加工的特点

汽车零件的冲压主要是指金属板料在常温下的冲压,即通过安装在压力机上的模具,对板料施加外力,使之产生塑性变形或分离,从而获得一定尺寸、一定形状和一定性能的汽车零件的加工方法。其特点如下:

(1)生产率高,而且操作简便,易实现机械化与自动化。

(2)冲压零件的尺寸精度是由模具保证的,所以质量稳定,一般不需再进行切削加工便可以使用。

(3)利用模具加工,可以获得其他的加工方法所不能或难以得到的复杂零件。

(4)冲压加工一般不需要加热毛坯,也不像切削加工那样大量切除金属,所以它不但节能,而且节约材料。

(5)冲压所用的原材料是轧制板料或带料,在冲压过程中材料表面一般不受破坏,故冲压零件的表面质量较好。

由于冲压加工的质量较好,成本较低,同时冲压件还具有质量轻、刚性好的优点,所以冲压加工已成为汽车工业广泛采用的工艺方法之一。

3.1.2 冲压工序的种类

冲压工序可分为分离和成型两大类。在冲压过程中,使冲压件与板料沿一定的轮廓线分离的工序为分离,如冲孔、落料、剪切、切口、切边、剖切等工序。使冲压毛坯在不破坏的情况下发生塑性变形,并转化成所要求的成品的工序为成型,如弯曲、卷曲、扭曲、拉伸、翻边、缩口、扩口、局部成型等工序。

常用的冲压基本工序见表3-1。

冲压的基本工序　　　　　表3-1

类别	工序		图例	工序特点
分离	冲裁	落料		用模具沿封闭线冲切板料,冲下的部分为工件,其余部分为废料
		冲孔		用模具沿封闭线冲切板材,冲下的部分是废料

续上表

类别	工序	图例	工序特点
分离	剪切	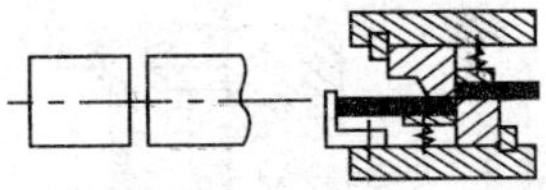	用模具切断板材,切断线不封闭
	切口	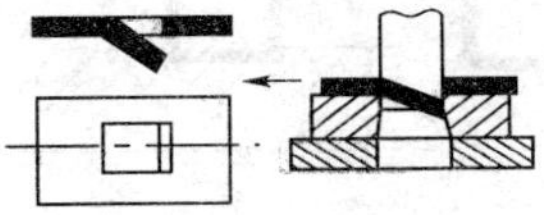	在坯料上将板材部分切开,切口部分发生弯曲或分离
	切边	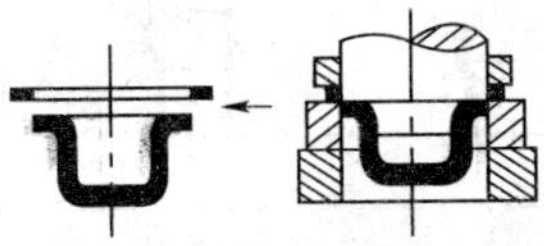	将拉伸或成型后的半成品边缘部分的多余材料切掉
	剖切	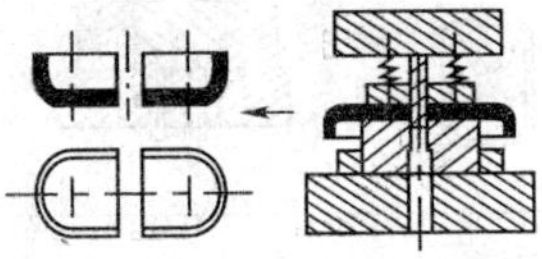	将半成品切开成两个或几个工件
成型	弯曲	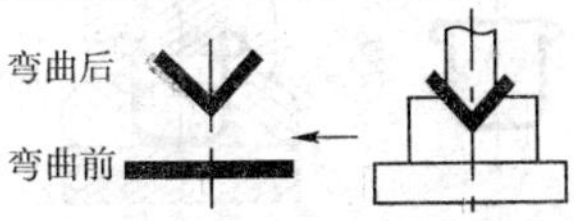	用模具使材料弯曲成一定形状
	卷圆	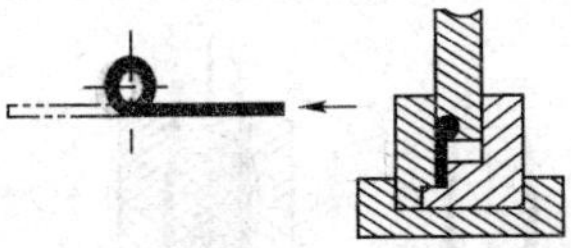	将板料端部卷圆
	扭曲	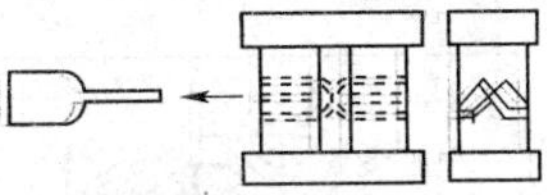	将平板坯料的一部分相对于另一部分扭转一个角度
	拉延	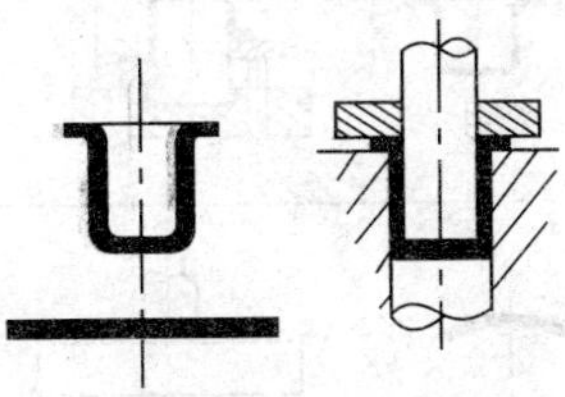	将板料压制成空心零件,壁厚基本不变
	翻边	孔的翻边	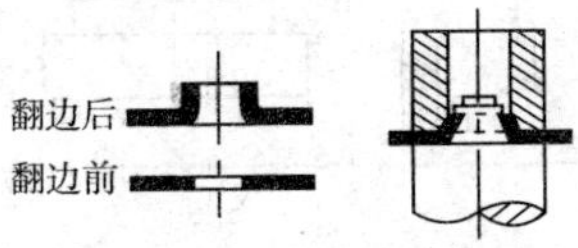 将板料或工件上有孔的边缘翻成竖立边缘
		外缘翻边	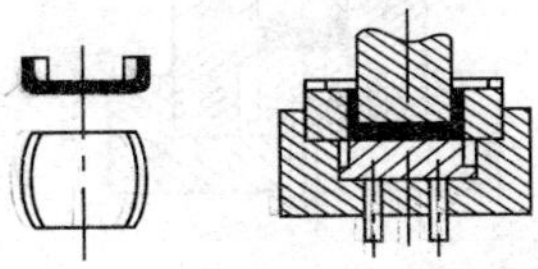 将工件的外缘翻起圆弧曲线状的竖立边缘

19

续上表

类别	工序	图例	工序特点
成型	缩口		将空心件的口部缩小
	扩口		将空心件的口部扩大,常用于筒形零件
	局部成型		在板料或工件上压出筋条、花纹或文字,在起伏处的整个厚度上都会变薄
	卷边		将空心件的边缘卷成一定的形状
	胀形		使空心件(或管料)的一部分沿径向扩张,呈凸肚形
	整形		把形状不太准确的工件校正成型
	校平		将毛坯或工件不平的面或弯曲予以压平
	压印		改变工件厚度,在表面上压出文字或花纹

3.2 冲裁

冲裁是指利用冲模将板料以封闭的轮廓与坯料产生分离的冲压工序。冲裁包括落料、冲孔、切口、切边、剖切、整修、精密冲裁等。冲裁通常指落料和冲孔。

冲裁以后板料分成两个部分,即落料部分和带孔部分。若冲裁的目的是为了制取一定外形的冲落部分,则这种冲裁工序称为落料;若是为了制取内孔,则称冲孔,见表3-1。由于变形的机理不同,冲裁有普通冲裁和精密冲裁之分,汽车零件的冲裁,多属于普通冲裁。

3.2.1 影响冲裁质量的因素

冲裁件质量的内容包括:冲裁的断面状况、尺寸精度及形状精度。冲裁件的断面应平直、光洁、尺寸误差不应超出规定,外形应满足图样要求,表面应尽可能平坦。提高冲裁件精度和断面质量的主要措施有:凸、凹模刃口锋利,间隙合理或采用反压力冲裁等。

1. 冲裁件断面质量及其影响因素

冲裁件正常的断面状况如图3-1所示。它由四个层面构成,即圆角部分、光亮剪切部分、粗糙断裂部分、毛刺部分等。其中光亮剪切部分质量最佳。这些部分在整个断面上所占的比例,随材料的性能、厚度、模具间隙、刃口状态和摩擦条件等的不同而变化。

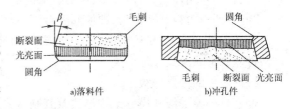

图3-1 冲裁件正常的断面状况

1)材料性能对断面质量的影响

塑性好的材料,冲裁时裂纹出现得比较迟,因而材料被剪切的深度较大,所得断面光亮面所占的比例大、圆角大、穹弯大、断裂面较窄;而塑性差的材料,剪切开始不久,便使材料拉裂,光亮面所占的比例小、圆角小、穹弯小,断面大部分是粗糙断裂面。

2)模具间隙大小对断面质量的影响

当模具间隙增大时,材料中的拉应力将增大,使拉伸断裂发生得早,因而断裂面变宽,光亮面就变窄;且弯曲应力也增大,因而圆角和穹弯均大。反之,间隙减小时,材料中的拉应力减小,裂纹产生较迟,所以断裂面窄,光亮面宽,且圆角和穹弯小。

冲裁时,断裂面上下裂纹是否重合与凸、凹模的间隙大小有关。当凸、凹模间隙合适时,由凸、凹模刃口附近沿最大切应力方向产生的裂纹将相互重合,此时冲出的零件断面虽然有一定的斜度,但比较平直、光洁,如图3-1所示。这样的冲裁断面质量是好的。

当间隙过小时,材料在凸、凹模刃口附近产生的裂纹不重合。当凹模刃口附近产生的裂纹进入凸模下面的压应力区而停止发展时,在两条裂纹相距最近的地方发生第二次拉裂。当上裂纹表面压入凹模时,受到凹模壁的挤压,产生第二光亮部分,还有部分材料被挤出材料表面形成毛刺。因此间隙过小时,虽然断面上的圆角较小,穹弯变形小,但是断面的质量是不理想的。断面中部出现夹层、两个光亮部分,断面有挤长的毛刺,或者没有形成第二光亮部分,却在断面上有断续的小光亮块,如图3-2a)所示。

当间隙过大时,材料在凸、凹模刃口处产生的裂纹也不重合。第二次拉裂产生的裂层斜度增大,冲裁断面出现两个斜度 α_1 及 α_2,断面质量也不理想,而且由于圆角大、穹弯大、光亮部分小、毛刺大,而使冲裁件质量下降,如图3-2b)所示。

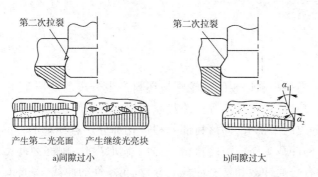

图 3-2　间隙不合适时的断面状况

当模具间隙不均匀时,冲裁会出现部分间隙过小和部分间隙过大的情况。因此模具设计制造及安装时,必须保持间隙合理且均匀。

3)模具刃口状态对断面质量的影响

模具刃口状态对冲裁过程中的应力状态与冲裁件断面有较大的影响。当模具刃口磨损成圆角时,挤压作用增大,所以冲裁件圆角和光亮面增大。

当凸、凹模刃口磨钝以后,即使间隙合理,也将在冲裁件上产生毛刺。

除此以外,断面质量还与摩擦、冲压方式(如搭边值的大小、是否采用压料、顶件装置等)、冲裁件轮廓形状及尺寸等有关。

2.冲裁件的公差等级

冲裁件公差等级和模具结构形式及其制造公差等级等因素有关。模具的制造公差等级与冲裁件公差等级的关系、冲裁件的角度偏差及断面的近似粗糙度值分别见表3-2~表3-4。

模具与冲裁件公差等级关系表　　　　　　　表 3-2

工件公差等级 模具公差等级	材料尺寸 材料厚度δ(mm)										
	0.5	0.8	1.0	1.5	2	3	4	5	6	8	10	12
IT6~IT7	IT8	IT8	IT9	IT10	IT10	—	—	—	—	—	—	—
IT7~IT8	—	IT9	IT10	IT10	IT12	IT12	IT12	—	—	—	—	—
IT9	—	—	IT12	IT12	IT12	IT12	IT13	IT14	IT14	IT14	IT14	—

冲裁件角度偏差值　　　　　　　表 3-3

公差等级	短边长度(mm)											
	1~3	3~6	6~10	10~18	18~30	30~50	50~80	80~120	120~180	180~260	260~360	360~500	>500
较高公差等级	±2°30′	±2°	±1°30′	±1°15′	±1°	±50′	±40′	±30′	±25′	±20′	±15′	±12′	±10′
一般公差等级	±4°	±3°	±2°30′	±2°	±1°30′	±1°15′	±1°	±50′	±40′	±30′	±25′	±20′	±15′

一般冲裁件剪断面粗糙度　　　　　　　表 3-4

材料厚度(mm)	≤1	1~2	2~3	3~4	4~5
表面粗糙度$Ra(\mu m)$	3.2	6.3	12.5	25	50

注:如果制件断面粗糙度要求低于本表所列,则需要另加整修工序,各种材料通过整修后的粗糙度值$Ra(\mu m)$:黄铜为0.4;软钢为0.8~0.4;硬钢为1.6~0.8。

3.2.2　合理间隙的确定

凸、凹模之间的间隙,对冲裁件质量、冲裁力大小和模具的使用寿命均有很大影响,是冲裁工艺与模具设计中的一个极其重要的工艺参数。

合理的间隙值是根据冲裁时获得光洁的制件断面并略带斜度的条件来确定的,其值与材料的厚度和性质有关。由于对冲裁件断面质量和尺寸精度的要求不同,冲裁间隙的选取标准也不一样,汽车冲裁件凸模与凹模之间的间隙见表3-5。

冲模间隙(mm)　　　　表3-5

材料厚度(mm)	08、10、35、09Mn、Q235A、Q235B		16Mn		40、50Mn		65Mn	
	Z_{min}	Z_{max}	Z_{min}	Z_{max}	Z_{min}	Z_{max}	Z_{min}	Z_{max}
小于0.5	无 间 隙							
0.5	0.040	0.060	0.040	0.060	0.040	0.060	0.040	0.060
0.6	0.048	0.072	0.048	0.072	0.048	0.072	0.048	0.072
0.7	0.064	0.092	0.064	0.092	0.064	0.092	0.064	0.092
0.8	0.072	0.104	0.072	0.104	0.072	0.104	0.072	0.104
0.9	0.090	0.126	0.090	0.126	0.090	0.126	0.090	0.126
1.0	0.100	0.140	0.100	0.140	0.100	0.140	0.100	0.140
1.2	0.120	0.180	0.130	0.180	0.130	0.180		
1.5	0.170	0.230	0.170	0.230	0.170	0.230		
1.75	0.220	0.320	0.220	0.320	0.220	0.320		
2.0	0.240	0.360	0.260	0.380	0.260	0.380		
2.1	0.260	0.380	0.280	0.400	0.280	0.400		
2.5	0.340	0.500	0.360	0.530	0.360	0.530		
2.75	0.400	0.560	0.420	0.600	0.420	0.600		
3.0	0.460	0.640	0.480	0.660	0.480	0.660		
3.5	0.540	0.700	0.580	0.780	0.580	0.780		
4.0	0.640	0.880	0.680	0.920	0.680	0.920		
4.5	0.720	1.000	0.680	0.960	0.780	1.040		
5.0	0.850	1.150	0.750	1.050	0.980	1.200		
5.5	0.940	1.280	0.780	1.100	0.980	1.320		
6.0	1.080	1.440	0.840	1.200	1.140	1.500		
6.5			0.94	1.300				
8.0			1.200	1.680				
12			1.320	1.800				

注:冲裁带、石棉和纸板时,冲模间隙值取08钢间隙值的25%。

3.2.3 冲裁力的计算及减小冲裁力的方法

1. 冲裁力的计算

计算冲裁力的目的是为了选用合适的压力机、设计模具和检验模具强度。压力机的压力必须大于所计算的冲裁力。

一般用平刃口模具冲裁时,冲裁力可按下式计算:

$$F = KA\tau = K\iota\delta\tau$$

式中:F——冲裁力,N;
　　　A——冲切断面积,mm^2;
　　　ι——冲裁周边长度,mm;

δ——材料厚度,mm;

τ——材料抗剪强度,MPa;

K——材料厚度及偏差等因素的安全系数,一般取 $K=1.3$,它是考虑到模具刃口的磨损、凸凹模间隙的波动、材料力学性能的变化。

有时冲裁力可按下式估算:

$$F = L\delta\sigma_b$$

式中:σ_b——材料的抗拉强度,MPa,即取 $\tau = 0.8\sigma_b$。

2. 减小冲裁力的方法

在冲裁高强度材料或厚料和大尺寸工件时,所需的冲裁力较大。若要用压力较小的压力机冲裁,必须采取措施以减小冲裁力,其方法有以下几种:

1) 斜刃模具冲裁

在用平刃口模具冲裁时,整个刃口平面都同时切入材料,切断沿工件周边同时发生,所需冲裁力大;若采用斜刃模具冲裁,整个刃口平面不是全部同时切入,而是逐步地将材料切断,这就等于减少了同时切断的面积,因而能降低了冲裁力,并能减少冲击、振动和噪声。这种冲裁常用于大型厚板工件的冲裁。

各种斜刃冲裁的形式如图3-3所示。落料时,为了得到平整的工件,凹模做成斜刃,如图3-3a)、b)所示;冲孔时则相反,凸模做成斜刃,如图3-3c)、d)所示;冲裁弯曲状工件时,采用有圆头的凸模,如图3-3e)所示;单边斜刃作成对称布置,以免冲裁时凹模承受单向侧压力而发生偏移,肯切刃口。轮廓复杂的工件,不宜采用斜刃。斜刃角 φ 与斜刃高度 H 可参考以下数值选取。

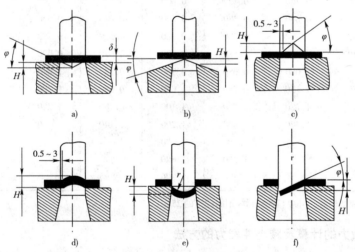

图3-3 各种斜刃冲裁形式

板厚 $\delta < 3$ mm:$H = 2\delta, \varphi < 5°$

$\delta = 3 \sim 10$ mm:$H = \delta, \varphi < 8°$。

斜刃冲裁力 F_x 可按下式计算:

$$F_x = K_x F$$

式中:F——用单刃冲模冲裁时所需的冲裁力;

K_x——斜刃冲模的减力系数,其值为:当 $H = \delta$ 时,$K_x = 0.4 \sim 0.6$;当 $H = 2\delta$ 时,$K_x = 0.2 \sim 0.4$。

斜刃冲裁厚板时,应验算冲裁功。其计算公式如下:

$$W = F_x\delta/1000$$

式中:W——冲裁功,J;

F_x——斜刃冲裁力,N;

δ——板厚度,mm。

采用斜刃冲裁的主要缺点是:刃口制造与修磨比较复杂,刃口极易磨损,工件不够平整。因此,一般情况下尽量不用,只用于大型工件和厚料的冲裁。

2)阶梯凸模冲裁

在多凸模的模具中,可根据凸模尺寸的大小做成不同的高度,使其呈阶梯形布置,如图3-4所示。

3)加热冲裁

材料在加热状态下,抗剪强度明显下降,这种冲裁方法的缺点是材料加热后产生氧化皮,且因加热使劳动条件变差,故这种冲裁方法只适用于厚板或工件表面质量及尺寸精度要求不高的工件。

3. 卸料力、推件力及顶件力的计算

当冲裁工作完成后,从板料上冲裁下来的工件或废料由于径向发生弹性变形而扩张,会卡在凹模洞口间;同时,在板料上冲裁出的孔则沿着径向发生弹性收缩,会紧箍在凸模上。为了将紧箍在凸模上的料卸下来所需要的力,称为卸料力,用$F_{卸}$表示,单位为N,将卡在凹模中的料推出或顶出所需要的力,分别称为推件力与顶件力,以$F_{推}$和$F_{顶}$表示,单位为N,如图3-5所示。

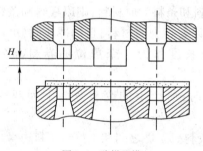
图3-4 阶梯凸模

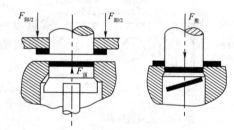
图3-5 卸料力、推件力和顶件力

卸料力、推件力与顶件力是由压力机和模具的卸料、顶件装置得到的。在选择压力机压力和设计模具时,要根据模具结构来考虑其大小,并作必要的计算。影响这些力的因素较多,主要有:材料的力学性能和厚度,工件形状和尺寸大小,凸、凹模之间的间隙,搭边的多少及润滑情况等。生产中,常用下列经验公式计算:

$$F_{卸} = K_{卸}F$$
$$F_{推} = K_{推}nF$$
$$F_{顶} = K_{顶}F$$

式中:$K_{卸}$、$K_{推}$、$K_{顶}$——分别为卸料系数、推件系数和顶件系数,其值见表3-6;

F——冲裁力,N;

n——卡在凹模孔间的工件数,$n = h/\delta$(h为凹模刃孔的直壁高度,δ为工件厚度)。

卸料力、推件力及顶件力的系数　　　　表 3-6

冲裁材料		$K_{卸}$	$K_{推}$	$K_{顶}$
纯(紫)铜、黄铜		0.02~0.06	0.03~0.09	
铝、铝合金		0.025~0.08	0.03~0.07	
钢板厚度(mm)	<0.1	0.06~0.075	0.1	0.14
	0.1~0.5	0.045~0.055	0.065	0.08
	0.5~2.5	0.04~0.05	0.050	0.06
	2.5~6.5	0.03~0.04	0.040	0.05
	>6.5	0.02~0.03	0.025	0.03

3.2.4 材料的经济利用

1. 排样

冲裁件在材料上的布置方法称为排样。排样的合理与否影响到材料的经济利用,还会影响到模具结构与寿命、生产率、工件精度、生产操作的方便与安全等。因此,排样是冲裁工艺与模具设计中的一项重要工作。

采用材料利用率 K_c 作为判断排样是否经济合理的参数,K_c 可用下式计算:

$$K_c = \frac{m_成}{m_定} \times 100\%$$

式中:$m_成$——一个零件的质量,kg;

$m_定$——零件材料的消耗定额,kg,$m_定 = m_总/n$($m_总$ 为所用材料的质量,单位为 kg;n 为该材料上排样所得到的零件数量)。

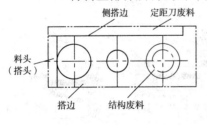

图 3-6　废料的种类

如果以板料和条料为原材料,则以板料和条料的质量为 $m_总$;如果以卷料为原材料,自动冲压时,可以取卷料或假定某个长度作为一个单位的卷料部分质量为 $m_总$。

条料冲裁时,所产生的废料分为下列两种情况(图 3-6):

(1)工艺废料。工件之间和工件与条料边缘之间存在的搭边,定位需要切去的料边与定位孔,不可避免的料头和料尾等废料均称为工艺废料。

(2)结构废料由于工件结构形状的需要而产生的废料称为结构废料,如工件内孔的材料。

同一个工件,可有几种不同的排样方法。最佳的排样方法应使工艺废料最少,能冲出的工件数量最多,即 $m_定$ 越小,则材料的利用率越高。排样方法按有无废料可分为以下三种:

(1)有废料排样。沿工件的全部外形冲裁,工件与工件之间、工件与条料侧边之间都存在搭边废料。

(2)少废料排样。沿工件的部分外形切断或冲裁,而废料只有冲裁刃之间的搭边或侧搭边废料。

(3)无废料排样。工件与工件之间、工件与条料侧边之间均无搭边废料。条料以直线或曲线切断而得到工件。

有废料排样和少、无废料排样的形式,按工件的外形特征又可以分为直排、斜排、对排、混合排、多排及侧搭边等。

2. 搭边

排样时,工件与工件之间以及工件与条料侧边之间留下的余料称为搭边。搭边的作用是使工件沿整个周边封闭,冲裁时补偿送料的误差,并将其在模具上定位,以保证冲裁出完整的工件。搭边还可以保持条料有一定的刚度和强度,以便于送进模具内。

搭边值要合理,过大,材料利用率低;过小,在冲裁时会拉断,造成送料困难,且使工件产生毛刺,有时还会被拉入凸模和凹模之间,损坏模具刃口,降低模具寿命。搭边值一般由经验确定。

3.2.5 冲裁的工艺设计

冲裁的工艺设计包括冲裁件的工艺分析和工艺方案的确定两方面内容。良好的工艺性和合理的工艺方案,可以使材料、工序数量和工时最少,并使模具结构简单,且模具使用寿命长,能稳定地获得合格的工件,因而可以减少劳动量和冲裁件的成本。劳动量和工艺成本是衡量冲裁工艺设计的主要指标。

1. 冲裁件的工艺分析

冲裁件的工艺性是指冲裁件对冲裁工艺的适应性,即冲裁件的形状结构、尺寸大小及偏差等是否符合冲裁加工的工艺要求。冲裁件的工艺性是否合理,对冲裁件的质量、模具寿命和生产率有很大影响。

前面已经讲过冲裁所能达到的尺寸公差等级和断面质量,除此之外,还应满足如下要求:

1) 冲裁件的形状

冲裁件的形状应尽可能简单、对称,排样废料少。在许可的情况下,把冲裁件设计成少废料、无废料排样的形状。如图3-7a)所示的冲裁件,若设计成图3-7b)所示形状,便可采用无废料排样,使材料利用率提高,从而降低了工件成本。因此,改进后的冲裁件的工艺性比原工件的工艺性好。

2) 冲裁件的圆角

除在少废料、无废料排样或采用镶拼模结构时允许工件有尖锐的清角外,冲裁件的外形或内孔的交角处,应避免尖锐的清角,其交角处应用适当的圆角相连,如图3-8所示及见表3-7。

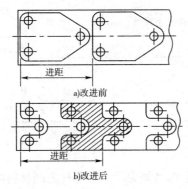

图3-7 冲裁件形状对工艺性的影响

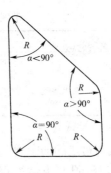

图3-8 冲裁件的交角与圆角

冲裁件最小圆角半径 R（mm）　　　　　　　　　　　　　　　　　　　　　表 3-7

零件种类			黄铜、铝	合 金 钢	软 钢	备 注
落料	交角	≥90°	0.18δ	0.35δ	0.25δ	≥0.25
		<90°	0.35δ	0.70δ	0.5δ	≥0.5
冲孔	交角	≥90°	0.2δ	0.45δ	0.3δ	≥0.3
		<90°	0.4δ	0.9δ	0.6δ	≥0.6

注：δ 表示板厚度。

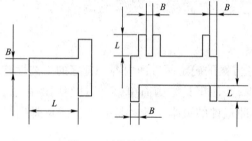

图 3-9　冲裁件的切口和切槽

3）冲裁件切口或切槽的宽度和深度

宽度不能太小，应避免有过窄的切槽，如图 3-9 所示，否则会降低模具寿命和工件质量。

一般情况下，B 应大于 1.5δ；当工件材料为黄铜、铝、软钢时，B≥1.5δ；当工件材料为高碳钢时，B≥1.9δ；当材料厚度 δ<1mm 时，按 δ=1mm 计算，切口宽与切槽长的关系为 L≤5B。

4）冲裁件的孔径

冲裁件的孔径太小时，凸模易折断或压弯。冲孔的最小尺寸取决于材料的力学性能以及凸模强度和模具结构。各种形状孔的最小尺寸可参考表 3-8。

冲小孔的凸模，如果采用保护套，凸模则不易损坏，使稳定性提高，最小冲孔尺寸可以减小，参考表 3-9。

用无保护套凸模冲孔的最小尺寸（mm）　　　　　　　　　　　　　　　　　　表 3-8

材　　料	圆孔	方孔	长方孔	长圆孔
钢 τ>685MPa	d≥1.5δ	b≥1.35δ	b≥1.2δ	b≥1.1δ
钢 τ≈390~685MPa	d≥1.3δ	b≥2.2δ	b≥1.0δ	b≥0.9δ
铜 τ≈390MPa	d≥1.0δ	b≥0.9δ	b≥0.8δ	b≥0.7δ
黄铜、铜	d≥0.9δ	b≥0.8δ	b≥0.7δ	b≥0.6δ
铝、锌	d≥0.8δ	b≥0.7δ	b≥0.6δ	b≥0.5δ

注：δ 表示板厚度。

带保护套凸模冲孔的最小尺寸（mm）　　　　　　　　　　　　　　　　　　表 3-9

材　　料	圆形 d	长方孔宽 b
硬钢	0.5δ	0.4δ
软钢及黄铜	0.35δ	0.3δ
铝、锌	0.3δ	0.28δ

注：δ 表示板厚度。

5）冲裁件孔与边之间的距离

冲裁件上孔与孔、孔与边缘之间的距离不应过小，否则会产生孔与孔之间材料的扭曲，或使边缘材料变形，如图 3-10 所示。复合冲裁时，因模壁过薄而容易破损；分别冲裁时，也会因材料被拉入凹模而影响模具寿命。特别是冲裁小孔距的小孔时，经常会发生凸模弯曲变形而卡住模具。

6) 冲裁件的尺寸标注

冲裁件尺寸的基准应尽可能与制造及制模时的定位基准重合,并选择在冲裁过程中不产生变形的面或线上。图3-11a)所示尺寸的标注不合理,因为模具磨损,要求尺寸 B 和 C 都必须有较宽的公差,并造成孔心距不稳定,改用图3-11b)所示的标注方法就比较合理,这样孔心距不受模具磨损的影响。

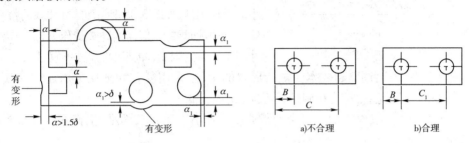

图3-10 冲裁件的孔边距　　　　　　图3-11 冲裁件尺寸的标注

7) 冲裁件孔中心与边缘距离的尺寸公差及两孔中心距公差

冲裁件孔中心与边缘距离的尺寸公差及两孔中心距公差见表3-10和表3-11。

孔中心与边缘距离尺寸公差(mm)　　表3-10

材料厚度 δ	孔中心与边缘距离的尺寸			
	≤50	50~120	120~220	220~360
≤2	±0.5	±0.6	±0.7	±0.8
2~4	±0.6	±0.7	±0.8	±1.0
>4	±0.7	±0.8	±1.0	±1.2

注:本表适用于先落料再进行冲孔的情况。

冲裁件孔中心距公差(mm)　　表3-11

材料厚度 δ	普通冲孔公差			高级冲孔公差		
	孔距公称尺寸					
	≤50	50~150	150~300	≤50	50~150	150~300
≤1	±0.1	±0.15	±0.2	±0.03	±0.05	±0.08
1~2	±0.12	±0.2	±0.3	±0.04	±0.06	±0.1
2~4	±0.15	±0.25	±0.35	±0.06	±0.08	±0.12
4~6	±0.2	±0.3	±0.40	±0.08	±0.10	±0.15

注:1. 表中所列孔距公差,适用于两孔同时冲出的情况。
　　2. 普通冲孔公差指模具工作部分达IT7~IT8公差等级,凹模后角为15′~30′的情况。高级冲孔公差指模具工作部分达IT6~IT7公差等级以上,凹模后角不超过15′。

2. 冲裁工艺方案的确定

1) 冲裁工序的组合

冲裁可分为单工序冲裁、复合冲裁和连续冲裁。组合的冲裁工序比单工序冲裁生产效率高,加工精度高。组合冲裁方式有下列因素确定:

(1) 生产批量。一般来说,小批量生产或试制采用单工序冲裁;中批量和大量生产采用复合冲裁或连续冲裁。

(2) 工件位置精度。复合冲裁所得到的工件位置精度较高,因为它避免了多次冲压的定位误差,并且在冲裁过程中可以进行压料,所以工件比较平整,连续冲裁所得到的工件位置精度较复合冲裁低。

(3) 对工件尺寸及形状的适应性。工件的尺寸较小,考虑到单工序上料不方便和生产率低,常用复合冲裁或连续冲裁。对于尺寸中等的工件,由于制造多副单工序模的费用比复合模昂贵,所以只宜用复合模冲裁。因连续冲裁可以加工形状复杂、宽度很小的异形工件,如图 3-12 所示,且可冲裁的材料厚度比复合冲裁时要大,但连续冲裁受压力机工作台面尺寸与工序数的限制,冲裁工件尺寸不宜过大。

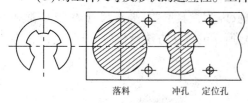

图 3-12 连续冲裁

(4) 模具制造、安装调整和成本。复杂形状的工件,采用复合冲裁比采用连续冲裁为佳。因为复合冲裁的模具制造、安装和调整较容易,成本较低。

(5) 操作方便性及安全方面。复合冲裁的出件和清除废料较困难,工作安全性较差,连续冲裁较安全。

对于一个工件,可以得出多种工艺方案,但必须对这些方案进行比较。在满足工件质量与生产率要求的前提下,选取模具制造成本低、寿命长、操作方便及安全的工艺方案。

2) 冲裁顺序的安排

连续冲裁的顺序安排如下:

(1) 先冲孔或切口,最后落料或切断,将工件与条料分离。这样首先冲出的孔可作为后续工序定位用的工艺孔。

(2) 采用定距侧刃时,定距侧刃切边工序应与首次冲孔同时进行,以便控制送料进距。采用两个定距侧刃时,可以安排成一前一后。

(3) 多工序工件用单工序冲裁时的顺序安排,应先落料使毛坯与条料分离,再冲孔或冲缺口;后续各冲裁工序的定位基准要一致,以免定位误差和尺寸链换算。冲大小不同、相距较近的孔时,为了减小孔的变形,应先冲大孔,后冲小孔。

3.2.6 冲裁模的典型结构

冲裁模的种类较多,对其可按不同的特征进行分类。根据工序性质可分为冲孔模、切边模、切断模、剖切模、落料模、切口模、整修模、精冲模等;根据工序的组合可分为单工序模(又称简单模)、连续模(又称级进模或跳步模)、复合模;根据上下模间的导向方式可分为无导向的撇开式模和有导向的导板模、导柱模、导筒模;根据卸料装置可分为带固定卸料板和弹压卸料板的冲模;根据挡料或定料的形式可分为固定挡料销、活动挡料销、导正销和侧刃的冲模;根据凸、凹模材料的不同,可分为硬质合金冲模、钢结硬质合金冲模、钢皮冲模、橡皮冲模、聚氨酯冲模。

图 3-13 所示为同时冲孔、落料的复合模。复合模的结构特点是具有一个既是落料凸模又是冲孔凹模的所谓凸凹模的零件。利用复合模能够在模具的同一部位上同时完成制件的落料和冲孔工序,从而保证冲裁件内孔与

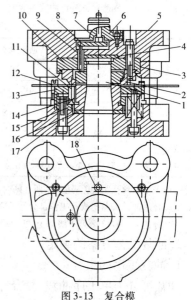

图 3-13 复合模

1-凸模;2-凹模;3-上模固定板;4-垫板;5-上模板;6-模柄;7-推杆;8-推块;9-推销;10-顶件块;11-活动挡料销;12-固定定料销;13-卸料板;14-凸凹模;15-下模固定板;16-垫板;17-下模板;18-活动倒料销

外缘的相对位置精度和平整性,生产效率高,而且条料的定位精度要求也比连续模低。模具轮廓尺寸也比连续模小。但是,模具结构复杂,不易制造,成本高,只适合于大批量生产。

3.3 弯曲

把平板毛坯、型材或管材等弯成一定的曲率、一定的角度,形成一定形状零件的冲压工序成为弯曲。由于弯曲成型所用的工具及设备不同,可形成各种不同的弯曲方法,如在普通压床上使用弯曲模的压弯、在折弯机上的折弯、在滚弯机上的滚弯,以及在拉弯设备上的拉弯等。

3.3.1 弯曲件的工艺性

具有良好工艺性的弯曲件,不仅能简化弯曲工艺过程和模具设计,而且能提高弯曲件的精度和节省原材料。弯曲件的工艺简述如下。

1. 最小弯曲半径

弯曲的圆角半径不宜过大和过小,过大时因受到弹复的影响,弯曲件的精度不易保证;过小时,弯曲件容易产生裂纹,因此弯曲件的最小弯曲半径应不小于表3-12中的数值。

弯曲件的最小弯曲半径数值(mm)　　　　表3-12

材料	退火状态		冷作硬化状态	
	弯曲线的位置			
	垂直纤维	平行纤维	垂直纤维	平行纤维
铝	0.1δ	0.35δ	0.5δ	1.0δ
纯铜	0.1δ	0.35δ	1.0δ	2.0δ
软黄铜	0.1δ	0.35δ	0.35δ	0.8δ
半硬黄铜	0.1δ	0.35δ	0.5δ	1.2δ
磷铜	—	—	1.0δ	3.0δ
08,10,Q195A,Q215A	0.1δ	0.4δ	0.4δ	0.8δ
15,20,Q235A	0.1δ	0.5δ	0.5δ	1.0δ
25,30,Q255A	0.2δ	0.6δ	0.6δ	1.2δ
35,40,Q275A	0.3δ	0.8δ	0.8δ	1.5δ
45,50	0.5δ	1.0δ	1.0δ	1.7δ
55,60	0.7δ	1.3δ	1.3δ	2.0δ

注:1. 当弯曲线与纤维方向成一定角度时,可采用垂直和平行纤维方向两者的中间值。
　　2. 在弯曲冲裁或剪切后没有退火的毛坯,应作为硬化的金属选用。
　　3. 弯曲时应使有毛刺的一边处于弯角的内侧。
　　4. 表中δ为板料厚度。

2. 弯曲件直边高度

为了保证工件的弯曲质量,弯曲件的直边高度必须满足:$H > 2\delta$(图3-14)。若$H < 2\delta$,则需预先压槽再弯曲,或加高直边,弯曲后再切去多余部分。

当弯曲侧边带有斜角的弯曲件时(图3-15),侧边的最小高度为:$H = (2 \sim 4)\delta > 3mm$。

3. 弯曲件孔边距离

当弯曲有孔的毛坯时,如果孔位于弯曲区附近,则弯曲时会发生变形,为了避免这种缺陷的出现,必须使孔处在变形区之外(图3-16a),从孔边到弯曲半径r中心的距离取为:当$\delta < 2mm$时,$L \geq \delta$;当$\delta \geq 2mm$时,$L \geq 2\delta$。

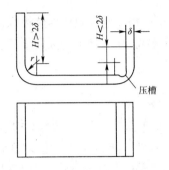

图 3-14 弯曲件直边的高度

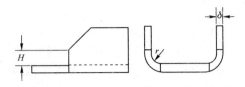

图 3-15 弯曲件侧边的高度

如果孔边至弯曲半径 r 中心的距离过小而不能满足上述条件时,可在弯曲线上冲工艺孔(图 3-16b),以防止孔在弯曲时变形。

4. 工艺孔和工艺槽

图 3-17a)所示的弯曲件,在弯曲变形时容易把材料撕裂,为了防止这种情况的发生,应在毛坯上预先冲出工艺槽和工艺孔,如图 3-17b)所示,其槽深尺寸为

$$L = r + \delta + B/2$$

式中：B——槽宽,mm;

　　　r——弯曲圆角半径,mm;

　　　δ——板料厚度,mm。

工艺孔直径为

$$d \geq \delta$$

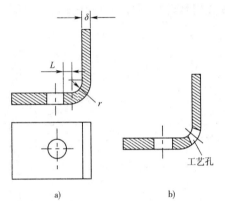

图 3-16 弯曲件孔边距离

5. 连接带和定位工艺孔

在弯曲区附近有缺口的弯曲件,若在毛坯上将缺口冲出,弯曲时会出现叉口现象,不能保证工件的质量要求,因此缺口处应留有连接带,待弯曲后,再将缺口处多于的部分切除[图 3-18a]。对于弯曲形状较复杂或需要多次弯曲的工件,为了使毛坯在模具内准确定位,防止弯曲时毛坯偏移而产生废品,应预先添加定位工艺孔,如图 3-18b)所示。

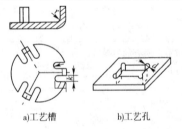

图 3-17 应冲出工艺槽或工艺孔的弯曲件

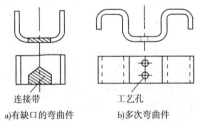

图 3-18 连接带与定位工艺孔

6. 弯曲件的精度

弯曲件的精度与材料厚度误差有密切关系,精度要求较高的弯曲件,必须减小材料厚度误差。

3.3.2 弯曲件的回弹

弯曲件的回弹又称弹复。金属材料在塑性弯曲以后还会产生回弹,回弹直接影响弯曲件

的质量。为了消除回弹对工件精度的影响,应当确定回弹值。回弹值可用回弹角 $\Delta\alpha$ 表示,如图 3-19 所示。回弹角计算公式为

$$\Delta\alpha = \alpha_0 - \alpha$$

式中:α——模具角度,(°);

α_0——弯曲后工件的实际角度,(°)。

由于影响回弹角的因素很多,如材料的力学性能、材料厚度、弯曲半径的大小以及弯曲时校正力的大小等,因此要在理论上计算回弹值是困难的,通常是在设计模具时,按试验总结的数据(图表或表格)来选用,经试冲后再对模具的工作部分加以修正。

3.3.3 弯曲件毛坯尺寸的计算

如图 3-20 所示,弯曲件毛坯尺寸的计算步骤如下:

(1)算出直线段 a、b、c 等的长度。

(2)根据 r/δ,由表 3-13 查出中性层位移系数 χ。

(3)计算中性层弯曲半径(图 3-21),即

$$\rho = r + \chi\delta$$

(4)根据 ρ_1、ρ_2…与 α_1、α_2…,计算 l_1、l_2…弧的展开长度,即

$$l = \frac{\pi\rho\alpha}{180°} = \frac{\pi\alpha}{100°}(\gamma + \chi\delta)$$

(5)计算毛坯总长:$L = a + b + c + \cdots + l_1 + l_2 + l_3 + \cdots + l_n$。

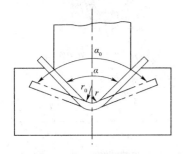

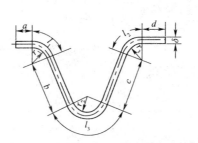

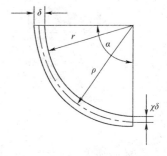

图 3-19 弯曲时的回弹　　　图 3-20 毛坯长度　　　图 3-21 中性层弯曲半径

中性层位移系数 x 值　　　　　　　　　　　　　　表 3-13

r/δ	0.1	0.2	0.3	0.4	0.5	0.6	0.7	0.8	1	1.2
x	0.21	0.22	0.23	0.24	0.25	0.26	0.28	0.3	0.32	0.33
r/δ	1.3	1.5	2	2.5	3	4	5	6	7	≥8
x	0.34	0.36	0.38	0.39	0.4	0.42	0.44	0.46	0.48	0.5

3.3.4 弯曲力的计算

为了选择压力机和设计模具,必须计算弯曲力。弯曲力的大小不仅与毛坯尺寸、材料力学性能、凹模支点间的距离、弯曲半径以及模具间隙等因素有关,而且还与弯曲方式有很大关系。因此,要从理论上计算弯曲力是很复杂的,计算的精度也不高,通常在生产中采用经验公式或经过简化的理论公式进行计算。

1. 自由弯曲的弯曲力

对于V形件[图3-22a]：

$$F_{自} = 0.6KB\delta^2\sigma_b/(r+\delta)$$

对于U形件[图3-22b]：

$$F_{自} = 0.7KB\delta^2\sigma_b/(r+\delta)$$

式中：$F_{自}$——材料在冲压行程结束时的自由弯曲力，N；

B——弯曲件的宽度，mm；

δ——弯曲件的厚度，mm；

r——弯曲件的内弯曲半径，mm；

σ_b——材料的抗拉强度，MPa；

K——安全系数，一般取$K=1.3$。

2. 校正弯曲的弯曲力

如果弯曲件在冲压行程结束时受到模具校正力，如图3-23所示，则校正力按下式近似计算：

$$F_{校} = Ap_{校}$$

式中：$F_{校}$——校正弯曲力，N；

A——校正部分投影面积，mm²；

$p_{校}$——单位校正力，MPa（其值见表3-14）。

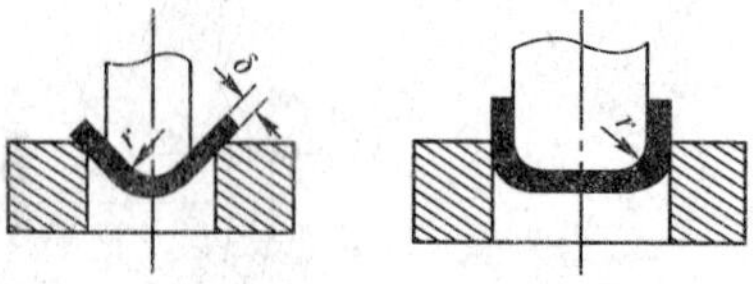

a)V形件   b)U形件   a)V形件   b)U形件

图3-22 自由弯曲示意图   图3-23 校正弯曲示意图

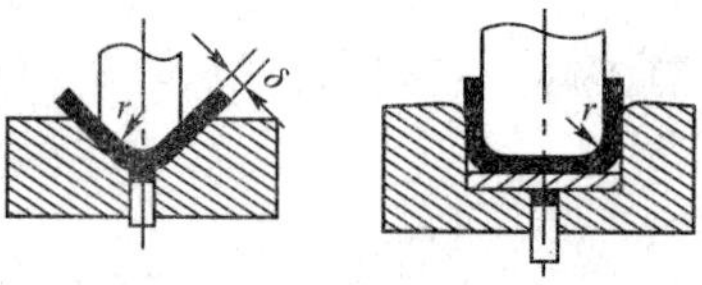

单位校正力 $p_{校}$ 值　　　　　　　　　　　　　　表3-14

材料	材料厚度(mm)			
	<1	1~3	3~6	6~10
铝	15~20	20~30	30~40	40~50
黄铜	20~30	30~40	40~60	60~80
10~20钢	30~40	40~60	60~80	80~100
25~30钢	40~50	50~70	70~100	100~120

3. 顶件力或压料力

对于设有顶件装置的弯曲模，其顶件力或压料力F_Q（单位为N）值可近似取自由弯曲力的30%~80%，即$F_Q = (0.3 \sim 0.8)F_{自}$。

4. 弯曲时压力机压力的确定

对于有压料的自由弯曲：$F_{压机} \geq F_{自} + F_Q$

对于校正弯曲，由于校正力是发生在接近于下止点位置，校正力与自由弯曲力并非重叠关系，而且校正力的数值比压料力大得多，F_Q值可以忽略不计，因此只按校正力选择设备就可以，即$F_{压机} \geq F_{校}$。

3.3.5 弯曲模凸凹模之间的间隙

弯曲 U 形件时,如图 3-24 所示,其凸凹模之间间隙 z 的大小,对弯曲件质量有直接影响,过大的间隙将引起回弹角的增加;过小的间隙会引起工件材料厚度变小,降低了模具的使用寿命,因此,必须确定出合理的间隙值。凸凹模之间合理的间隙值可按下式计算:

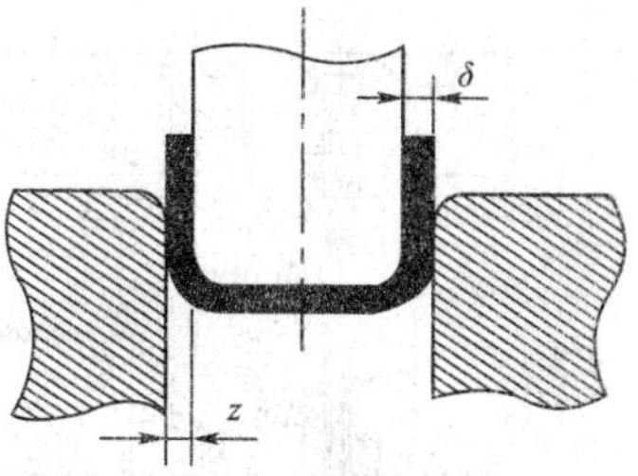

$$z = \delta + \Delta + c\delta$$

式中:z——凸凹模之间的单边间隙,mm;
δ——材料厚度,mm;
Δ——材料厚度正偏差,mm;
c——根据弯曲件高度 H 和弯曲线长度 B(料宽度)决定的系数,见表 3-15。

图 3-24 弯曲模间隙

系数 c 的数值　　　　表 3-15

弯曲件高度 H(m)	材料厚度 δ(mm)								
	<0.5	0.6~2	2.1~4	4.1~5	<0.5	0.6~2	2.1~4	4.1~7.5	7.6~1.2
	$B \leq 2H$				$B > 2H$				
10	0.05	0.05	0.04	—	0.10	0.10	0.08	—	—
20				0.03				0.06	0.06
35	0.07				0.15				
50	0.10	0.07	0.05	0.04	0.20	0.15	0.10	0.10	0.08
75									
100				0.05					
150	—				—				
200	—	0.10	0.07	0.07	—	0.20	0.15	0.15	0.10

当工件的精度要求较高时,凸凹模之间的间隙值应适当减小,可以取 $z = \delta$。

当弯曲 V 形件时,凸凹模之间的间隙值是靠调整压床的闭合高度来控制的,不需要在设计和制造模具时确定间隙。

3.3.6 弯曲模的结构

图 3-25 所示为同时进行冲孔、切断和弯曲的连续模,用以弯制侧壁带孔的双角弯曲件,条料以导尺导料,并从卸料板下面送至挡块右侧进行定位。当上模下压时,条料首先被剪断,并随即将所剪断的毛坯压弯成型,与此同时,冲孔凸模在条料上冲出一个孔,上模回程时卸料板卸下条料,顶件销在弹簧的作用下推出工件。

3.3.7 提高弯曲件精度的工艺措施

在实际生产中,弯曲件出现的质量问题有回弹、弯裂和偏移等。为了提高弯曲件的精度,应采取以下具体措施。

1. 减少回弹的主要措施

1)改进弯曲件结构

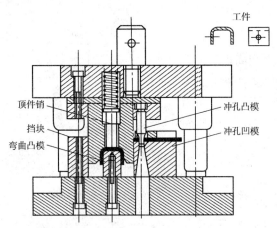
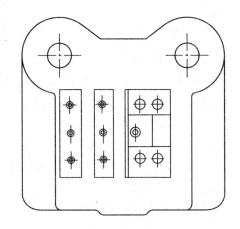

图 3-25 冲孔、切断、弯曲连续模

在设计时，改进弯曲件的具体结构，可以促进回弹减少。例如在弯曲区压制加强筋，如图 3-26 所示。这不仅可以提高工件的刚度，也有利于抑制工件的回弹。

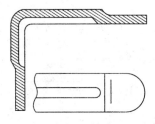

图 3-26 弯曲区的加强筋

此外，在满足使用要求的条件下，可以选用弹性模量大、屈服强度小、力学性能稳定的材料，以减少弯曲时产生回弹。

2) 从模具结构上考虑减少回弹

对于一般材料，可在凸模和凹模上做出等于回弹角的斜度，使工件回弹后恰好等于所要求的角度，如图 3-27a)、c)、e) 所示。

对于厚度在 0.8mm 以上的塑性材料，可在凸模上做出"凸起"部分，压弯时"凸起"部分对工件圆角处进行校正，以此来克服回弹，如图 3-27d)、e) 所示。

对于回弹较大的材料，可将凸模和顶板做成圆弧曲面，当压弯的工件从模具中取出后，曲面部分伸直，补偿了回弹，如图 3-27b) 所示。

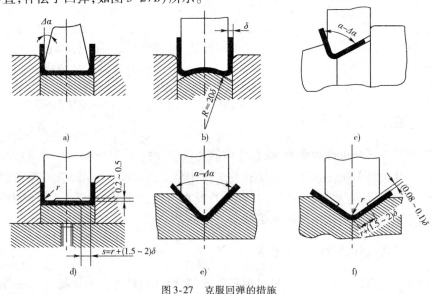

图 3-27 克服回弹的措施

3) 采用拉弯工艺

对于弯曲半径很大、回弹不易消除的弯曲件，采用拉弯工艺能使毛坯从内表面到外表面都处于拉应力的作用下，卸料时它们回弹变形的方向一致，因此可大大减少工件的回弹，如图 3-28 所示。

4）采用其他方面的工艺

(1) 在允许的情况下，采用加热弯曲。

(2) 对U形弯曲件，可采用较小的间隙，甚至负间隙(约<δ)的弯曲。

(3) 用校正弯曲代替自由弯曲，在操作时进行多次镦压。

2. 防止弯裂的措施

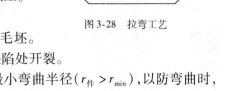

图 3-28　拉弯工艺

(1) 要选用表面质量好、无缺陷的材料作弯曲件的毛坯。如果毛坯有缺陷，应在弯曲前清除掉，否则弯曲时会在缺陷处开裂。

(2) 在设计弯曲件时，应使工件的弯曲半径大于其最小弯曲半径（$r_{件} > r_{min}$），以防弯曲时，由于变形程度大而产生裂纹。若需要 $r_{件} < r_{min}$ 时，应两次弯曲，最后一次以校正工序达到工件圆角半径的要求。

(3) 弯曲时，应尽可能使弯曲线与材料的纤维方向垂直。对于需要双向弯曲的工件，应尽可能使弯曲线与材料纤维方向成45°角，如图3-29所示。

(4) 弯曲时毛刺会引起应力集中而使工件开裂（图3-30），应把有毛刺的一边放在弯曲内侧。

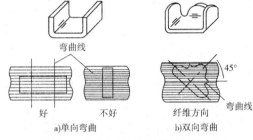

图 3-29　弯曲线与材料纤维方向的关系

图 3-30　冲裁件表面对弯曲质量的影响

3. 克服偏移的措施

(1) 在模具结构上采用压料装置，使毛坯在压紧的状态下逐渐弯曲成型，这样不仅能防止毛坯的滑动，而且能够得到底部较平的工件，如图3-31所示。

(2) 采用定位板或定位销，以保证毛坯在模具中定位可靠。

(3) 将不对称的弯曲件组合成对称的形状，弯曲后再切开，如图3-32所示。这样，坯料在压弯时受力均匀，有利于防止产生偏移。

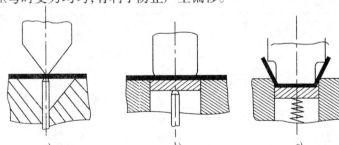

图 3-31　克服偏移的措施一

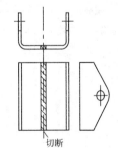

图 3-32　克服偏移的措施二

3.4　拉伸

拉伸是利用模具使冲裁后得到的平面毛坯成为开口空心零件的冲压工艺方法。

采用拉伸工艺可以制成筒形、锥形、球形、方盒形和其他不规则的薄壁零件。它还可以与其他成型工序配合,制成形状极其复杂的零件。在汽车制造,特别是车身制造中,拉伸工艺占有重要的地位。

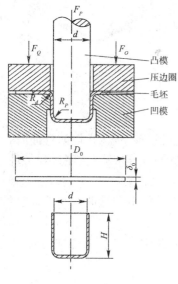

图3-33 拉伸过程

3.4.1 拉伸过程

图3-33所示的拉伸过程,其凸模与凹模的工作部分均有较大的圆角;凸模与凹模之间的间隙一般大于板料厚度δ_0,在凸模的作用下,原直径为D_0的毛坯,在凹模端面和压边圈之间的缝隙中变形,并被拉入凹模孔内,形成直径为d的筒形工件。

3.4.2 拉伸工艺参数的确定

1. 修边余量

在拉伸过程中,常受材料力学性能的方向性、模具间隙不均、板厚变化、摩擦阻力不等及定位不准等因素的影响,而使拉伸件口部或凸缘周边不齐,必须进行修边,故在计算毛坯尺寸时应按加上修边余量后的零件尺寸进行展开计算。

修边余量的数值可查表3-16和表3-17。

无凸缘圆筒形拉伸件的修边余量 Δ(mm)　　　　　　　　　表3-16

工件高度 h	工件的相对高度 h/d				附　图
	>0.5~0.8	>0.8~1.6	>1.6~2.5	>2.5~4	
≤10	1.0	1.2	1.5	2	
>10~20	1.2	1.6	2	2.5	
>20~50	2	2.5	3.3	4	
>50~100	3	3.8	5	6	
>100~150	4	5	6.5	8	
>150~200	5	6.3	8	10	
>200~250	6	7.5	9	11	
>250	7	8.5	10	12	

有凸缘圆筒形拉伸件的修边余量 Δ(mm)　　　　　　　　　表3-17

凸缘直径 $d_凸$	凸缘的相对直径 $d_凸/d$				附　图
	1.5以下	>1.5~2	>2~2.5	>2.5	
≤25	1.8	1.6	1.4	1.2	
>25~50	2.5	2.0	1.8	1.6	
>50~100	3.5	3.0	2.5	2.2	
>100~150	4.3	3.6	3.0	2.5	
>150~200	5.0	4.2	3.5	3~6	
>200~250	5.5	4.6	3.8	2.8	
>250	6	5	4	3	

2. 毛坯尺寸的计算

在拉伸过程中,材料厚度虽有变化,但其平均值与毛坯原厚度十分接近,因此毛坯的展开尺寸可根据毛坯面积与拉伸件面积(包括修边余量)相等的原则求出。旋转体拉伸件的毛坯直径D(mm)可按下式确定:

$$D = \sqrt{\frac{4}{\pi}A} = \sqrt{\frac{4}{\pi}\Sigma a}$$

式中：A——拉伸件的表面积，mm^2；

a——拉伸件分解成简单几何形状的各个表面积，mm^2。

图3-34所示为带凸缘的圆筒形拉伸件，计算毛坯直径时，可先将该零件分解成五个简单的几何形状，求得a_1、a_2、a_3、a_4、a_5，然后再按上述公式求出D。

3. 拉伸系数和拉伸次数

在制定拉伸件的工艺路线和设计拉伸模具时，必须预先确定该零件是否可以一次拉伸成型，或是需要几次才能拉伸成型。正确地解决这个问题，直接关系到制造成本和成品的质量。

在决定拉伸工序的拉伸次数时，必须做到使毛坯内部的应力既不超过强度极限，又能充分地利用材料的塑性。这就是说，每次拉伸，应在毛坯侧壁强度允许的条件下，采用尽可能大的变形强度。

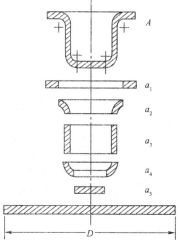

图3-34 筒形件毛坯尺寸的确定

1) 圆筒形拉伸件的拉伸系数和拉伸次数

每次拉伸后，圆筒形件直径与拉伸前毛坯（或半成品）直径的比值（图3-35）称为拉伸系数，以m表示。它是衡量拉伸变形程度的指标，m为小于1的常数。

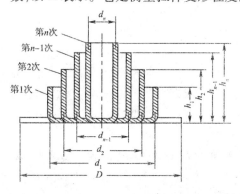

图3-35 多次拉伸时圆筒直径的变化

第一次拉伸系数为$m_1 = d_1/D$；

第二次拉伸系数为$m_2 = d_2/d_1$；

……

第n次拉伸系数为$m_n = d_n/d_{n-1}$。

拉伸系数越小，每次拉伸毛坯的变形程度就越大，所需要拉的次数也就越少。拉伸系数是拉伸工艺计算中主要的工艺参数之一，通常用它来决定拉伸的次数和顺序。

采用压边圈拉伸时的拉伸系数见表3-18，不用压边圈的拉伸系数见表3-19。

无凸缘筒形件采用压边圈拉伸时的拉伸系数　　表3-18

拉伸系数	毛坯相对厚度 $\frac{\delta}{D} \times 100$					
	2~1.5	<1.5~1	<1~0.6	<0.6~0.3	<0.3~0.15	<0.15~0.08
m_1	0.48~0.50	0.50~0.53	0.53~0.55	0.55~0.58	0.58~0.60	0.60~0.63
m_2	0.73~0.75	0.75~0.76	0.76~0.78	0.78~0.79	0.79~0.80	0.80~0.82
m_3	0.76~0.78	0.78~0.79	0.79~0.80	0.80~0.81	0.81~0.82	0.82~0.84
m_4	0.78~0.80	0.80~0.81	0.81~0.82	0.82~0.83	0.83~0.85	0.85~0.86
m_5	0.80~0.82	0.82~0.84	0.84~0.85	0.85~0.86	0.86~0.87	0.87~0.88

注：1. 凹模圆角半径大时（$r_凹 = 8 \sim 15\delta$），拉伸系数取小值；凹模圆角半径小时（$r_凹 = 4 \sim 8\delta$），拉伸系数取大值。

2. 表中拉伸系数适用于08、10S、15S钢与软黄铜H62、H68。当拉伸塑性更大的金属时（05钢、08Z及10Z铝、铝等），应比表中数值减小1.5%~2%，而当拉伸塑性较小的金属时（20钢、25钢、Q215A、Q235A、酸洗钢、硬铝、硬黄铜等），应比表中数值增大1.5%~2%（符号S为深拉伸钢；Z为最深拉伸钢）。

无凸缘筒形件不用压边圈拉伸时的拉伸系数　　　　　　　　　　　　表 3-19

材料相对厚度 $\frac{\delta}{D} \times 100$	各次拉延系数					
	m_1	m_2	m_3	m_4	m_5	m_6
0.4	0.90	0.92	—	—	—	—
0.6	0.85	0.90	—	—	—	—
0.8	0.80	0.88	—	—	—	—
1.0	0.75	0.85	0.90	—	—	—
1.5	0.65	0.80	0.84	0.87	0.90	—
2.0	0.60	0.75	0.80	0.84	0.87	0.90
2.5	0.55	0.75	0.80	0.84	0.87	0.90
3.0	0.53	0.75	0.80	0.84	0.87	0.90
3 以上	0.50	0.70	0.75	0.78	0.82	0.85

注：此表适用于 08 钢、10 钢及 15Mn 钢等材料。

拉伸次数通常只能概略地进行估计，最后需要通过工艺计算来确定。初步确定无凸缘圆筒形拉伸件拉伸次数的方法有以下几种：

(1) 计算法。拉伸次数由所采用的拉伸系数按下式计算：

$$n = 1 + \frac{\lg d_n - \lg(m_1 D)}{\lg m_n}$$

式中：n——拉伸次数；
　　　d_n——工件直径，mm；
　　　D——毛坯直径，mm；
　　　m_1——第一次拉伸系数；
　　　m_n——第二次后各次的平均拉伸系数。

由上式计算所得的拉伸次数 n，通常不会是整数，此时必须注意不得按照四舍五入法，而应取较大的整数值。采用较大整数值的结果，使实际选用的各次拉伸系数 m_1、m_2、m_3、…、m_n 等比初步估计的数值略大些，这样符合安全而不破裂的要求。在校正拉伸系数时，应遵照以下原则：变形程度应逐渐减小，亦即后续拉伸系数应逐渐取大些。

(2) 查表法。根据拉伸件的相对高度和毛坯的相对厚度 $\delta/D \times 100$，直接由表 3-20 快速查出拉伸次数。

无凸缘圆筒形拉伸件的最大相对高度 h/d　　　　　　　　　　　　表 3-20

拉伸次数 n	毛坯相对厚度 $\frac{\delta}{D} \times 100$					
	2~1.5	<1.5~1	<1~0.6	<0.6~0.3	<0.3~0.15	<0.15~0.08
1	0.94~0.77	0.84~0.65	0.70~0.57	0.62~0.5	0.52~0.45	0.46~0.38
2	1.88~1.54	1.60~1.32	1.36 1.1	1.13~0.94	0.96~0.83	0.9~0.7
3	3.5~3.6	2.8~2.2	2.3~1.8	1.9~1.5	1.6~1.3	1.3~1.1
4	5.6~4.3	4.33~3.5	3.6~2.9	2.9~2.4	2.4~2.0	2.0~1.5
5	8.9~6.6	6.6~5.1	5.2~4.1	4.1~3.3	3.3~3.6	3.6~2.0

注：1. 大的 h/d 值适用于在第一道工序内大的凸模圆角半径（由 $\frac{\delta}{D} \times 100 = 2 \sim 1.5$ 时的 $r_{凹} = 8\delta$ 到 $\frac{\delta}{D} \times 100 = 0.15 \sim 0.08$ 时的 $r_{凹} = 15\delta$）；小的比值适用于小的凹模圆角半径（$r_{凹} = 4 \sim 8\delta$）。
　　2. 表中拉伸次数适用于 08 钢及 10 钢的拉伸件。

(3) 推算法。筒形件的拉伸次数，也可根据 δ/D 值查出 m_1、m_2、m_3…，然后从第一道工序开始依次求半成品的直径,即 $d_1 = m_1 D, d_2 = m_2 d_1, \cdots, d_n = m_n d_{n-1}$。一直计算到得出的直径不大于工件要求的直径为止。这样不仅可以求出拉伸次数,还可以知道中间工序的尺寸。

(4)查图法。确定拉伸次数及各次半成品尺寸也可由查图法求得,如图3-36所示,其查法如下:

先在图3-36中横坐标上找到相当于毛坯直径 D 的点,从此点作一垂线;再从纵坐标找到相当于工件直径 d 的点,并由此点作出水平线,与垂线相交;根据交点,便可决定拉伸的次数。如果交点位于两斜线之间,应取较大的次数。此图适用于酸洗软钢板的筒形拉伸件,图3-36中的下斜线用于材料厚度为0.5~2.0mm的钢板,上条斜线用于材料厚度为2~3mm的钢板。

工序次数和各道工序半成品直径确定后,应确定底部圆角半径,即拉伸凸模的圆角半径。最后可根据筒形件不同的底部形状,按表3-21所列公式计算出各次拉伸高度。

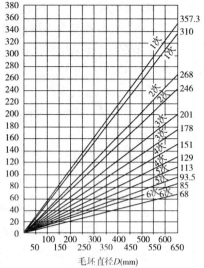

图3-36 确定拉伸次数及半成品尺寸的曲线图

圆筒形拉伸件的拉伸高度计算公式   表3-21

工作形状	拉伸工序	计算公式
平底筒形件	1	$h_1 = 0.25(Dk_1 - d_1)$
	2	$h_2 = h_1 k_2 + 0.25(d_1 k_2 - d_2)$
圆角底筒件	1	$h_1 = 0.25(Dk_1 - d_1) + 0.43 \frac{r_1}{d_1}(d_1 + 0.32 r_1)$
	2	$h_1 = 0.25(Dk_1 k_2 - d_2) + 0.43 \frac{r_2}{d_2}(d_2 + 0.32 r_2)$ $r_1 = r_2 = r$ 时 $h_2 = k_1 k_1 + 0.25(d_1 - d_2) - 0.43 \frac{r}{d_2}(d_1 - d_2)$
圆锥底筒形件	1	$h_1 = 0.25(Dk_1 - d_1) + 0.57 \frac{a_1}{d_1}(d_1 + 0.86 a_1)$
	2	$h_1 = 0.25(Dk_1 k_2 - d_2) + 0.57 \frac{a_2}{d_2}(d_2 + 0.86 a_2)$ $a_1 = a_2 = a$ 时 $h_2 = h_1 k_2 + 0.25(d_1 k_2 - d_2) - 0.57 \frac{a}{d_2}(d_1 - d_2)$
球面底筒形件	1	$h_1 = 0.25 D k_1$
	2	$h_2 = 0.25 D k_1 k_2 = h_1 k_2$

注:D——毛坯直径,mm;

d_1, d_2——第一、第二工序拉伸的工件直径,mm;

k_1, k_2——第一、第二工序拉伸的拉伸比 $\left(k_1 = \frac{1}{m_1}, k_2 = \frac{1}{m_2}\right)$;

r_1, r_2——第一、第二工序拉伸件底圆角半径,mm;

h_1, h_2——第一、第二工序拉伸高度,mm。

2)带凸缘筒形件的拉伸系数

带凸缘筒形件拉伸时,不能应用无凸缘筒形件第一次拉伸的拉伸系数 m_1,因为此系数只能由当全部凸缘都转变为工件的侧表面时才能适用。而在带凸缘筒形件拉伸时,可在同样的 $m_1 = d_1/D$ 情况下,即采用相同的毛坯直径 D 和相同的工件直径 d_1,拉伸出各种不同的凸缘直径 $d_凸$ 和不同高度 h 的工件。显然凸缘直径和工件高度不同,其实际变形也不同。凸缘直径越小,工件高度越大,其变形程度越大。这些不同情况是无凸缘拉伸过程的中间阶段,而不是其拉伸过程的终结。因此,用 $m_1 = d_1/D$ 不能表达各种不同情况(不同 $d_凸$ 和 h)下工件实际的变形程度。

根据变形前后毛坯与工件面积相等的原则,图 3-37 所示拉伸件的毛坯直径 D 应为:

$$D = \sqrt{d_4^2 + 4d_2H - 3.44rd_2}\ (当\ r = r_1\ 时)$$

或 $D = \sqrt{d_1^2 + 6.28rd_1 + 8r^2 + 4d_2h + 6.28r_1d_2 + 4.56r_1^2 + d_4^2 - d_3^2}$ (当 $r \neq r_1$ 时)

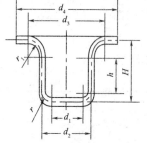

图 3-37 带凸缘的筒形件

故带凸缘筒形件第一次拉伸的拉伸系数(图 3-37)为:

$$m_1 = d_2/D = 1/\sqrt{(d_4/d_2)^2 + 4(H/d_2) - 3.44(r/d_2)}$$

式中:d_4/d_2——凸缘的相对直径($d_凸$包括修边余量);

H/d_2——相对拉伸高度;

r/d_2——底部及凸缘部分相对圆角半径。

此外,m_1 还应考虑毛坯相对厚度 δ/D 的影响。因此,带凸缘筒形件第一次拉伸的许可变形程度可用相应于 d_4/d_2 不同比值的最大相对拉伸高度 H/d_2 来表示,见表 3-22。

带凸缘筒形件第一次拉伸的最大相对高度 H/d_2 表 3-22

凸缘相对直径 $\dfrac{d_4}{d_2}$	毛坯相对厚度 $\dfrac{\delta}{D} \times 100$				
	>0.06~0.2	>0.2~0.5	>0.5~1	>1~1.5	>1.5
≤1.1	0.45~0.52	0.50~0.62	0.57~0.70	0.60~0.80	0.75~0.90
>1.1~1.3	0.40~0.47	0.45~0.53	0.50~0.60	0.56~0.72	0.65~0.80
>1.3~1.5	0.35~0.42	0.40~0.48	0.45~0.53	0.50~0.63	0.58~0.70
>1.5~1.8	0.29~0.35	0.34~0.39	0.37~0.44	0.42~0.53	0.48~0.58
>1.8~2.0	0.25~0.30	0.29~0.34	0.32~0.38	0.36~0.46	0.42~0.51
>2.0~2.2	0.22~0.26	0.25~0.29	0.27~0.33	0.31~0.40	0.35~0.45
>2.2~2.5	0.17~0.21	0.20~0.23	0.22~0.27	0.25~0.32	0.28~0.35
>2.5~2.8	0.13~0.16	0.15~0.18	0.17~0.21	0.19~0.24	0.22~0.27
>2.8~3.0	0.10~0.13	0.12~0.15	0.14~0.17	0.16~0.20	0.18~0.22

注:1. 适用于 0.8、10 钢。

2. 较大值适用于零件圆角半径较大的情况,即 r_1、$r_凸$ 为 $(10~20)\delta$;

较小值适用于零件圆角半径较小的情况,即 r_1、$r_凸$ 为 $(4~8)\delta$。

对于相对拉伸高度 $H/d_2 > h/d_2$ 时,就不能一次而需两次或多次才能拉伸成型。

带凸缘筒形件多次拉伸时,第一次拉伸的最小拉伸系数列于表 3-23,以后各次拉伸时的拉伸系数可相应地选表 3-18 中的 m_2、m_3、$\cdots$、m_n 值。在采用中间退火的情况下,可以将以后各次的拉伸系数减小 5%~8%。

带凸缘筒形件第一次拉伸时的拉伸系数 m_1 表 3-23

凸缘相对直径 $\dfrac{d_凸}{d_1}$	毛坯相对厚度 $\dfrac{\delta}{D} \times 100$				
	>0.06~0.2	>0.2~0.5	>0.5~1.0	>1.0~1.5	>1.5
≤1.1	0.59	0.57	0.55	0.53	0.50
>1.1~1.3	0.55	0.54	0.53	0.51	0.49
>1.3~1.5	0.52	0.51	0.50	0.49	0.47
>1.51~1.8	0.48	0.48	0.47	0.46	0.45
>1.8~2.0	0.45	0.45	0.44	0.43	0.42
>2.0~2.2	0.42	0.42	0.42	0.41	0.40
>2.2~2.5	0.38	0.38	0.38	0.38	0.37
>2.5~2.8	0.35	0.35	0.34	0.34	0.33
>2.8~3.0	0.33	0.33	0.32	0.32	0.31

注:适用于 0.8、10 钢。

3) 带凸缘筒形件的工艺计算

带凸缘筒形件一般可分为两种类型:

第一种:窄凸缘 $d_凸/d = 1.1~1.4$。

第二种:宽凸缘 $d_凸/d > 1.4$。

计算带凸缘筒形件拉伸工序的尺寸有下述原则:对于窄凸缘筒形拉伸件,可在前几次拉伸中不留凸缘,先拉伸成圆筒形件,而在以后的拉伸中形成锥形凸缘,这是由于在锥形压力圈下拉伸的结果,最后将其校正成平面(图 3-38a),或在缩小直径的过程中留下连接凸缘的圆角部分 $r_凹$,在整形的前一工序先把凸缘压成圆锥形,在整形工序时,再压成平整的凸缘(图 3-38b)。

对于宽凸缘拉伸件,则应在第一次拉伸时,就应拉伸成零件所要求的凸缘直径,而在以后各种拉伸中,凸缘直径保持不变,其方法如下:

(1)圆角半径基本不变或逐次减小,同时缩小筒形直径以增加高度(图 3-39a)。它适用于材料较薄,拉伸深度比直径大的中、小型零件。

(2)高度基本不变,而仅减小圆角半径,以逐渐减小直径(图 3-39b)。它适用于材料较厚,直径和深度相近的大、中型零件。

(3)凸缘过大而圆角半径过小的情况。首先以适当的圆角半径成型,然后按图面尺寸整形(图 3-39c)。

(4)凸缘过大时,利用材料胀形成型的方法拉伸(图 3-39d)。

为了保证以后拉伸时凸缘不参加变形,宽凸缘拉伸件首次拉入凹模的材料应比零件最后拉伸部分实际所需的材料多 3%~10%(按面积计算,拉伸次数多时取上限值,拉伸次数少时取下限值),这些多余材料在以后各次拉伸中,逐次将 1.5%~3% 的材料挤回到凸缘部分,使凸缘增厚,从而避免拉裂,这对料厚度小于 0.5mm 的拉伸件效果更为显著。这一原则实际上是通过正确计算各次拉伸高度和严格控制凸模的深度来实现的。

带凸缘筒形件拉伸工序的计算步骤为:

(1)选定修边余量,查表 3-17。

(2)预算毛坯直径 D。

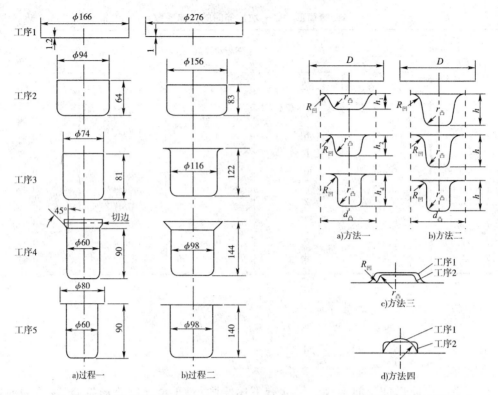

图 3-38 窄凸缘筒形件的拉伸过程　　　　图 3-39 宽凸缘筒形件的拉伸方法

(3) 算出 $100\delta/D$ 和 $d_凸/(d_4/d_2)$，从表 3-18 查出第一次拉伸允许的最大相对高度 H/d_2 之值，然后与零件的相对高度 h/d_2 相比，看能否一次拉伸成型。方法是：若 $H>d_2>h/d_2$ 时，则不能一次拉伸成型，需多次拉伸，这时应计算工序间的各尺寸。

(4) 从表 3-23 查出第一次拉伸系数 m_1，从表 3-18 查出以后各工序的拉伸系数 m_2、m_3、$m_4\cdots$，并预算各工序的拉伸直径：$d=m_1D$、$d_2=m_2d_1$、$d_3=m_3d_2\cdots$，通过计算，即可知道所需要的拉伸次数。

(5) 确定拉伸次数以后，调整各工序的拉伸系数，使各工序变形程度的分配合理些。

(6) 根据调整后各工序的拉伸系数，再计算各工序的拉伸直径。

(7) 选定各工序的圆角半径。

(8) 为了避免拉裂，增加拉入凹模的材料，重新计算毛坯直径。

(9) 计算第一次拉伸高度，并校核第一次拉伸的相对高度，检查是否安全。

(10) 计算以后各次的拉伸高度。带凸缘拉伸件的拉伸高度可按下式计算：

$$h_1 = \frac{0.25}{d_1}(D^2 - d_凸^2) + 0.43(r_1 + R_1) + \frac{0.14}{d_1}(r_1^2 - R_1^2)$$

$$h_2 = \frac{0.25}{d_2}(D^2 - d_凸^2) + 0.43(r_2 + R_2) + \frac{0.14}{d_2}(r_2^2 - R_2^2)$$

$$\cdots\cdots$$

$$h_n = \frac{0.25}{d_n}(D^2 - d_凸^2) + 0.43(r_n + R_n) + \frac{0.14}{d_n}(r_n^2 - R_n^2)$$

式中：h——工件高度，mm，如图 3-39 所示；

D——毛坯直径，mm；

$d_凸$——凸缘部分外径,mm;

r——工件上凸模的圆角半径,mm;

R——工件上凹模的圆角半径,mm;

d——筒形部分直径,mm。

(11)画出工序图。

4. 拉伸间隙

(1)拉伸凸凹模之间的单边间隙为:$z=(d_凹-d_凸)/2$。

(2)间隙值应合理地选取,因为 z 过小会增加摩擦力,使拉伸件容易破裂,且易擦伤工件表面和降低模具寿命;z 过大,又易使拉伸件起皱,且影响工件精度。

(3)在确定间隙时,必须考虑到毛坯在拉伸中外缘的变厚现象、材料厚度偏差及拉伸件的精度要求。

(4)不用压边圈拉伸时:$z=(1\sim1.1)\delta_{max}$,末次拉伸用小值,中间拉伸用大值。

(5)用压边圈拉伸时:

$$z=\delta_{max}+c\delta$$

式中:δ_{max}——板料厚度的最大极限尺寸,mm;

δ——板料厚度的公称尺寸,mm;

c——间隙系数,见表3-24。

材料厚度公差小或工件精度要求较高时,应取较小的间隙,可按表3-25选取。

间 隙 系 数 c 表3-24

拉伸工序数		材料厚度(mm)		
		0.5~2	2~4	4~6
1	第一次	0.2(0)	0.1(0)	0.1(0)
2	第一次	0.3	0.25	0.2
	第二次	0.1(0)	0.1(0)	0.1(0)
3	第一次	0.5	0.4	0.35
	第二次	0.3	0.25	0.2
	第三次	0.1(0)	0.1(0)	0.1(0)
4	第一、二次	0.5	0.4	0.35
	第三次	0.3	0.25	0.2
	第四次	0.1(0)	0.1(0)	0.1(0)
5	第一、二、三次	0.5	0.4	0.35
	第四次	0.3	0.25	0.2
	第五次	0.1(0)	0.1(0)	0.1(0)

注:1. 表中数值适用于一般精度(未注公差尺寸的极限偏差)工件的拉伸。

2. 末道工序括弧内的数字,适用于较精密拉伸件(IT11~IT13)。

有压边圈拉伸时的单边间隙值   表3-25

总拉伸次数	拉伸工序	单边间隙 z
1	第一次拉伸	$(1\sim1.1)\delta$
2	第一次拉伸	1.1δ
	第二次拉伸	$(1\sim1.05)\delta$

续上表

总拉伸次数	拉伸工序	单边间隙 z
3	第一次拉伸 第二次拉伸 第三次拉伸	1.2δ 1.1δ $(1\sim1.05)\delta$
4	第一、二次拉伸 第三次拉伸 第四次拉伸	1.2δ 1.1δ $(1\sim1.05)\delta$
5	第一、二、三次拉伸 第四次拉伸 第五次拉伸	1.2δ 1.1δ $(1\sim1.05)\delta$

注:1. 表中 δ 为材料厚度,取材料厚度的中值。
 2. 当拉伸精密工件时,最末一次拉伸间隙取 $z=\delta$。

(6)对于拉伸件精度要求达到 IT11~IT13 者,其最后一次拉伸工序的间隙为
$$z = (1\sim0.95)\delta$$
黑色金属取 1,有色金属取 0.95,δ 为板料厚度的公称尺寸,单位为 mm。

(7)拉伸盒形件时,凸模与凹模之间的间隙,在直边部分可参考 U 形工件压弯模的间隙来确定;在圆角部分由于材料变厚,故其间隙应比直边部分间隙大 0.1δ。

(8)在多次拉伸工序中,除最后一次的拉伸外,间隙的取向是没有规定的。对最后一次拉伸,尺寸标注在外径的拉伸件,应以凹模为基准,间隙取在凸模上,即减小凸模尺寸得到的间隙;尺寸标注在内径的拉伸件,应以凸模为基准,间隙取在凹模上,即通过增加凹模尺寸得到间隙。

5. 拉伸凸模及凹模的圆角半径

(1)拉伸凹模的圆角半径按经验公式确定,即
$$r_{凹} = 0.8\sqrt{(D-d)\delta}$$
式中:$r_{凹}$——凹模圆角半径,mm;
  D——毛坯直径,mm;
  d——凹模内径,mm;
  δ——材料厚度,mm。

当工件直径的 $d>200$mm 时,拉伸凹模圆角半径应按下式确定:
$$r_{凹min} = (0.039d+2)$$

(2)拉伸凹模圆角半径也可以根据工件材料的种类与厚度来确定。一般对于钢板拉伸件 $r_{凹}=10\delta$。

(3)以后各次拉伸时,$r_{凹}$ 值应逐渐减小,其关系为 $r_{凹n}=(0.6\sim0.9)r_{凹(n-1)}$。

(4)拉伸凸模的圆角半径根据下述规定来选取:除最后一次拉伸工序外,其他所有各次拉伸,凸模圆角半径 $r_{凸}$ 可取与凹模圆角半径相等或略小的数值:$r_{凸}=(0.6\sim1)r_{凹}$;在最后一次拉伸中,凸模圆角半径应与工件的圆角半径相等,但对于厚度小于 6mm 的材料,其数值不得小于 $(2\sim3)\delta$,对于厚度大于 6mm 的材料,其值不得小于 $(1.5\sim2)\delta$;如果工件要求的圆角半径很小,则在最后一次的拉伸以后,需进行整形。

(5)有压边圈的拉伸模,相邻两次拉伸工序的凸模和凹模圆角半径关系如图 3-40 所示。

有斜角的凸模及凹模如图 3-40a)所示，一般用于拉伸中型及大型尺寸的筒件。对于非圆形工件，$(n-1)$ 次底部做成斜角，将有利于成型。对于有斜角的凸模，其圆角半径应增大到 $r_凸 = (1.5 \sim 2) r_凹$。

有圆角半径的凸模和凹模如图 3-40b)所示，则用于拉伸 $d \leqslant 100mm$ 的零件及带宽凸缘与形状复杂的零件。

6. 压边力

1) 采用压边圈的条件

为了防止拉伸过程中工件的边壁或凸缘起皱，应使毛坯(或半成品)被拉入凹模圆角以前保持稳定状态，其稳定程度主要取决于毛坯的相对厚度 $100\delta/D \times 100$，或以后各次拉伸半成品的相对厚度 $\delta/d_{n-1} \times 100$。拉伸时采用压边圈的条件见表 3-26。

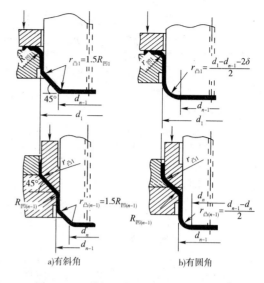

a)有斜角　　　b)有圆角

图 3-40　凸模与凹模圆圈半径的相互关系

采用或不采用压边圈的条件　　　表 3-26

拉伸方法	第一次拉伸		以后各次拉伸	
	$\delta/D \times 100$	m_1	$\delta/d_{n-1} \times 100$	m_n
用压边圈	<1.5	<0.6	>1	<0.8
可用可不用	1.5～2.0	0.6	1～1.5	0.8
不用压边圈	>2.0	>1.5	>1.5	>0.8

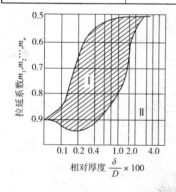

图 3-41　根据毛坯相对厚度和拉伸系数确定是否采用压边圈

为了作出更准确的估计，还应考虑拉伸系数的影响，因此根据图 3-41 确定是否采用压边圈更符合实际情况。在区域 I 内采用压边圈，在区域 II 内可不采用压边圈。

2) 压边力的计算

压边圈的压力必须适当，如果过大，会使拉伸力增加，而工件被拉裂；过小，会使工件的边壁或凸缘起皱，而起不到压边的作用。

压边力可用如下公式进行计算：

$$F_边 = A p_边$$

式中：$F_边$——压边力，N；

A——压边圈的面积，mm^2；

$p_边$——单位压边力，MPa。

$p_边$ 的经验公式为：

$$p_边 = 4g(z - 1.1) \frac{D}{\delta} \sigma_b \times 10^{-6}$$

式中：z——拉伸比，各工序拉伸系数的倒数；

σ_b——毛坯材料的抗拉强度，MPa；

δ——材料厚度，mm；

D——毛坯直径，mm。

$p_{边}$ 值亦可直接由表3-27或表3-28中查得。

在单动压床上拉伸时单位压边力的数值　　　　　表3-27

材　　料	单位压边力 $p_{边}$(MPa)
L 铝	0.8~1.2
纯铜、杜拉铝(退火的或刚淬好火的)、黄铜	1.2~1.8
压轧青铜	1.5~2
20钢、08钢、镀锡钢板	2~3
软化状态的耐热钢	2.8~3.5
高合金钢、高锰钢、不锈钢	3~4.5

在双动压床上拉伸时的单边压力的数值　　　　　表3-28

工件复杂程度	单位压边力 $p_{边}$(MPa)
难加工件	3.7
普通加工件	3
易加工件	2.5

3）压边装置的类型

压边装置分为下述两种：

（1）刚性压边装置。这种装置在双动压力机上利用外滑块压边。这种压力的特点是压边力不随压力机行程变化而变化，拉伸效果好，且模具结构简单。

（2）弹性压边装置。弹性压边装置用于一般的单动压床，特点是压边力随压力机的行程变化而变化。弹性压边有气垫、弹簧垫、橡胶垫三种方式，如图3-42所示。

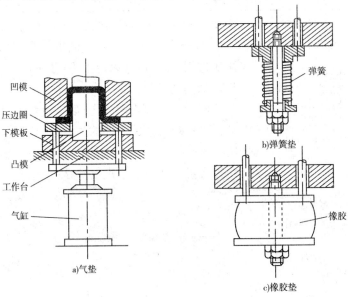

图3-42　弹性压边的方式

气垫在压力机工作台下；弹簧垫和橡胶垫一般装在冲模上，有时作为通用缓冲器也可装在压床工作台下。这三种压边装置所产生的压边力和行程的关系如图3-43所示。图3-43中表示，气垫的压力随行程变化很小，可以认为是不变的。因此，压力效果较好；弹簧垫和橡胶垫的压边力随行程的增大而增大，故对拉伸不利。但气垫结构较复杂，不易制造，并需使用压缩空气,不具备这些条件时,则采用弹簧垫、橡胶垫较方便。

7. 拉伸力及拉伸功

1) 拉伸力的计算

在确定拉伸件所需的压力机压力时,必须先求得拉伸力。如果给定了毛坯的材质、板料厚度 δ、毛坯尺寸及凹模的圆角半径 $r_{凹}$ 等,则拉伸件的拉伸力可用下述实用公式计算:

$$F_{拉} = L\delta\sigma_b k$$

式中:$F_{拉}$——拉伸力,N;

L——凸模周边长度,mm;

δ——材料厚度,mm;

σ_b——材料抗拉强度,MPa;

k——比例系数,难加工件为 0.9,普通加工件为 0.8,易加工件为 0.7。

2) 压力机压力的选择

对于单动压力机:$F_{机} > F_{拉} + F_{边}$

对于双动压力机:$F_{机1} > F_{拉}$,$F_{机2} > F_{边}$

式中:$F_{机}$——压力机的公称压力;

$F_{机1}$——内滑块的公称压力;

$F_{机2}$——外滑块的公称压力;

$F_{拉}$——拉伸力;

$F_{边}$——压边力。

3) 拉伸功

拉伸功并不是常数,而是随凸模的工作行程而改变的,如图 3-44 所示。为了计算实际的拉伸功,即曲线下的面积,不能用最大拉伸力 $F_{拉max}$,而应该用其平均值 $F_{拉平均}$ 计算。

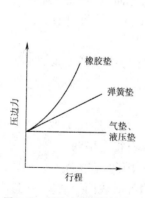

图 3-43 压边力和行程的关系

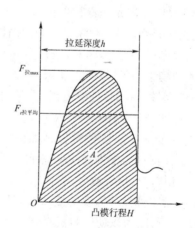

图 3-44 拉伸力-行程图

对于汽车拉伸件的拉伸,其拉伸功为:

$$W = F_{拉平均} h \times 10^{-3} = c F_{拉max} h \times 10^{-3}$$

式中:W——拉伸功,J;

$F_{拉max}$——最大拉伸力,N;

h——拉伸深度,mm;

c——系数,见表 3-29。

系数 c 与拉伸系数的关系 表3-29

拉伸系数 m	0.55	0.60	0.65	0.70	0.75	0.80
系数 c	0.8	0.77	0.74	0.70	0.67	0.64

压力机的电动机功率按下式计算：

$$P = \frac{KWn}{60 \times 1000 \eta_1 \eta_2}$$

式中：P——电动机功率，kW；

K——不平衡系数，$K = 1.2 \sim 1.4$；

W——拉伸功，J；

η_1——压力机效率，$\eta_1 = 0.6 \sim 0.8$；

η_2——电动机效率，$\eta_2 = 0.9 \sim 0.95$；

n——压力机每分钟的行程次数。

3.4.3 车身覆盖件的拉伸

车身覆盖件为形状不规则的零件，具有表面质量要求高（光滑、美观）、轮廓尺寸大、形状复杂等特点。一般制造过程要经过落料（或剪切）、拉伸、修边、冲孔、翻边等多道工序才能完成。在多数情况下，拉伸工序是制造这类零件的关键，它直接影响产品质量、材料利用率、生产效率和制造成本。

1. 车身覆盖件拉伸的特点及其类型

车身覆盖件多为复杂的空间曲面零件，其拉伸特点如下：

(1) 毛坯在模具中的变形十分复杂，各处应力很不均匀，因此不能用拉伸系数来判断和计算它的拉伸次数和拉伸的可能性，目前还只能用类比法在生产中调整确定，而且这类零件不希望经过多次拉伸，一般是一次拉伸成型。

(2) 这类零件形状复杂，深度不匀，往往也不对称，压边面积所占比例小，因此，需要采用拉伸筋来加大进料阻力，或是利用拉伸筋的合理布置，改善毛坯在压边圈下的流动条件，使各区段金属流动趋于均匀，以防止起皱。

(3) 有些零件，由于拉伸深度浅，拉伸时材料得不到充分的拉伸变形，回弹大，易起皱，且刚性不好。这就需要采用拉伸槛来加大压边圈下材料的牵引力，以加大其塑性变形程度，保证零件在修边后弹性畸变小、刚性好，以消除鼓膜状的缺陷。

(4) 为了保证这类零件在拉伸时能经受最大限度的塑性变形而不致产生破裂，其原料的力学性能、金相组织、化学成分、表面粗糙度及厚度公差都有很严格的要求。

(5) 不规则零件拉伸需要的变形力和压边力都较大。因此，在大量生产中，其拉伸可采用双动压力机进行，因为双动压力机具有拉伸内滑块与压边外滑块两个滑块，压边力可达拉伸力的 60% 以上，而且有些外滑块可进行压边力的局部调节，以满足不规则零件拉伸的一些特殊要求。

2. 车身覆盖件的拉伸工艺要素

1) 拉伸方向

选定拉伸方向，就是确定工件在模具中的位置，合理的拉伸方向应符合下列原则：

(1) 应能保证将工件需拉伸的部位在一次拉伸中完成，不应有凸模接触不到的死角或死区。图3-45所示零件，是按其底部鼓包最有利于拉伸的位置来确定拉伸方向的。

(2)拉伸方向应保证凸模两侧的包容角尽可能保持一致,$\alpha \approx \beta$。这样,在拉伸过程中,材料能均匀地由两侧流入凹模,如图3-46a)所示;凸模表面同时接触毛坯的点要多而分散,并尽可能分布均匀,以防止毛坯窜动,如图3-46b)所示;当凸模与毛坯为点接触时,应适当增大接触面积,如图3-46c)所示,以防止材料应力集中,造成局部破

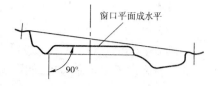

图3-45 不规则零件的拉伸方向

裂。但是,也要避免凸模表面与毛坯以大平面接触的状态。否则,由于平面上的拉应力过小,材料得不到充分的塑性变形,从而影响工件的刚度,并容易起皱。应尽可能减小拉伸深度,而且使深度均匀。

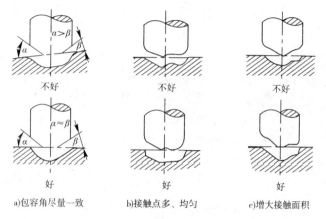

a)包容角尽量一致　　b)接触点多、均匀　　c)增大接触面积

图3-46 凸模与毛坯接触状况

2)压料面

压料面有两种情况:一种是由工件本体部分组成;另一种是由工艺补充部分组成。这两种压料面的区别在于前者作为工件本体部分保留下来,后者在以后的修边工序中将被切除。

3)确定压料面的基本原则

(1)压料面应为平面、单曲面或曲率很小的双曲面(图3-47)。不允许有局部的起伏或折棱。当毛坯被压紧时,不产生折皱现象,而且要求塑流阻力小,向凹模内流动顺利。

a)单曲面　　　　　　　b)双曲面

图3-47 合理的压料面形状

(2)压料面与拉伸凸模的形状应保持一定的几何关系,保证在拉伸过程中毛坯处于张紧状态,并能平稳地、渐次地紧贴(包拢)凸模,以防止产生皱纹。为此必须满足如下关系(图3-48):

$$L > L_1, \alpha < \beta$$

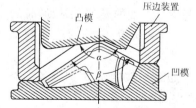

图3-48 压料面与拉伸凸模的几何关系

式中:L——凸模展开长度;

L_1——压料面展开长度;

α——凸模仰角;

β——压料面仰角。

当 $L<L_1$，$\alpha>\beta$ 时，压料面下会产生多余的材料，这部分多余材料拉入凹模腔内后，由于延展不开而形成皱纹。

(3) 为了在拉伸时毛坯压边可靠，必须合理地选择压料面与拉伸方向的相对位置。最有利的压料面位置是水平位置，如图 3-49a) 所示；相对于水平面由上向下倾斜的压料面，只要倾角 α 不太大，也是允许的，如图 3-49b) 所示；压料面相对于水平面由下向上倾斜时，倾角 φ 必须采用非常小的角度，图 3-49c) 所示的倾角是不恰当的，因为在拉伸的过程中金属流动条件太差。

当采用图 3-49b) 所示的倾斜压料面时，为保证压边圈足够的强度，必须控制压料面的倾角 $\alpha\leqslant40°\sim50°$，否则在压边圈工作时，会产生很大的侧向分力和弯矩，使压边圈角部极易损坏。另外随着压边圈倾角的增大，凹模边缘至拉伸筋中心线的距离，也需相应增加，见表 3-30。

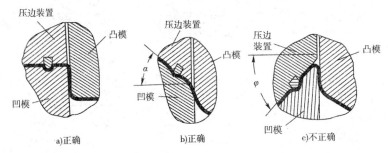

图 3-49 压料面与拉伸方向的关系

凹模边缘至拉伸筋中心线的距离　　　　　　表 3-30

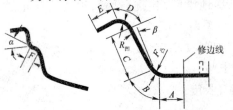

压边圈倾角 α (°)	<20	20~25	25~30	30~35	35~40
凸模边缘到拉伸筋中心的距离 l (mm)	30	35	30	35	50

(4) 毛坯定位的稳定、可靠和送料取件的方便。

(5) 在压料面合理的基础上，应尽量减小工艺补充面，以降低材料消耗。

4) 工艺补充面

为了弥补工件在拉伸过程中的缺陷，在工件本体部分以外，另外增加的材料，称为工艺补充面。工艺补充面应考虑三方面的要求：①拉伸时的进料条件；②压料面的形状和位置；③修边工序的工艺要求。

图 3-50 工艺补充部分的结构示意图

工艺补充面的组成如图 3-50 所示。图中各部分的作用和尺寸如下：

(1) A——底面：从工件的修边线到凸模的圆角

部分。其作用在于：①调整时，不至于因 $R_凸$ 修磨变大而影响工件尺寸。②保证修边刃口的强度要求。③满足定位的结构要求。

当采用拉伸槛定位时，其尺寸为 $A \geq 8mm$；当采用侧壁定位时，其尺寸为 $A \geq 5mm$。

（2）B——凸模圆角面：它是凸模圆角 $R_凸$ 处的弧面。其作用在于降低变形阻力。

一般拉伸件：$R_凸 = (4 \sim 8)\delta$。

复杂拉伸件：$R_凸 \geq 10\delta$。

（3）C——侧壁面：从凸模圆角到凹模圆角之间的部分，它使拉伸件沿凹模周边形成一定的深度。其作用如下：①使工件表面有足够的拉应力，保证毛坯全部延展，减小皱纹的形成。②调节深度，配置较理想的压料面。③满足定位和取件要求。④满足修边刃口的强度要求。

其位置尺寸 C 为 $10 \sim 20mm$，$\beta = 6° \sim 10°$。

（4）D——凹模圆角面：它也是拉伸材料的流动面。$R_凹$ 的大小直接影响毛坯流动的变形阻力。$R_凹$ 越大，则阻力越小，容易拉伸，$R_凹$ 小则反之。

一般 $R_凹 = (4 \sim 10)\delta$，料厚或深度大时，取大值，允许在调整中变化。

（5）E——凸缘面：又称压料面。它的作用是：①控制拉伸时进料阻力的大小。②布置拉伸筋（槛）和定位。其尺寸为 $E = 40 \sim 50mm$。

（6）F——棱台面：它使水平修边改为垂直修边，从而简化冲模结构。其尺寸为 $F = 3 \sim 5mm$，$\alpha \leq 40°$。

5）拉伸筋（槛）的作用

（1）增加进料阻力，使拉伸件表面承受足够的拉应力，提高拉伸件的刚度和减少由于回弹而产生的凹面、扭曲、松弛和波纹等缺陷。

（2）调节材料的流动情况，使拉伸过程中各部分的流动阻力均匀，或使材料流入模腔的量适合工件各处的需要，防止"多则皱、少则裂"的现象。

（3）扩大压边力的调节范围。在双动压力机上，调节外滑块四个角的高低，只能粗略地调节压边力，并不能完全控制各处的进料量符合工件变形的需要，采用拉伸筋可以扩大压边力的调节范围。同时拉伸筋增加了上、下压料面之间的间隙，使其磨损减少，使用寿命提高。

（4）可纠正材料不平整的缺陷，并可消除产生滑滞的可能性。因为当材料在通过拉伸筋产生起伏变形后再向凹模流入的过程，相当于辊压校平作用。

拉伸筋的表面呈半圆弧形状，一般装在压边圈上，在凹模压料面上常开出相应的槽。由于拉伸筋比拉伸槛在使用的数量上、形式上都灵活，故应用比较广泛。但其流动阻力不如拉伸槛大。拉伸筋的结构如图 3-51 所示。其尺寸参数见表 3-31。

拉伸筋的结构尺寸（mm） 表 3-31

序号	应用范围	A	H	B	C	h	R	R_1
1	中小型拉伸件	14	6	25~32	25~30	5	7	125
2	大中型拉伸件	16	7	28~35	28~32	6	8	150
3	大型拉伸件	20	8	32~38	32~38	7	10	150

拉伸槛的剖面呈梯形，类似门槛，安装于凹模的洞口。它的流动阻力比拉伸筋大，主要用于拉伸深度浅而外表平滑的零件，它可以减少压边圈下的凸缘宽度及毛坯尺寸，其结构及尺寸如图 3-52 所示。图 3-52a）用于拉伸深度小于 25mm 的拉伸件；图 3-52b）用于拉伸深度大于 25mm 的拉伸件；图 3-52c）则用于整体凹模、生产批量小的场合。

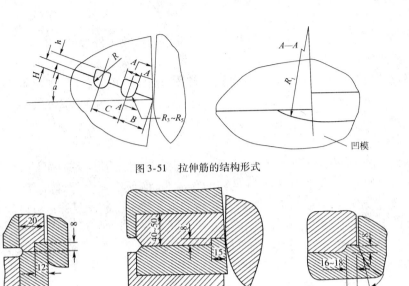

图 3-51 拉伸筋的结构形式

a) 拉延深度小于25mm　　b) 拉延深度大于25mm　　c) 整体模

图 3-52 拉伸槛的结构形式

拉伸筋的数目及位置视零件外形、起伏特点及拉伸深度等而定。

根据拉伸筋的作用，其布置原则是：① 为了增加进料阻力，提高材料的变形程度，则整圈或间断地布置 1~3 条拉伸筋。② 为了增加径向拉力，降低切向压应力，防止毛坯起皱，则在容易起皱的部位设置局部的短筋。③ 为了调整进料阻力和进料量，应在拉伸深度大的直边部位，设置 1~3 条拉伸筋；拉伸深度大的圆弧部位，不设拉伸筋；拉伸深度相差较大时，在深的部位不设拉伸筋，浅的部位设拉伸筋。

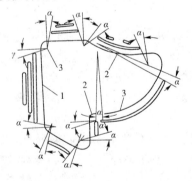

图 3-53 凹模口的形状和拉伸筋的布置

根据凹模口几何形状的不同，拉伸筋的布置方法如图 3-53 所示。筋条位置一定要保证与毛坯流动方向垂直。其布置方法说明如下：图 3-53 中直线段"1"属于弯曲变形，其变形阻力小，仅限于摩擦力，材料最容易流入凹模；大内凹（相对于工件）圆弧"2"属拉伸变形，其塑流阻力随着曲率半径的减小而增大；大外凸圆弧"3"属于内孔翻边性质，其塑流阻力也随曲率半径的减小而增大；在各个不同变形区段相交部位，变形受邻近区段的作用和影响。外凸圆弧有向邻近部位扩散多余材料的趋势，造成其两侧的塑流阻力增加；内凹圆弧有使邻近部位受拉并向其本身集中材料的趋势，也能引起两侧塑流阻力的变化。为了使零件的各部分达到尽可能均匀的塑性变形，因此拉伸筋设置成图 3-53 所示的形式。凹模刃口为直线的地方，可在其端面根据直线长短，设置 1~3 条，并呈塔形布置；凹模刃口为小内凹或小外凸圆弧的地方可不设筋；凹模刃口为大外凸圆弧的地方，设一条长筋；凹模刃口为大内凹圆弧的地方，设置一条长筋和在两侧加两条短筋。图 3-53 中 $\alpha = 8° \sim 12°$。

3.5 其他成型工艺

在冲压生产中，除了冲裁、弯曲和拉伸以外，还有其他一些加工方法，如胀形、翻边、缩口、校平、整形等，这些方法统称为成型。

3.5.1 局部成型

如图3-54所示,当拉伸带凸缘的圆筒形工件时,如果增大凸缘直径$d_凸$,而不改变圆筒部分直径d,则凸缘部分的变形阻力将增加,凸缘材料流入凹模内参与变形将更困难。当$d_凸/d$达到某一定值后,使得凸缘材料基本上不能流入圆筒部分。这时圆筒部分的成型只能在凸模的作用下,靠局部材料两向受拉而变薄成型。这种成型方法称为局部成型。

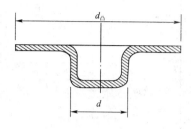

图3-54 带凸缘的圆筒形工件

比值$d_凸/d$的大小是区分局部成型和凸缘拉伸的重要指标,一般把$d_凸/d=3$作为大体的区分界限。$d_凸/d>3$时,大致属于局部成型;$d_凸/d<3$时则大致属于拉伸变形。这不可能是严格的区分,因期间有过渡性质的变形。

局部成型可以压出各种形状,如压筋、压包、压字、压花等,既可以增加工件的刚度,也可以起装饰作用,因而在生产中应用很广泛。

局部成型时,变形区材料受双向拉伸作用,其极限变形程度可以概略地根据变形材料的伸长率加以检验,即

$$\delta_极 = \frac{L_1 - L_0}{L_0} \times 100\% \leq (0.70 \sim 0.75)\delta$$

式中:$\delta_极$——局部成型时的极限变形程度,%;

δ——毛坯材料允许的单向拉伸时的伸长率,%;

L_0、L_1——变形前、后工件的长度,mm。

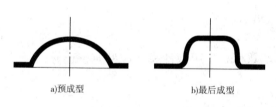

a) 预成型　　b) 最后成型

图3-55 两道工序完成的凸形

由于局部成型变形不均,故在上式中系数取0.70~0.75,其大小视局部成型的形状而定,球形筋取大值,梯形筋取小值。

如果计算结果符合上述条件,则可以一次完成成型,如果不符合上述条件,则先制成半球形过渡形状,然后再压出工件所需要的形状,如图3-55所示。

表3-32列出了加强筋的形式和尺寸,以及加强筋的间距和加强筋与工件边缘之间的距离,可供参考。对于局部成型的筋与边框的距离,如果小于$(3 \sim 3.5)\delta$时,由于在变形过程中,边缘材料要往内收缩,成型后需要增加切边工序,因此应预留切边余料。

加强筋的形式和尺寸　　表3-32

名称	图例	R	h	D或B	r	$\alpha(°)$
压筋		$(3\sim4)\delta$	$(2\sim3)\delta$	$(7\sim10)\delta$	$(1\sim2)\delta$	—
压凸		—	$(1.5\sim2)\delta$	$\geq3h$	$(0.5\sim1.5)\delta$	$15\sim30$

续上表

图例	D(mm)	L(mm)	l(mm)
	6.5	10	6
	8.5	13	7.5
	10.5	15	9
	13	18	11
	15	22	13
	18	26	16
	24	34	20
	31	44	26
	36	51	30
	43	60	35
	48	68	40
	55	78	45

局部成型所需压力的确定，通常以试验数据为基础。用刚性模具压制加强筋时，可用下式计算其近似压力(N)：

$$F_{\text{压}} = K_y l \delta \sigma_b$$

式中：K_y——系数，一般 $K_y = 0.7 \sim 1.0$，视筋的宽度和深度而定，窄而深时用大值，宽而浅时用小值；

l——加强筋周长，mm；

δ——材料厚度，mm；

σ_b——材料的抗拉强度，MPa。

对于较薄材料，$\delta < 1.5$mm 的小零件，面积 $A < 2000$mm^2，用刚性模具成型兼校正时，其压力可用以下经验公式计算：

$$F_{\text{压}} = K_y A \delta^2$$

式中：K_y——系数，对于钢 $K_y = 300 \sim 400$，对于铜 $K_y = 200 \sim 250$；

A——局部成型面积，mm^2；

δ——材料厚度，mm。

3.5.2 翻边

翻边分两种基本形式，即内孔翻边和外缘翻边。它们在变形性质，应力状态及在生产上的应用都有所不同。

孔的翻边是在预先制好孔的毛坯上(有时也可不预制孔)依靠材料的拉伸，沿一定的曲线翻成竖立凸缘的冲压方法。外缘翻边是沿毛坯的曲边，借材料的拉伸或压缩，形成高度不大的竖边。

1. 孔的翻边

1) 圆孔的翻边

(1) 圆孔翻边件的结构要求如图3-56所示，圆孔翻边时对圆角半径 r（单位为mm）的要求是：$r \geq 1.5\delta + 1$，一般当 $\delta < 2$mm 时，取 $r = (4 \sim 5)\delta$；当 $\delta > 2$mm 时，取 $r = (2 \sim 3)\delta$；如果工件要求的圆角半径小于以上数值，应增加整形工序。

翻边预制孔的表面粗糙度,直接影响工件质量和极限变形程度;孔边的毛刺易导致翻口的破裂。翻边时竖边口部变薄严重,其近似厚度按以下公式计算:

$$\delta_1 = \delta \sqrt{d/D_0}$$

（2）毛坯计算。平板毛坯圆孔翻边时的几何尺寸,由毛坯与工件体积相等的关系决定。一般翻边高度 H 在零件图上已知,在这种情况下,待翻边的孔径可以用简单弯曲的近似方法计算。由于径向变形不大和材料有很大变薄的关系,这种假设是许可的。

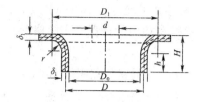

图3-56 平板的圆孔翻边

D_1-变形区毛坯直径;d-预制孔直径;D-翻边直径;D_0-翻边后直径;δ-材料厚度;δ_1-翻边口部厚度;r-竖边与凸缘平面的圆角半径;H-翻边高度;h-直边高度

预制孔直径:$d = D - 2(H - 0.43r - 0.72\delta)$

翻边高度:$H = \dfrac{D-d}{2} + 0.43r + 0.72\delta$

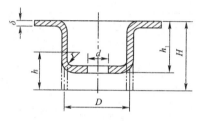

图3-57 拉伸件底部冲孔翻边

当竖边高度较高,一次不能翻边时,如果是单个工件的小孔翻边,应采用壁部变薄的翻边方法。对于大孔的翻边或在带料上连续拉伸时翻边,则用拉伸、冲底孔再翻边的办法,如图3-57所示。

预先拉伸的翻边,其尺寸 h 与 d 按下式计算:

$$h = \dfrac{D-d}{2} + 0.57r$$

式中:$d = D + 1.14r - 2h$。

（3）翻边系数。在圆孔的翻边中,变形程度决定于毛坯预制孔直径与翻边直径之比,即翻边系数 K_f（图3-57）为

$$K_f = d/D$$

系数 K_f 的近似值可以用伸长率 δ 和断面收缩率 φ 计算,即

$$\delta = \dfrac{\pi D - \pi d}{\pi d} = \dfrac{1 - K_f}{K_f}$$

得

$$K_f = \dfrac{1}{1+\delta} = 1 - \varphi$$

试验证明,许可的极限翻边系数与预制孔的加工性质和状态（钻孔或冲孔、有无毛刺）、毛坯的相对厚度（以 $\delta/D \times 100$ 表示）、材料的种类及性能、凸模工作部分的形状等因素有关系。材料的极限翻边系数见表3-33和表3-34。

低碳钢板的极限翻边系数 表3-33

翻边凸模形状	孔的加工方法	材料相对厚度 d/δ									
		100	50	35	20	15	10	8	6.5	5	3	1
球形凸模	钻后去毛刺	0.70	0.60	0.52	0.45	0.40	0.36	0.33	0.31	0.30	0.25	0.20
	冲孔模冲孔	0.75	0.65	0.57	0.52	0.48	0.45	0.44	0.43	0.42	0.42	—
圆柱形凸模	钻后去毛刺	0.80	0.70	0.60	0.50	0.45	0.42	0.40	0.37	0.35	0.30	0.25
	冲孔模冲孔	0.85	0.76	0.65	0.60	0.55	0.52	0.50	0.50	0.48	0.47	—

注:δ 为材料厚度。

在竖边上允许有不大的裂纹时,可用 K_{fmin} 翻边,预冲孔有毛刺的一侧应向上。

(4)翻边力的计算。用圆柱形凸模进行翻边时,翻边力(单位为 N)用以下近似公式计算:

$$F_{翻} = 1.1\pi\delta\sigma_s(D - d)$$

式中:σ_s——材料的屈服点,MPa;
$\quad\quad$ D——翻边直径(按中径计),mm;
$\quad\quad$ δ——毛坯厚度,mm。

其他一些材料的翻边系数　　　　表 3-34

退火的材料	翻边系数	
	K_f	K_{fmin}
镀锌薄钢板	0.70	0.65
黄铜 H62 $\delta=0.5\sim6$mm	0.68	0.62
铝 $\delta=0.5\sim5$mm	0.70	0.64
硬铝	0.89	0.80

无预制孔的翻边力比有预制孔的翻边力大 1.33~1.75 倍,凸模形状和凸凹模间隙对翻边力有很大影响,如果用球形凸模或锥形凸模翻边时,所需要的力略小于用上式计算的数值。

(5)翻边凸模与凹模之间的间隙。一般圆孔翻边凸凹模之间的间隙(单边)可控制在 $(0.75\sim0.85)\delta(\delta$ 为毛坯厚度),使直壁稍微变薄,以保证竖边成为直壁。当间隙增加至 $z=(4\sim5)\delta$ 时,翻边力可降低 30%~35%,这种翻边的特点是圆角半径大,竖边高度小。翻边的目的是为了减小质量,增加结构的刚度,如大、中型孔和窗口的翻边。

小的圆角半径和高的竖边的翻边,仅仅应用在螺纹底孔或与轴配合的小孔翻边,此时单边间隙 $z=0.65\delta$。

(6)翻边凸模的形式。图 3-58 为几种常见的圆孔翻边凸模形状及主要尺寸。若翻边模采用压边圈时,则不需用台肩。

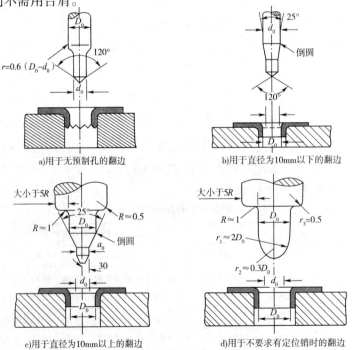

图 3-58　几种常见的翻边凸模

2)非圆形孔的翻边

在很多结构中,会遇到各种带有竖边的非圆形孔及开口。这些开口多半是竖边高度不大,一般为$(4\sim6)\delta$,同时对其精度也没有很高的要求。其翻边预制孔的形状和尺寸,可根据开口的形状分段考虑。如图3-59所示零件的翻边,可分为8个区段,其中2、4、6、7、8可视为圆孔的翻边,1、5可看作简单的弯曲,而内凸圆弧3可视为与拉伸变形情况相同。因此,翻边的前预制孔的形状和尺寸应分别按圆孔的翻边、弯曲和拉伸计算。转角处的翻边使竖边高度略有减低。为了消除误差,转角翻边的宽度应比直边部分增大5%~10%。由计算得出的孔的形状应加以适当的修正,以使各段连接处有相当平滑的过渡。

非圆孔翻边时,要对最小圆角部分进行允许变形程度的核算,由于相邻部分的减载作用,其极限变形系数比相应的圆孔翻边要小些。一般取 $K' = (0.85\sim0.9)K$。

图3-60所示为用拉伸的矩形孔翻边的方法生产零件的例子。

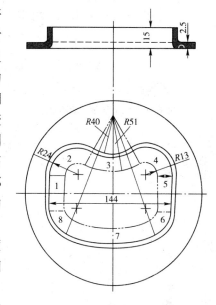

图3-59 非圆孔的翻边

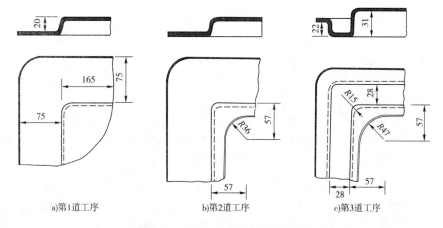

图3-60 用三道工序进行矩形孔的翻边

第1道工序为空心矩形件的拉伸,第2道工序为切工艺孔,第3道工序为拉伸外缘轮廓和内轮廓的翻边。

切工艺孔或卸载工艺切口常用于复杂形状的拉伸,它们能显著地减小外凸缘的流动和利用毛坯底部材料的变形。

2. 外缘翻边

外缘翻边分为外凸翻边和内凹翻边两种,外缘外凸翻边又称压缩类翻边,其变形性质和应力状态类似于不用压边圈的浅拉伸;外缘内凹翻边又称伸长类翻边,它与孔的翻边相似,如图3-61所示。

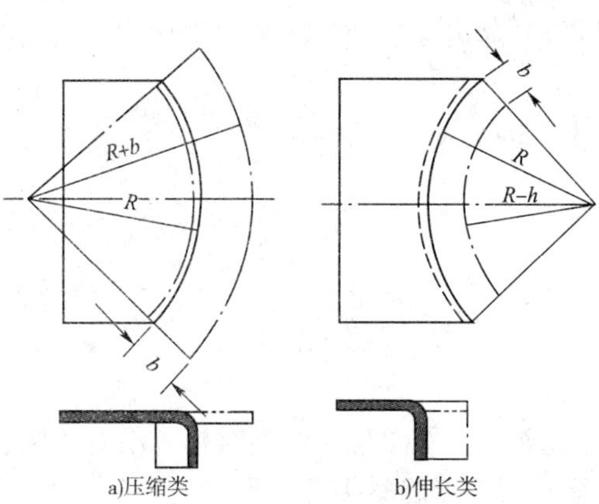

图3-61 外缘翻边
a) 压缩类 b) 伸长类

压缩翻边,在翻边的凸缘内产生压应力,易起皱;伸长类翻边,在凸缘内产生拉应力,易破裂。其应变分布及大小主要决定于工件的形状。变形程度 E 可用下式表示:

压缩类
$$E_{压} = \frac{b}{R+b}$$

伸长类
$$E_{伸} = \frac{b}{R-b}$$

各种材料在外缘翻边时的允许变形程度 E 见表 3-35。

外缘翻边时材料的允许变形程度　　　　　　表 3-35

金属和合金的名称		伸长类变形程度 $E_{伸}$(%)		压缩类变形程度 $E_{压}$(%)	
		橡胶成型	模具成型	橡胶成型	模具成型
铝合金	L4M	25	30	6	40
	L4Y1	5	8	3	12
	LF21M	23	30	6	40
	LF21Y1	5	8	3	12
	LF2M	20	25	6	35
	LF2Y1	5	8	3	12
	LY12M	14	20	6	30
	LY12Y	6	8	0.5	9
	LY11M	14	20	4	30
	LY11Y	5	6	0	0
黄铜	H62 软	30	40	8	45
	H62 半硬	10	14	4	16
	H68 软	35	45	8	55
	H68 半硬	10	14	4	16
钢	10	—	38	—	10
	20	—	22	—	10
	1Cr18Ni9 软	—	15	—	10
	1Cr18Ni9 硬	—	40	—	10
	2Cr18Ni9	—	40	—	10

当把不封闭的外缘翻边作为带有压边的单边弯曲时,翻边力(单位为 N)可以按以下公式计算:

$$F_{翻} = l\delta\sigma_b K + F_{边} \approx 1.25 l\delta\sigma_b K$$

式中:l——弯曲线长度,mm;

　　δ——材料厚度,mm;

　　σ_b——抗拉强度,MPa;

　　$F_{边}$——压边力,为 $(0.25 \sim 0.3)F_{翻}$;

　　K——系数,近似为 $0.2 \sim 0.3$。

外缘翻边可用橡胶模成型,也可在收缩机或模具上成型。用橡胶模成型对翻边没有压紧,故不产生拉伸作用,而是使边缘产生有皱纹的弯曲,需要用手工修整去掉皱纹。

图 3-62 所示为在橡胶模内的各种翻边方法,图 3-63 所示为用模具进行内、外缘翻边。为

获得精确的零件,在制作翻边模时,还应考虑零件的回弹。

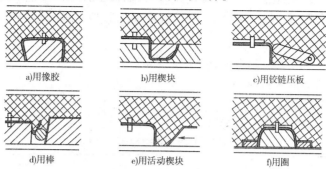

图 3-62 在橡胶模内的各种翻边方法

3.5.3 胀形

1. 胀形的形式

胀形是依靠材料的拉伸,将直径小的空心零件或管状毛坯,在半径方向上向外扩张成所需形状的方法,所以又称扩径。

胀形一般用可分式凹模。其常用凸模形式有:橡胶或聚氨酯凸模(图3-64);分块式凸模(图3-65);液体凸模(图3-66)。

用液体作为凸模的胀形方法有的是直接倒入毛坯内,此种操作不方便,且生产率低;有的是用装在凸模上的充满液体的橡皮囊。

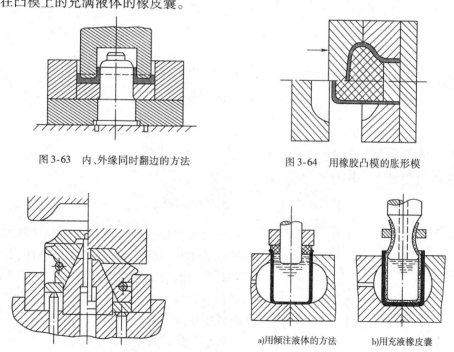

图 3-63 内、外缘同时翻边的方法　　　图 3-64 用橡胶凸模的胀形模

图 3-65 用分块式凸模的胀形模　　　图 3-66 用液体作为凸模的胀形模
　　　　　　　　　　　　　　　　　　　a)用倾注液体的方法　b)用充液橡皮囊

由于聚氨酯橡胶优良的物理力学性能,用它作为工作介质的胀形,得到了越来越广泛的应用。

2. 胀形变形程度的计算

作为胀形的毛坯,一般已经经过几次拉伸工序,金属已有冷作硬化的现象,故在胀形前应退火;毛坯上的擦伤、划痕、皱纹等缺陷也会导致毛坯的胀裂。胀形时的变形程度可用胀形系数来表示,即

$$K_{胀} = d_{\max}/d$$

式中:$d_{\max}$——胀形后的最大直径,mm;
d——圆筒毛坯的直径,mm。

表 3-36 所示为胀形系数的近似数值。

胀形系数的近似数值　　　　表 3-36

材　料	毛坯相对厚度 $\dfrac{\delta}{D} \times 100$			
	0.45～0.35		0.32～0.28	
	未退火	退火	未退火	退火
10 钢	1.10	1.2	1.05	1.15
铝	1.2	1.25	1.15	1.2

如果在对毛坯径向施加压力的同时,也在轴向加压,胀形的变形程度可以增大;对毛坯进行局部加热(变形区加热)会显著增大可能的变形程度。

3. 胀形力

胀形时,其胀形力可按下式计算:

$$F_{胀} = p_{胀} A$$

式中:$p_{胀}$——胀形单位压力,MPa;
A——胀形面积,mm^2。

胀形单位压力 $p_{胀}$ 可用下式计算:

$$p_{胀} = 1.15\sigma_z \frac{2\delta}{D}$$

式中:σ_z——胀形变形区的真实应力,近似估算时取 $\sigma_z \approx \sigma_b$(材料的抗拉强度),MPa;
D——胀形最大直径,mm;
δ——材料原始厚度,mm。

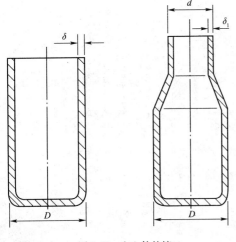

图 3-67 空心件的缩口

3.5.4 缩口

缩口工艺是一种将已拉伸好的无凸缘空心件或管状毛坯开口端直径缩小的冲压方法,如图 3-67 所示。缩口前后工件端部直径变化不宜过大,否则端部材料会因压缩变形剧烈而起皱,因此由较大直径缩成很小直径的径口,往往需多次缩口。

1. 缩口变形程度的计算

(1)总的缩口系数 $K_{缩}$ 为

$$K_{缩} = d_n/D$$

式中:d_n——工件要求缩小的最后直径;
D——空心毛坯的直径。

(2)平均缩口系数 K_M。设各次的缩口系数相等,则

$$K_M = \frac{d_1}{D} = \frac{d_2}{d_1} = \cdots = \frac{d_n}{d_{n-1}}$$

式中:d_1、d_2、$\cdots$、d_n——分别为第1次、第2次、$\cdots$、第 n 次缩口外径,mm。

(3)缩口次数 n 计算公式为

$n = \lg K_缩 / \lg K_M$

缩口系数与模具的结构形式关系极大,还与材料的厚度和种类有关。材料厚度越小,系数则越要相应越大,例如:无心柱式的模具,材料为黄铜板,其厚度在0.5mm 以下时,K_M 取0.85;厚度在 0.5~1.0mm 时,K_M 取 0.8~0.7,0.5mm 以下软钢的平均缩口系数按 0.8 计算。表 3-37 给出了不同材料和不同模具形式的平均缩口系数。

平均缩口系数 K_M 表 3-37

材料名称	模具形式		
	无支撑	外部支撑	内外支撑
软钢	0.70~0.75	0.55~0.60	0.30~0.35
黄铜 H62、H68	0.65~0.70	0.50~0.55	0.27~0.32
铝	0.68~0.72	0.53~0.57	0.27~0.32
硬铝(退火)	0.73~0.80	0.60~0.63	0.35~0.40
硬铝(淬火)	0.75~0.80	0.68~0.72	0.40~0.43

一般第一道工序的缩口系数采用 $K_1 = 0.9 K_M$,以后各次工序 $K_i = (1.05~1.1)K_M$。

图 3-68a)为外支撑结构的缩口模示意图,图 3-68b)为有内、外支撑结构的缩口模示意图。

2.缩口后材料厚度的变化

缩口时颈口略有增厚,通常不予考虑。精确计算时,颈口厚度按下式计算:

$$\delta_1 = \delta_0 \sqrt{D/d_1}$$
$$\delta_n = \delta_{n-1} \sqrt{d_{n-1}/d_n}$$

式中:δ_0——空心毛坯颈口厚度,mm(缩口时,一般要发生比缩口模实际尺寸大 0.5%~0.8% 的回弹)。

3.5.5 校形

校形属于修整性的成型工序,它包括两种情况:将毛坯或冲裁件的不平和挠曲压平,称为校平;将弯曲拉伸或其他成型工艺得到的工件校整成最终的正确形状,即所谓整形。

1.校平

根据板料厚度和工件表面要求的不同,校平可以采用光面模校平和齿形模校平两种方法。

对于材料薄而软,且工件表面不允许有压痕时,一般采用光面模校平。为了使校平不受压力机滑块导向精度的影响,校平模最好采用浮动上模或浮动下模,如图 3-69 所示。光面模校平时,由于材料回弹的影响,对材料强度较高的工件,校平效果较差。

对于比较厚的工件,通常采用齿形模校平。齿形有细齿和粗齿两种:细齿模如图 3-70a)所示,齿的高度 $h = (1~2)\delta$,两齿之间的距离 $l = (1~1.2)\delta$,它适用于表面允许留有齿痕的工件;粗齿模如图 3-70b)所示,齿的高度 $h = \delta$,具有一定的宽度。$b = (0.2~0.5)\delta$ 的齿顶,两齿之间的距离 $l = (1~1.2)\delta$,它适用于料厚较小的铝、青铜、黄铜等表面不允许有齿痕的工件。无论是细齿模或是粗齿模,上、下齿形均应互相错开。

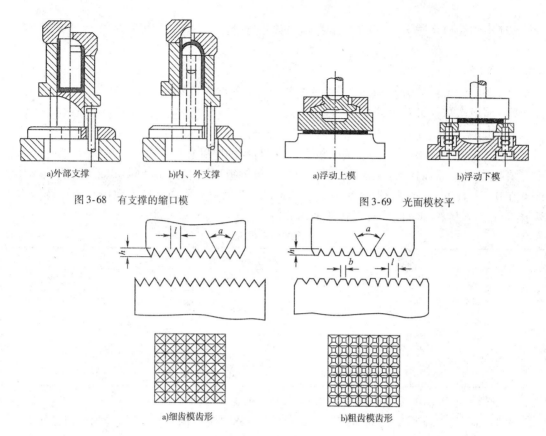

图3-68 有支撑的缩口模

图3-69 光面模校平

图3-70 齿形模齿形

校平压力 $F_{校}$(单位为 N),由下式计算:

$$F_{校} = A p_x$$

式中：A——校平投影面面积,mm^2；

p_x——校平单位压力,MPa(一般取 50~200MPa)。

2. 整形

空间形状工件的整形是在弯曲、拉伸或其他成型工序之后,这时工件已接近成品零件的形状和尺寸,但圆角半径可能较大,或某些部位尺寸形状精度不够,需要整形使之完全达到图样要求。整形模和先行工序的成型模大体相似,只是模具工作部分的精度和表面粗糙度要求更高,圆角半径和间隙较小,由于工件形状和要求的不同,整形方法也不同。

对于弯曲件的整形,采用图3-71所示的镦校方法。这种方法使工件在模具内除了在垂直

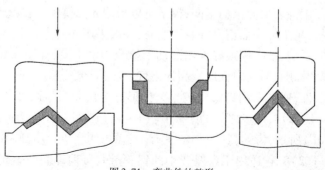

图3-71 弯曲件的整形

表面受压应力外,且在长度方向上也受到压应力,形成三向受压的应力状态,使其产生不大的塑性变形,以得到较好的整形效果。

对于直筒形拉伸件的整形,通常采用间隙 $z = (0.9 \sim 0.95)\delta$ 的整形模。这种整形也可以与最后一道拉伸工序结合在一起进行。

带凸缘的拉伸件需整形的部位可能包括凸缘平面、侧壁、底平面和外凸与内凹的圆角半径,其模具如图 3-72 所示。

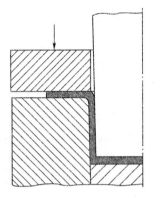

图 3-72 拉伸件的整形兼角部精压

整形力 $F_{整}$(单位为 N)可按下式计算:

$$F_{整} = A p_z$$

式中:A——整形投影面的面积,mm^2;

p_z——单位面积上的压力,MPa(一般取 150~200MPa)。

第4章 车身冲压

4.1 车身冲压设备

4.1.1 常用压力机的分类和代号

压力机的种类繁多,按照不同的方式,分为不同的类别。例如,按驱动滑块的方式可分为机械、液压、气动等;按滑块的个数分为单动、双动、三动等;按驱动滑块机构的种类又分为曲柄式、肘杆式、摩擦式;按机身结构形式亦可分为开式、闭式等。另外还有一些分类方法,但一般按驱动滑块力的种类而把压力机分为机械压力机、液压压力机两大类,其代号分别为 J 和 Y。此外,还有剪切机、弯曲校正机、其他压力机等类别。

4.1.2 曲柄压力机

1. 工作原理及结构

曲柄压力机是把传动系统的旋转运动通过曲柄连杆使滑块产生往复运动而进行工作的一种冲压设备。

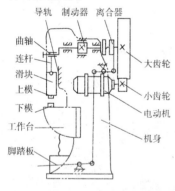

图 4-1 曲柄压力机结构简图

图 4-1 为曲柄压力机的一种结构简图。电动机 9 通过小齿轮 10(或带轮)、大齿轮(或飞轮)11 和离合器 12 带动曲轴 1 旋转,再通过连杆 2 使滑块 3 在机身 8 的导轨 14 中往复运动。上模 4 固定在滑块上,下模 5 固定在机身工作台上。导轨保证滑块运动方向准确,工作时上、下模具之间不会产生水平错移,离合器 12 在电动机转动时,可使曲柄滑块机构运动或停止。制动器 13 的动作与离合器 12 的动作密切配合,在离合器脱开后,制动器工作,将曲柄滑块机构停止在一定位置。工作时,踏下脚踏板 7,离合器接合,便可进行冲压。不难看出,曲柄压力机一般由以下几部分组成:

(1) 能源系统:包括电动机、飞轮等。
(2) 传动机构:带轮、齿轮、传动轴。
(3) 操纵机构:包括离合器、制动器、脚踏板、按钮开关等。
(4) 工作机构:一般包括曲柄滑块机构,由曲轴、连杆、滑块等零部件组成。
(5) 支撑部件如机身。

此外,还有很多辅助系统与装置,如安全保护装置、润滑系统、气垫和预料装置等。

2. 曲柄压力机的分类及型号

曲柄压力机由于机身结构不同,分为单柱开式压力机、双柱开式压力机和双柱闭式压力机等。闭式压力机又分为整体式和组合式两种。开式压力机机身为 C 字形,操作空间三面敞开,因而操作比较方便,小型压力机多采用这种形式。闭式压力机机身为框架式,操作时只能从前后方向接近,但机身刚性好,大、中型压力机多采用这种形式。

根据曲柄压力机曲柄数目的不同,分为单曲柄、双曲柄和四曲柄压力机,分别简称为单点、双点和四点压力机。双点和四点压力机都属于宽台面的压力机。

根据曲柄压力机工作机构的不同,分为曲轴式、曲拐式、偏心轴式、齿轮偏心式、肘杆式和凸轮式压力机等。

曲柄压力机的型号用汉语拼音字母和数字表示。例如 JA31-1600A 型曲柄压力机,其型号的意义由左到右分别为:

J——机械压力机。

A——次要参数与基本型号不同的第一种变型。

3——第三列(闭式)。

1——第一组(单点)。

1600——公称压力(单位为 kN)。

A——结构和性能比原型作了第一次改进。第一个字母 J 表示类别为机械压力机;第二个字母 A 表示变型,在类别字母后面加一个拼音字母 A、B、C…,依次表示第一次、第二次、第三次…变型。

类分十列,列分十组,所以字母后的第一位和第二位数字分别表示列与组,闭式单点压力机属于第三列第一组,因此写成"31"。横线后面的数字表示压力机公称压力(单位为 kN)。对型号确定的曲柄压力机,若在结构和性能上有所改进,则在原型号末端加一个字母 A、B、C…,依次表示第一次、第二次、第三次…改进。

3. 曲柄压力机的基本技术参数

曲柄压力机的基本技术参数表示压力机的工艺性能和应用范围,是选用压力机和设计模具的主要依据。曲柄压力机的基本技术参数如下:

1)公称压力(单位为 N)

公称压力使指当滑块运动到距下止点前一定距离(公称压力行程)或曲柄旋转到下止点前某一角度(公称压力角)时,滑块上允许的最大工作压力。

我国曲柄压力机的公称压力标准采用 R5 和 R10 系列。R5 系列的公比为 $\sqrt[5]{10}$,用于小型压力机;R10 系列的公比为 $\sqrt[10]{10}$,用于大、中型压力机。公称压力(单位为 kN)的系列如下:63、100、160、250、400、630、800、1000、1250、1600、2000、2500、3150、4000、5000、6300、8000、10000、12500、16000、20000、25000、315000、40000、50000、63000、80000、100000。

2)滑块行程

滑块行程是指滑块从上止点运动到下止点所走过的距离,它的大小和压力机的工艺用途有很大的关系。拉伸压力机的行程比较大,静压机的行程比较小。

3)滑块每分钟行程次数

滑块行程次数是指滑块空载时,每分钟从上止点到下止点后再回到上止点所往复的次数。有负荷时,实际滑块行程次数小于空载次数。对于自动送料曲柄压力机,滑块行程次数越多,生产效率就越高;对于手操作的曲柄压力机,行程次数不宜太多。

4)封闭高度

封闭高度是指滑块在下止点时,滑块底面至工作台表面的距离(不是指垫板)。通过装模高度调整机构,将滑块调整到最下位置,当滑块在下止点时,滑块底面至工作表面的距离称为最小封闭高度。

5）封闭高度调节量

最大封闭高度和最小封闭高度的差值,称为封闭高度调节量。在设计模具时,应使模具的封闭高度小于曲柄压力机的最大封闭高度。

6）工作台尺寸和滑块底面尺寸

这些尺寸与模具平面轮廓的大小及模具安装方法有关。压力机系列可参考国家规定的系列参数表,非标准是按典型工艺的模具尺寸确定的。

4.1.3 拉伸压力机

1. 拉伸压力机的特点和分类

在拉伸过程中,工件的周边部分容易形成皱褶,为了防止拉伸工件起皱,拉伸压力机应有压边装置;其拉伸工艺行程较大,因此要求拉伸压力机的行程也较大,相应的拉伸压力机的飞轮尺寸和电动机容量都比较大;拉伸板材的极限拉伸速度有一定限制,因此要求拉伸压力机有合适而且比较均匀的滑块速度。以上三点是拉伸工艺对拉伸压力机的要求,也就是拉伸压力机的特点。

目前用于拉伸的压力机有机械式和液压式两大类,机械式拉伸压力机又分为单动拉伸压力机、双动拉伸压力机和三动拉伸压力机。

2. 单动拉伸压力机

单动拉伸压力机包括通用的曲柄压力机和变速的专用压力机。

通用曲柄压力机由于其行程较短,速度较高,一般只宜作浅拉伸用。通用曲柄压力机用于拉伸工艺必须带有压边装置。在小型压力机上常带有橡胶或弹簧的压边装置,但是这种装置压紧力小,而且存在压紧力随行程变化的缺点,因此,在大件或深拉伸工艺中,常采用一些拉伸装置。

变速的专用拉伸压力机是一种具有特殊曲柄连杆机构的压力机,用于深拉伸工序,这种机构由双曲柄机构与曲柄连杆机构串接而成。如图4-2所示,前者的从动杆即为后者的主动杆,经过机构参数的合理综合,能使滑块在向下行程时基本保持较低而均匀的速度,而回程速度却较大,如图4-3所示。

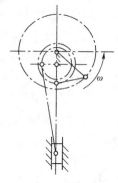
图4-2　单动拉伸压力机的六连杆机构

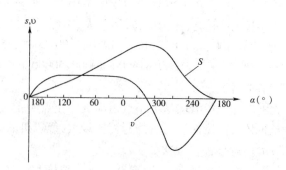
图4-3　单动拉伸压力机滑块行程、速度图

单动拉伸压力机虽然结构比较简单,但是由于它存在压边刚性不够,压力不能进行局部的区域性调整,压边开始时有冲击振动等缺点,所以它一般只适宜于拉伸形状比较简单的工件。

3. 双动拉伸压力机

双动拉伸压力机是供拉伸复杂形状零件用的,这种压力机在结构上的主要特点是具有两个滑块,即内滑块和外滑块。外滑块用于压边,故又称压边滑块;内滑块用于拉伸毛坯,如图4-4所示。外滑块在机身导轨内作往复运动,内滑块在外滑块的导轨内作往复运动,两者之间的运动有一定的关系,其工作循环如图4-5所示。

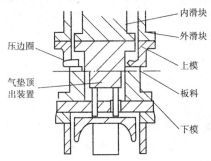

图4-4 双动拉伸压力工作部分简图

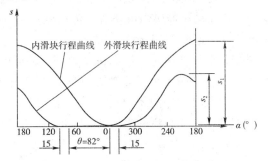

图4-5 双动拉伸压力机外滑块工作循环图
s_1-内滑块总行程;s_2-外滑块总行程;θ-拉伸角

1) 滑块工作循环图

双动拉伸压力机的滑块工作循环如图4-5所示。外滑块提前(10°~15°)压住拉伸毛坯,内滑块大约在$\alpha=80°$时开始拉伸,到$\alpha=0°$时拉伸结束,开始回程。外滑块要滞后(10°~15°)回程,其目的是使拉伸件不致卡在模具上。因此,在工作行程内,外滑块的总压紧角为100°~110°。当内滑块回到上止点时,外滑块已经过了自己的上止点而向下走了一段距离(或转过一定角度),这个距离称为导前行程,等于滑块行程的0.1~0.15倍(或25°~50°),它一方面保证滑块在下次工作行程时提前压住拉伸毛坯,另一方面保证拉伸件能从模具中取出。

2) 基本技术参数之间的关系

(1) 最大拉伸件的高度约等于$0.47s$,s为内滑块行程。

(2) 外滑块与内滑块公称压力之比为0.55~1.0;小值适用于单点双动拉伸压力机,大值适用于双点或四点双动拉伸压力机。

(3) 外滑块与内滑块行程之比一般为0.6~0.7。

3) 外滑块的传动机构

外滑块的传动机构要使外滑块的运动具有压紧阶段和导前角。传动机构的种类较多,有凸轮式、肘杆式和多连杆式等。目前一般都用多连杆机构驱动。图4-6a)所示为J46-315型闭式单点双动压力机的外滑块传动机构,压力机的曲轴除驱动内滑块作上下往复运动外,还通

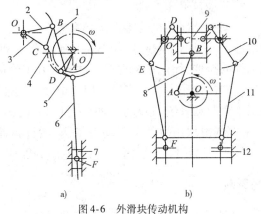

图4-6 外滑块传动机构
1、2、4、6、8、10、11-连杆;3-摇杆;5-角杆;7、9、12-滑块

过连杆1带动连杆2、摇杆3作同步往复摆动,再通过连杆4带动角杆5作往复摆动,而角杆5通过连杆6驱动外滑块7作上下往复间歇运动,角杆5的另一端有扇形齿轮,通过它驱动外滑块的另一根连杆运动。外滑块在115°曲柄转角的范围内基本保持不动。图4-6b)是JA46-220型单点双动拉伸压力机外滑块传动机构,连杆8带动滑块12工作上下往复运动,小滑块9通过摇杆10、连杆11带动外滑块12作上下往复间歇运动。

外滑块的压边力是由压力机受力杆件的弹性恢复力产生的,所以调节外滑块的闭合高度即可调节压边力的大小。外滑块的四个(或两个)悬挂点用螺旋副与驱动连杆相连接,转动螺旋副就可调节外滑块的闭合高度。

当双动拉伸压力机的内滑块工作时,压力机机身等受力零件将进一步变形,导致外滑块闭合高度增加,压边力减小而且不稳定,从而影响拉伸质量。为了克服上述缺点,双动拉伸压力机外滑块上装有压力补偿器。压力补偿器的基本构件是外滑块悬挂点上的连接油缸和连杆下端螺旋副式的活塞。在活塞与油缸内腔间充满一定压力的油液,当因内滑块工作而使外滑块卸荷时,油缸内就自动补油,以保持外滑块的压边力。当外滑块超载时,油缸内的压力油自动向外排出,因而保护了外滑块机构不受损。各悬挂点的压力补偿器还可以在不同的油压下工作,因而可调节各点压边力的大小,使之适应拉伸复杂零件的需要,所以压力补偿器实际上起稳定压边力、调节压边力和过载保护的三重作用。

由多杆机构驱动外滑块在压紧角范围内实际上不可能绝对不动,而是有波动的,其波动量规定为$\Delta s = 0.03 \sim 0.05 \mathrm{mm}$,此值远小于压力机纵向的弹性变形量。

在双动拉伸压力机的工作台下,若装有拉伸垫,便可起顶件和使工件底部局部成型的作用,此时双动拉伸压力机就相当于三动拉伸压力机。

4)内滑块的传动机构

双动拉伸压力机的内滑块若用一般曲柄连杆驱动,则拉伸速度大且不均匀,不符合拉伸工艺的要求,而且冲击振动大,影响模具寿命,恶化了工作条件,所以现代双动拉伸压力机的内滑块基本都采用多连杆机构驱动,以达到均匀或基本匀速拉伸和快速回程的目的。

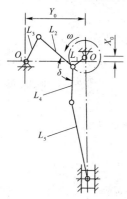

图4-7 连杆曲线型六连杆机构

双动拉伸压力的内滑块传动机构有曲柄作变速运动的曲柄连杆机构,如图4-2所示,连杆曲线型六连杆机构,如图4-7所示,它结构简单,运动特性和受载特性好,通用性高,因此是匀速位移连杆中用得较多的一种多连杆机构。

4.三动拉伸压力机

三动拉伸压力机的特点是具有三个滑块:一个用于上拉伸,一个用于压边,一个用于下拉伸,如图4-8所示。三动拉伸压力机主要用于大型工件的拉伸,如汽车车身覆盖件等。其工作循环图如图4-9所示。

三动拉伸压力机中广泛采用两个独立的驱动系统,上部的内、外滑块用一个驱动系统与双动拉伸压力机相同,内滑块也采用匀速驱动机构;下部的滑块用另一个驱动系统,它的行程曲线位置可以调节,如图4-9所示,若不用第三个滑块,可将它脱开而成为双动拉伸压力机。

4.1.4 压力机的选用原则

冲压设备的选择是工艺设计的一项重要内容,它直接关系到设备的合理使用和安全,以及产品质量、模具寿命、生产效率和成本等一系列重要问题。

选用压力机,首先应根据所要完成的工艺性质、批量大小、工件的几何尺寸和精度等级等选定其类型。

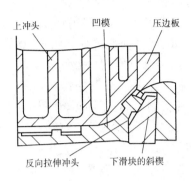

图 4-8 三动拉伸压力机的工作图

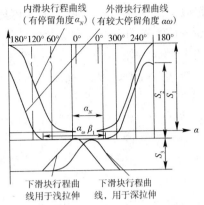

图 4-9 三动拉伸压力机的工作循环图

对于中、小型冲裁件、弯曲件或浅拉伸件多用具有 C 形床身的开式曲柄压力机。虽然开式压力机的刚度差,并且由于床身的变形而破坏了冲模的间隙分布,降低了冲模的寿命和冲裁件的质量,但它却具有操作空间的三面敞开、操作方便、容易安装机械化的附属设备和成本低廉等优点,目前它仍是中、小件生产的主要设备。

在大、中型和精度要求较高的冲压件生产中,多采用闭式机身的曲柄压力机。这类压力机两侧封闭,刚度较好,精度较高,但操作不如开式方便。对于大型、较复杂的拉伸件,多采用闭式双动拉伸压力机。它有两个滑块,拉伸用的内滑块和压边用的外滑块。外滑块通常有四个加力点,调整作用于坯料周边的压边力,模具结构简单,压力可靠易调,特别适于大量生产。

对于形状复杂零件的大量生产,应优先考虑选用多工位自动压力机。一台多工位自动压力机能够代替多台单工位压力机,并且消除了工序间半成品的堆放和运输问题。而对落料、冲孔件的大量生产,则应选用效率高、精度高的自动高速压力机。

在小批生产中,尤其是大型厚板冲压件的生产,多采用液压机。它不会因为板材的厚度超差而过载,特别对于施力行程较大的加工更具有明显的优点,一般多用于弯曲、拉伸、成型、校平等成型工序。校正弯曲,校平整形工序要求压力机有较大的刚度,以便获得较高的冲压件尺寸精度;而精压机用曲柄-肘杆机构传动,滑块行程小,在行程末端停留时间长,传动系统及机架刚性好,适用于上述工序。但精压加工应当使用厚度公差较小的高精度板材,以免过载。

精冲工艺除要求机身精度高、刚度好和冲裁速度较低外,还特别要求压力机除主滑块外,应设有压力和反压装置,一般应在专用的三动精冲压力机上进行。当然,在普通精度和刚度都较高的曲柄压力机和液压机上,附加上压边系统和反压系统也可进行精冲。

在压力机类型选定之后,应进一步根据变形力的大小,冲压件尺寸和模具尺寸来确定设备的规格。

4.2 车身冲压生产

4.2.1 车身冲压生产线

车身冲压大多数是在多台压力机上经过多道冲压工序制成的,一般都是将压力机排列成

流水生产线,简称为冲压生产线。冲压生产线的优点是:

(1)可省去存放工序间半成品所需的大量生产面积。

(2)可以及时发现工件的缺陷,便于停线及时消除,易防止大量废品的产生。

(3)易于使繁重的手工操作实现机械化和自动化,提高冲压生产效率。

冲压生产线上的压力机,大都采用贯通式排列,如图4-10所示。当毛坯从压力机正面进入时,其排列如图4-10a)所示,而当毛坯从压力机侧面进入时,则其排列如图4-10c)所示,压力机中心线之间的距离需合理选择,使其为毛坯自动进料步距的倍数,如图4-10b)所示。同一条生产线上的各台压力机中心线间的距离可以是等距、非等距、或者密排并列的,视各压力机之间各类输送装置的安装要求而定(图4-10中的各种实例)。对于图4-10所示的压力机贯通式排列方案来说,当模具不能从压力机侧面装入时,其压力机之间的距离还需考虑模具能否从压力机正面装入,此时压力机间距应当比压力机工作台前后方向的尺寸大2~3倍。因冲压工艺要求而设立的超长冲压线,由于管理监护不便,停线机会太多,需要将一条冲压生产线断开成数条冲压生产线,在断开处设备间的距离应能允许中间贮存系统工作方便,如图4-10d)所示。

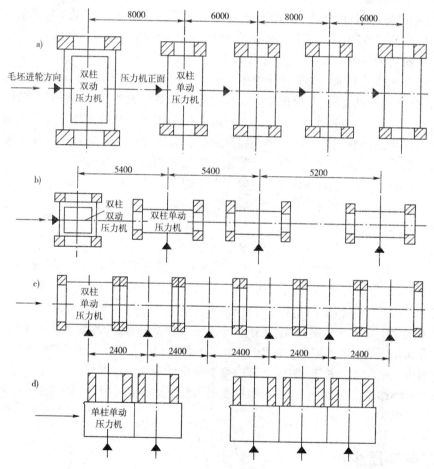

图4-10 冲压生产线压力机排列的几种方式

1. 板材下料生产线

车身冲压件广泛使用卷料,使用卷料的优点是:

(1)便于运输、存放和保管。

(2)可减少钢板在生产过程中的碰伤和划痕,保持材料表面光洁,便于涂装和提高冲压表面质量。

(3)便于合理排样,减少余料和废料,降低材料消耗。

(4)易于实现冲压自动化。由于自动化而减轻了体力劳动,减少了工作量,提高了劳动生产率。使用开卷落料自动线比剪切和冲裁的工作效率提高若干倍。

卷料需要经过剪切生产线剪裁成毛坯,然后再供给以后的冲压生产线使用,剪切(下料)生产线有卷料开卷落料自动线、开卷纵切自动线、开卷横切自动线、板料剪切生产线等形式。

图4-11为一条卷料开卷落料自动线实例。这种生产车身覆盖件毛坯的自动线,一般由卷料开卷机、多辊校平机、送料机、落料压力机、堆垛机等机组组成。卷料由装有专用吊钩的起重机吊运到卷料送进装置1上,然后装夹在开卷装置2和3上进行开卷,随后进入多辊校平机4校平,经过卷料补偿圈10再进入卷料自动拉推送机构6和7,并送至落料压力机5内进行落料,此后剪切毛坯滑入码料装置。当新卷料端头尚未进入卷料自动拉推送进机构时,装在补偿圈地坑两侧的门式框架11立即托起卷料端头,把它送入自动拉推送机构后,框架自动下降。卷料自动推拉机构与落料压力机同步,并间歇地输送卷料,而开卷机与校平机则连续输送卷料,依靠光电控制系统调节两者的运转速度,使生产线和谐地自动进行工作。连接开卷机与校平机的卷料则依靠地坑内的补偿圈贮存和补偿。

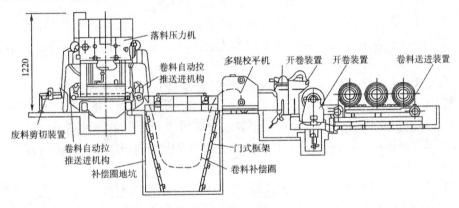

图4-11 卷料开卷落料线

2. 车身覆盖件冲压生产线

车身覆盖件冲压生产线,根据其生产方式的特点可分为:通用多机半自动冲压线,通用多机全自动冲压生产线,专用多机全自动冲压线等类型。

通用多机半自动冲压线大都是由一台600～1500t双动压力机和多台400～900t单动压力机依次贯通排列组成的,压力机之间用各自独立驱动的输送带连接起来,全线进行间歇式作业。每台压力机都有出料机械手,与压力机同步操作,它将压力机模具内的冲压件取出并放置在输送带上,由它送往下一台压力机。冲压件送入压力机模具内时由人工扶正,但毛坯送入双动压力机则常备有机械化上料装置,双动压力机与单动压力机之间根据工艺要求都没有翻转装置。

通用多机半自动冲压线按其通用性还有两种情况:

(1)生产多种车型的同一种冲压件的生产线,例如生产多种车型车身顶盖的冲压线。

(2)用于数种冲压件生产的冲压线,例如生产顶盖和发动机罩等的冲压线。

为了适应成批生产必须经常更换模具的状况,半自动冲压线还常常附有快速更换模具的设施,以使原来需要数小时才能结束的换模工作,缩短到仅需几分钟就能完成,从而充分发挥了半自动生产线的使用效能。

半自动冲压线比手工操作的冲压流水线生产效率高,节省人力,能满足大量生产中连续作业的需要。同时它又比自动冲压线造价低,特别是对于形状及工艺都很复杂的冲压件来说,半自动线更表现出优良的适应性和较高的经济性。

图4-12所示为汽车覆盖半自动冲压生产线的平面布置图。它由1台双动压力机和3台单动力机组成,其工艺顺序是:拉伸→修边→翻边→冲孔。

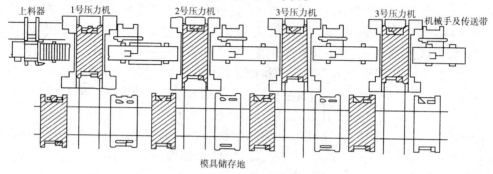

图4-12 汽车覆盖件半自动冲压线

在生产线上,第1工序上料靠送料架,其他工序靠人工扶正,取料全是靠机器人,第1和第2工位机器人使用夹持器,第3和第4工位机器人使用负压吸盘,工序间也是靠带式输送机传送,拉伸和切边工序之间也设有冲压件的自动翻转装置。

该半自动生产线所用的模具就放置在生产线旁,以便于快速更换,使换摸时间缩减到最短。

通用多机全自动冲压生产线也是由一台双动力压力机和多台单动力压力机组成,生产线上压力机顺序贯通排列,压力机之间冲压件的传送装置刚性相连,并与压力机同步运转,电控协调统一,因此又称电控型冲压自动线。

通用的多机电控型全自动冲压生产线除了压力机组,还包括上料台、毛坯的分片机构、双料监视装置、涂油装置、翻转装置、传送装置、上料器、取件器等各种机械化自动化机构。它具有各台压力机连续同步运转、各台压力机间歇同步运转和各台压力机间不同步运转等三种情况。

专用多机全自动冲压线是为专门生产某种车身覆盖件而设计制造的冲压线。这种冲压线一般也由一台双动和多台单动压力机组成。它可以用一台大型多工位多滑块压力机来取代,因为它的工作原理与大型多工位多滑块压力机相似。

4.2.2 生产线上的输送装置

车身覆盖件既尺寸大又质量重,而且形状复杂,在生产过程中要在压力机之间往返搬动,工人的劳动强度很大,易造成疲劳,对生产效率有一定的影响。因此,在冲压生产中,为了减轻劳动强度,确保安全和提高生产效率,除了采用各类自动压力机外,还在冲压生产线的各台压力机上和单台生产的压力机上采用各类机械化与自动化输送装置,如毛坯拆垛进料装置、工序间的组合式传动装置、翻转装置、卸件码料装置等。

1. 毛坯拆垛进料装置

这种装置使一垛展开毛坯拆垛、分片、涂油、送入压力机模具等项操作实现机械化。这套装置通常都是装设在冲压生产线第一台双动压力机的送料入口处。它的种类繁多,图4-13所示为某全自动冲压线上的毛坯拆垛和进料装置。

这种拆垛进料装置的组成包括将坯料传送到真空吸盘下面的输送装置1,将料垛顶面上的一张坯料浮起的磁力分页器3,吸取浮起坯料的真空吸盘及传送器2,可提升吸住坯料的真空吸盘的驱动系统4,在送料线上夹持坯料用的电磁滑板7,水平传送被夹持坯料的推杆8,在坯料水平运动时涂润滑剂或净化油用的辊子及驱动系统5,防止误送双料的检测器6,从生产线上运走空料盘9的小车10以及检查坯料在传送时是否发生倾斜的检测装置和传动推动系统的过载保护装置等。

拆垛进料装置的推杆将与上料器的水平运动产生机械式连接,受其驱动而运动,从而保证这一装置与上料器动作的同步。

2. 组合式工序间冲压件传送装置

这套装置,将前一台压力机已冲压好的工件从凹模中取出,并传送给后一台压力机,直至送入后一台压力机的模具上,使这些操作实现机械化。这一套装置都是装设在冲压生产线各台压力机之间的,它包括取件装置、传送带和送进装置等。

图4-14所示为冲压生产线上用以将覆盖件从压力机模具取出并递交给传送装置的悬挂摇臂式取件机械手。这类机械手有的固装于压力机的上横梁上,也有的固装于压力机的两立柱上,即立柱外侧的补增横柱上。这类机械手有的不仅通过它的摇臂摆动实现取件,而且还可以将覆盖件翻一个身然后再递交给传送装置,以省去一个翻转器。

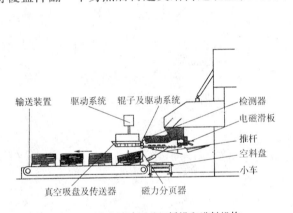

图4-13 全自动冲压毛坯拆垛和进料机构

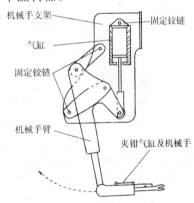

图4-14 悬挂式摇臂式取件机械手

悬挂摇臂式取件机械手大多数是由气缸和多连杆机构组成的,依靠电控装置来控制它的动作与压力机滑块行程同步。机械手的动作发生在滑块上行时,而当滑块下行时,则电控信号在整个下行期间都指令机械手不进入压力机。当活塞上行时,机械手由多连杆机构传动,它沿着虚线的行程轨迹将冲压件从压力机模具内抓出,当行程达到最高处后松开夹钳,将冲压件抛置于传送装置上。

为了可靠地抓牢大型覆盖件,并且不使它受到损伤,可在悬挂摇臂式取件机械手上设计双钳。

图4-15为一种可翻转的传送装置,工件1由前一台压力机2冲压后,由机械手夹钳3取出,落入翻转机构4,它将工件翻转到传送机构5上,并被送入下一台单动压力机7,驱动是由装在翻转和传送机构上的气缸来实现的,气缸由终点行程开关6来控制。

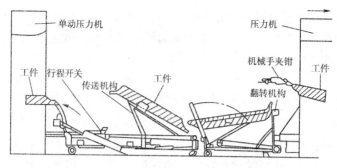

图 4-15 翻转传送装置

3. 工序间的翻转装置

翻转装置的种类很多,有气动框架杠杆式、滑道气顶式、吸盘式、夹板式等结构形式。

图 4-16 所示为吸盘式翻身架。车身覆盖件由取件装置取出并传递给翻身架,由真空吸盘 1 吸住覆盖件反面,真空吸盘安装在翻转板 2 上,利用气缸 3 动作,通过齿轮 4 使翻转板翻转,将覆盖件投放在输送带 5 上。

图 4-17 所示为夹板式翻身架,翻转板 A 和 B 分别为两个齿轮固定,工件滑落到翻转板 A 上面后,气缸即动作,使两块翻转板同时进行相反方向的转动并合拢,使工件平稳地落到翻转板 B 上,气缸回位时,两块翻转板又分开,工件从翻转板 B 的表面滑到输送带上。

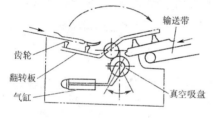

图 4-16 吸盘式翻身架

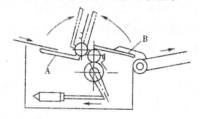

图 4-17 夹板式翻身架

夹板式翻身架还可以是两块夹板同时固定在一个齿轮上,工件滑入两夹板之中,气缸即动作,使两夹板翻转 180°,这样工件即可翻身,并滑到输送带上。

4. 组合式上料和卸件器

组合式上料和卸件器由卸件器、工件托座和上料器组成,其结构如图 4-18 所示。

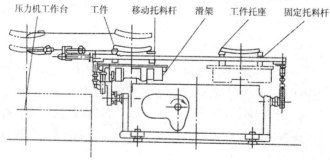

图 4-18 冲压自动线上的组合式上料和卸件器

这种装置的工作过程如下:

(1)来自压力机动力输出轴的回转运动,由凸轮传动机构转变成上料器和卸件器的从上升到平移再到下降后返回平移的矩形轨迹的循环往复运动。这种凸轮传动机构有两个凸轮,一个使上料器和卸件器水平运动,另一个使上料器和卸件器作垂直运动,两者协调同步运转。

(2)装置和压力机之间是机械连接的,因而能与压力机滑块的运动协调同步,并且可以充分地利用模具的开启时间,顺利地进行上料和卸件,而且动作自如。

(3)为了使冲压件的提升和传递动作准确,并使上料和卸件运动在加速和减速运动范围内保持平稳,凸轮驱动装置是用电子计算机控制的。

(4)按步进间距固装于传送机构上的上料器和卸件器受其传动,由卸件器将前台压力机模具内的冲压件取出并放置在工件托座上,同时由上料器将工件托座上的冲压件取走并送入下一台压力机的模具内。

(5)托杆和带定位的托座,可根据被传送的冲压件的形状和尺寸来制定,并根据其所需的送进步距进行排列,更换冲压件时它们也随之更换,托座还可以根据需要改变冲压件的存放方位,以便准确地送入下一道工序的模具内。

5. 卸件码料箱

从冲压生产线上取下来的车身覆盖件,很多都要插入零件箱内。

零件箱的结构简图如图4-19所示,它的筒内由木板、橡胶板或塑料板隔成一个个的小格,每个小格正好插装一个覆盖件。插满的零件箱可由铲车铲走,也可以送入仓库内叠垛储存,还可以送去表面处理,直至送往装配线。

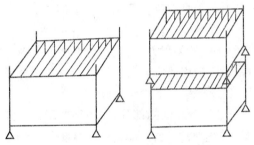

图4-19 汽车覆盖件零件箱结构简图

第5章 车身焊接工艺

5.1 概述

5.1.1 车身装焊特点

车身是具有复杂形面的壳体零件。它是由数百件薄板冲压件通过装焊、铆接或机械连接等方法,使其构成一个完整的车体,其中焊接是其主要的连接方法。车身的装配具有下述独有的特点。

1. 必须遵循一定的装焊顺序

装焊顺序对车身质量及生产率具有很大影响。为了便于装焊,通常将车身划分为若干分总成、合件、组件及零件。其装焊顺序是:零件→组件→合件→分总成→总成(车身壳体)。

在装焊过程中,应先考虑总成的装焊方法,然后再考虑如何形成分总成及组合件。即分总成的划分应与车身总成的装焊要求相适应。组合件的划分应与分总成的装焊要求相适应。

2. 必须采用必要的模夹具及样板

在装焊过程中,特别是对于具有孔洞的部分,应使用专用夹具或样板来确定车身各部分的相对位置,以保证装配精度。其中有些夹具的主要定位部分需用车身主模型进行靠模加工。装配时使冲压件很好地与夹具定位面相吻合,以利于焊后的车身符合主模型。车身的装焊质量主要取决于冲压件的精度、夹具精度及操作的正确。

3. 焊接工艺中广泛采用的是电阻焊

由于电阻焊具有快速、高效、变形小、无需或少需辅助材料、易于掌握、易于实现机械化和自动化以及无环境污染等优点,而且对于低碳钢薄壳结构的零件特别适用,所以在车身装焊中电阻焊应用最多,其次是电弧焊和气焊。

5.1.2 车身装焊的生产方式

车身装焊的生产方式有手工装焊、流水线装焊及自动线装焊三种。所谓全自动装焊是指自动装卸、自动焊接及其他加工、自动传送及自动控制等在整个生产线上都实现自动化。

装焊生产方式与车身的生产类型,即年产量密切相关。年产量越大,越要求以更快的生产节奏来进行装焊,装焊线的数量也越多,同时装焊线上的工位也相应地增多,装焊线的机械化、自动化程度也必须相应地提高。

5.1.3 车身装焊中的电阻焊

电阻焊又称压焊或接触焊。是利用电流通过工件接触面和邻近区域所产生的电阻热加热焊件,使之连接的焊接方法。

1. 电阻焊的种类及特点

电阻焊的种类很多，由于接头形式不同，焊接方法也不一样，搭接接头，适宜于采用点焊、凸焊和缝焊，对接接头仅适合于电阻对焊和闪光对焊。根据接头形式和工艺方法的分类情况如下：

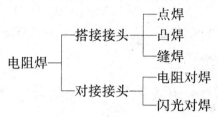

电阻焊具有以下优点：

(1) 冶金过程简单。熔核被塑性环包围，不受外界空气的影响，熔核内不易产生冶金缺陷。

(2) 热影响区小，焊接变形与应力小。一般焊后无须安排校形和热处理工序。

(3) 不需要焊丝、焊条等填充金属；也不需要氢气、氧气、乙炔、焊剂等一类辅助材料，所以成本低。

(4) 加热时间短、焊接速度快，因此生产率高。

(5) 操作简单，易于实现机械化、自动化。

(6) 电阻焊时，不放出有害的气体和强光、劳动条件好。

电阻焊有下述缺点：

(1) 焊接设备费用较高，投资较大。

(2) 需要功率大的电力网供电，一般电阻焊机功率为几十至几百千伏安。

(3) 电阻焊同气焊、电弧焊相比，设备搬运麻烦，不能灵活机动地工作。

2. 电阻焊的电阻

电阻焊时，电流通过焊接件发热量的大小应由电热定律确定，即

$$Q = 0.24 I^2 R t$$

式中：Q——电阻焊时所产生的电阻热，kW·h；

I——焊接电流，A；

R——两电极之间的电阻，Ω；

t——通电时间，s。

不同的焊接方法，电阻 R 也不同。点焊时的电阻 R 是由焊件本身电阻 $R_{件}$、焊件与焊件之间的接触电阻 $R_{触}$，以及电极与焊件之间的接触电阻 $R_{极}$ 组成的，即 $R = 2R_{件} + R_{触} + R_{极}$。

1) 接触电阻

导体表面总是凹凸不平的，因而导体 1、2 之间的接触实际上是一些点接触，放大看如图 5-1 所示。

试验证明，中间有接触面的接触电阻比同样材料和同样大小的整体金属的电阻大一些，这种在导体接触面上特有的电阻称为接触电阻。

产生接触电阻的原因主要是接触处导电面积缩小，迫使电流线弯曲而且变长；接触面间存在着氧化物等脏物，它们的电阻远大于导体的电阻。

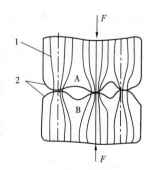

图 5-1 导体间接触情况
1-电流线；2-表面氧化膜；
A-上件；B-下件

接触电阻的大小主要与下列因素有关：

(1) 增大压力 F 时，接触点因受压而变形，使接触面积增大，同时表面氧化膜也局部被破坏，因此接触电阻减小。

(2）硬度低、导电性能好的材料，其接触电阻较小，如铝合金的接触电阻小于低碳钢的接触电阻。

(3）表面状态对接触电阻有很大影响，如低碳钢酸洗后厚度为3mm，$F=2000$kN，$T=20$℃时，其接触电阻$R_极=300\Omega$，砂轮打磨后，$R_极=160\mu\Omega$，清洗完后又生锈的$R_极=8000\mu\Omega$。生产中常因焊件表面有锈而不能点焊，其原因就是接触电阻太大。

(4）温升使金属变软，氧化膜破坏，故接触电阻迅速下降。

生产中，常常由于焊件表面清理不良，接触电阻过大，使焊件过热，甚至烧穿焊件。因此，焊件表面清理工作应特别注意，以免影响焊接质量。

2）焊件电阻

焊件电阻是焊接加热的主要热源，其大小与焊件长度（或厚度）、截面（或电极与焊件的接触面）及材料的电阻系数等有关。假定加热时电流在电极直径d所限定的焊件金属柱中通过，则焊件电阻$R_件$可按下式计算：

$$R_件 = \rho_r L/A$$

式中：L——焊接长度（或厚度），cm；

A——电极与工件的接触面积，cm^2；

ρ_r——温度为T时焊件金属电阻系数，$\Omega \cdot cm$（表5-1）。

焊件金属电阻系数　　　　　　　　表5-1

材料种类	20℃电阻率（$\times 10^{-5}\Omega \cdot cm$）	熔点（℃）	20℃时的热导率[W/(m·K)]
低碳钢（20）	15.9	1530	0.11
硬铝LY12(M)	3.346	638	0.46
黄铜H96	3.1	1065	0.58
黄铜H59	7.1	905	0.26
奥氏体不锈钢（1Cr18NiTi）	70	1440	0.036

这种计算方法没有考虑焊件接触情况，实际$R_件$除了与电极直径d和焊件厚度σ有关外，还与电极压力F有关。当F增加时，因焊件间接触面积加大，使$R_件$减小；电极直径d减小，焊件厚度增加，会使$R_件$增大。

5.2 点焊工艺

5.2.1 焊点的形成过程

焊点的形成过程是在电极压力作用下通电加热而实现的，通常把T个焊点的形成过程称为一个点焊循环。反映点焊循环中电极压力、焊接电流与焊接时间关系的图称为点焊循环图。图5-2为两种典型的点焊循环图。正常点焊循环分四个阶段，即预压、焊接、锻压、休止。每个阶段的作用时间分别为$t_预$、$t_焊$、$t_锻$、$t_休$，这四个阶段依次相互衔接。

1. 预压

预压的目的是使焊件在焊接过程中紧密接触。若预压力不足，由于接触电阻过大，瞬时间析出大量热量，有可能导致烧穿焊件或将电极的工作表面烧坏。

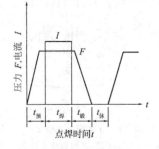

图5-2 点焊循环

2. 焊接

焊接是整个循环中最关键的阶段,是形成熔核的过程。熔核形成的过程是加热和散热相互作用的结果。点焊时,两个电极接触表面之间的金属柱范围内电流密度较大,被激烈加热。而金属柱以外的金属,则因电流密度小而加热缓慢。由于水冷的铜电极很快散失热量,因此电极与焊件接触面附近温度上升缓慢。图5-3所示为点焊时的温度分布图。图5-3b)所示为材料厚度方向的温度分布情况;图5-3c)所示为材料纵向的温度分布情况。

接头强度决定于熔核尺寸,熔核直径应随着焊件厚度的加大而增大,当焊件厚度 $t \geq 0.5\mathrm{mm}$ 时,其近似关系为: $d_{核} = 2t + 3$。

在点焊过程中,熔核周围的金属同时被加热,并达到塑性状态,在电极压力作用下,彼此也焊接在一起,在熔核周围形成一个塑性金属环,在加热正常情况下,塑性金属环紧紧地包围着熔核,使熔化金属不得向往溢出,如图5-4a)所示。如果塑性金属环不够紧密,则熔化金属就会被挤到塑性金属之外。在加热过度的情况下,形成点焊过程中的飞溅现象,如图5-4b)所示。

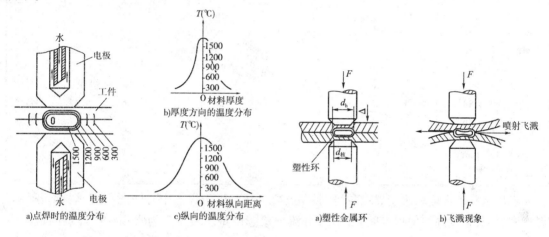

图5-3 点焊时温度分布

图5-4 点焊断面图

在压力作用下,焊件表面会形成凹陷,尤其在产生喷射的情况下,凹陷更大。合理凹陷深度一般为: $\Delta \leq (0.1 \sim 0.15)t$, t 为板料厚度。

3. 锻压

锻压就是在焊接电流切断后,电极继续对熔核进行挤压,同时熔核冷却结晶成为焊点。锻压时间的长短与金属种类和焊件厚度有关。焊件厚度越大,锻压时间越长。点焊钢件时,厚度若为 $1 \sim 8\mathrm{mm}$,锻压时间则为 $0.1 \sim 2.5\mathrm{s}$。锻压时间太短,无锻压作用;锻压时间太长,使熔核冷却速度增大,影响焊点的力学性能。

4. 休止

在休止时间内,升起电极,移动焊件,准备进行下一个焊点的焊接。

以上是典型点焊循环的各个阶段,但并非所有的金属和合金的点焊都遵循这个过程。有的金属,根据其具体的焊接特性,点焊时要增加新的阶段,如预热、缓冷和回火等阶段。

5.2.2 点焊的结构工艺性

图5-5所示是车身点焊时的一些接头形式。

根据接头的强度和零部件的结构要求,焊点可以采用单排、双排或多排。

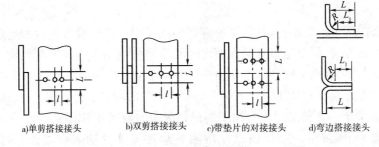

图 5-5 点焊的接头形式

a)单剪搭接接头　b)双剪搭接接头　c)带垫片的对接接头　d)弯边搭接接头

点焊接头的搭边(图5-5中的尺寸L)大小,必须选用适当,搭接边最小尺寸可参考表5-2中所列数据。

接头的搭接宽度(mm)　　　　　　　　　　　　　　　　表 5-2

最薄零件厚度	单排焊点			双排焊点		
	结构钢	耐热钢及其合金	轻合金	结构钢	耐热钢及其合金	轻合金
0.5	8	6	12	16	14	22
0.8	9	7	12	18	16	22
1.0	10	8	14	20	18	24
1.2	11	9	14	22	20	26
1.5	12	10	16	24	22	30
2.0	14	12	20	28	26	34
2.5	16	14	24	32	30	40
3.0	18	16	26	36	34	46
3.5	20	18	28	40	38	48
4.0	22	20	30	42	40	50

点焊接头的强度取决于焊点数目,而焊点数目又取决于焊点中心间的距离,焊点间距小,焊点密,接头强度高。但焊点间距越小,分流现象越严重。表5-3为常用材料焊点的最小中心距。

表5-3中的数据通常为保证接头强度与基体金属强度接近的数值。若采用三层焊接,这一距离应加大30%;轻合金由于分流较严重,故点距较大,要获得等强度必须采用多排焊点。

焊点的最小中心距(mm)　　　　　　　　　　　　　　　表 5-3

最薄零件厚度	点距		
	结构钢	耐热钢及其合金	轻合金
0.5	10	8	15
0.8	12	10	15
1.0	12	10	15
1.2	14	12	15
1.5	14	12	20
2.0	16	14	25
2.5	18	16	25
3.0	20	18	30
3.5	22	20	30
4.0	24	22	35

要求密封的接头,则点距应较焊点直径小50%左右,即保证焊点间有50%的重叠度。

5.2.3 焊前准备

1. 焊前清理

所有待焊零件在定位焊前均应进行彻底清理,不应有油污、油漆、明显的氧化层或使焊接表面产生不均匀电阻的其他物质。

焊前清理的方法分为机械清理和化学清理两大类。机械清理包括抛光、吹砂等。抛光工具采用金刚砂布、金刚砂粘轮或钢丝刷轮。要求零件的被焊搭接边宽度的两面均应抛光,直至呈现均匀的金属光泽为止。吹砂又分为干、湿吹砂两种,其中湿吹砂的清理效果较好,无论是吹砂或抛光,必须注意可能有砂粒或灰尘残留在焊件上,因此必须用细软的金属丝刷刷净或用干燥的压缩空气吹净。一般来说,机械抛光的表面接触电阻稳定性差,有可能使板材表面存留有划痕或划伤,严重时,会形成材料疲劳裂纹源或造成材料减薄。化学清洗的方法包括除油、碱洗、酸洗、钝化等多种。一般化学清理的表面接触电阻稳定性好,清理质量高,批量生产有很大的优越性。缺点是:大型零件的清洗,受到腐蚀槽容积的限制。电解抛光属于电化清理,适用于较薄的不锈钢小型零件,但这种方法工艺装备复杂而且生产率较低。

一般情况下,碳钢、低合金钢和马氏体不锈钢一类零件适宜于采用吹砂和抛光清理;铝合金、钛及其合金、奥氏体不锈钢和耐热合金则适于采用化学清洗,清洗后的零件不再需要打光。化学清洗的腐蚀液成分和规范见表 5-4。

化学清洗腐蚀液成分及规范　　　　表 5-4

合　金	溶　液	工艺条件	备　注
碳钢, 低合金钢, 马氏体不锈钢	HCl($\gamma=1.19$)50%(体积比)2~3g/L	室温,10~30min	酸洗后进行除渣与中和。中和在 30~50g/L 的 Na_2CO_3 溶液中进行
不锈钢, 耐热合金	HCl($\gamma=1.19$)60~80g/L HNO_3($\gamma=1.5$)250~300g/L HF(40%)100~120g/L	室温	酸洗后除挂灰与中和
	HF(40%)120~140g/L $Fe(SO_4)_3 \cdot 9H_2O$　92~233g/L $Fe(SO_4)_3$:HF≥3.5:1	65~70℃镍基合金:30min;奥氏体不锈钢焊前酸洗零件 1~2min	酸洗后中和
铝合金	NaOH　30~50g/L	50~60℃	酸洗后要出光。出光规范:HNO_3($\gamma=1.5$)300~400g/L,室温
钛合金	HNO_3($\gamma=1.42$)140g/L HF(40%)63g/L	室温,3~4min	酸洗后进行除渣无中和工序

清理后至焊前的最佳时间为 5~6h,保存良好的情况下,不超过 72~120h 也允许焊接。

2. 焊件的装配

一般应用夹具保证其装配质量。焊件间的装配间隙应小于 0.5~0.8mm。

3. 焊接顺序

焊接顺序的安排应遵循下列原则:

(1)所有焊接点都在分流最小的条件下焊接。

(2)焊接时,先进行定位点焊,定位焊点应选择在结构最重要和难以变形的部位上。

(3)焊接顺序应能保证焊件变形最小。

5.2.4 焊接规范

1. 低碳钢的点焊规范见表5-5。

低碳钢的点焊规范　　　　　　　　　　　　　　　　表5-5

焊件厚度(mm)	焊接电流(A)	通电时间(s)	电极压力(N)	电极接触表面直径(mm)
0.5+0.5	3500~5000	0.08~0.3	400~500	3.4~4.0
0.8+0.8	5000~6000	0.1~0.3	500~600	4.0~4.5
1.0+1.0	6000~8000	0.2~0.5	800~900	5.0~6.0
1.5+1.5	7000~9000	0.3~0.7	1400~1600	6.0~7.0
2.0+2.0	8000~10000	0.4~0.8	2500~2800	7.0~9.0
3.0+3.0	12000~16000	0.8~1.5	5000~5500	9.0~10.0

2. 不锈钢1Cr18Ni9Ti、1Cr18Ni9及2Cr18Ni9的点焊规范见表5-6。

不锈钢的点焊规范　　　　　　　　　　　　　　　　表5-6

焊件厚度(mm)	焊接电流(A)	通电时间(s)	电极压力(N)	电极接触表面直径(mm)
0.2+0.2	2000~3000	0.02~0.04	450~600	2.5
0.35+0.35	2500~3500	0.04~0.06	800~1200	3
0.5+0.5	3000~4000	0.08	1500~1700	4
0.8+0.8	4000~5000	0.1	2400~2700	4.5
1+1	5800~6700	0.12	3300~3800	5
1.2+1.2	6000~7000	0.16	3800~4300	6
1.5+1.5	7200~8200	0.20	5800~6600	6.5
2.0+2.0	8500~9800	0.24	7500~8500	8
2.5+2.5	10000~11000	0.30	8500~9500	8~9

3. 铝合金LF21、LF3、LF6用交流弧焊机点焊规范见表5-7。

LF21、LF3、LF6点焊规范　　　　　　　　　　　　表5-7

焊件厚度(mm)	焊接电流(A)	通电时间(s)	电极压力(N)	电极端头的球面半径(mm)
0.5+0.5	18000	0.08~0.12	1000	75
0.8+0.8	20000	0.10~0.14	1500	75
1.0+1.0	22000	0.12~0.20	2000	75
1.2+1.2	25000	0.20~0.24	2500	75
1.5+1.5	28000	0.22~0.28	3000	100
2.0+2.0	34000	0.26~0.32	4000	100
2.5+2.5	37000	0.30~0.34	5000	100

4. 铝合金LY12、LC4在直流冲击波点焊机上的点焊规范见表5-8。

LY12、LC4铝合金直流冲击波点焊规范　　　　　　　表5-8

焊件厚度(mm)	焊接电流(A)	电流脉冲时间(s)	电极压力(N)		电极端头球面半径(mm)	焊点核心直径(mm)
			焊接时	锻压时		
1.5+1.5	38000	0.16	550~600	20000	75	5.5
2.0+2.0	47000	0.22	650~700	22500~20000	100	7
3.0+3.0	56000	0.3	800~850	25000~30000	100	9
3.5+3.5	64000	0.35	900~950	30000~35000	100	10.5
4.0+4.0	75000	0.35	950~1100	40000~45000	100	13

5.2.5 凸焊

1. 凸焊原理

凸焊是由点焊方法发展而来的。其原理与点焊基本相同,仅是使用的电极构造不同,加压压力不同,焊件要预先按照需要,加工成一定的形状。例如将一块板件冲制成凸出的突起点,与另一块板件叠置于较大面积的平面电极之间,当焊接电流自电极流经凸起的凸点尖端时,就很快地被加热熔化,而与另一块焊接成一体。在进行焊接时,因凸出的凸点金属软化,电极的压力便把非焊着的部分压合。凸焊一个电极可以同时焊接多个凸点,也可以对各个点进行连续焊接。在焊接过程中的加热仅仅限于凸起部分,并且时间很短,所以生产率高。电极作用面积较大,故冷却效果好,因而寿命长,产品表面不会产生凹陷。凸焊可以焊接钢板、网状构件以及平板与螺钉等的T形焊件,因此在汽车制造中,得到了较广泛的应用。图5-6为多点凸焊的示意图。

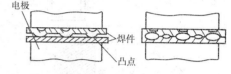

图 5-6 多点凸焊的接头

在凸焊时,焊件局部因凸点的软化而发生移动,为了能使所有焊点同时焊着,必须使焊件在焊接中保持这种移动,但是必须平稳一致,也就是说各个凸点的大、小、高、低形状都要相同,电极压力要能均匀地分布于每个凸点上,同时电流密度的分布也要一样。因此,每次焊接的凸点总面积不能过大。例如,直径约200mm的圆形面积,一般可以同时焊接10个凸点,个别情况也可以同时焊接20个凸点。

2. 凸点的形状

凸点的形状见表5-9,表中只举出了少量例子。通过改变凸点形状,就能得到适合于各种不同用途的焊接接头。

凸焊时凸起部分的尺寸见表5-10。

各种凸焊接头形式　　　　　　　　　　　　　　　　　　表 5-9

图　示	说　明
	板件与管件的连接,其内、外缘焊接而不希望出现毛刺的情况,一般倒角 θ 为 30°~45°
	在管壁厚度中间加工出现凸点,焊接时凸点软化而不被挤出,只要电流适当可以得到较高的强度。角度 θ 采用 90°~120°
	视焊接盖子的情况,θ 角在 30°~45°较好,如有可能希望保持高度 H
	带有环形凸点的薄板焊接,只有强度要求而无气密性要求时,仅有几个点即可。这时的凸点尺寸最好比管子壁厚稍大些,以引起位置偏移

续上表

图示	说明
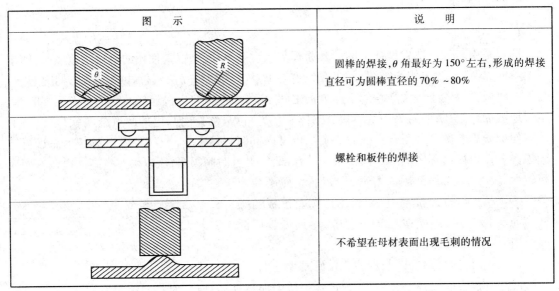	圆棒的焊接，θ角最好为150°左右，形成的焊接直径可为圆棒直径的70%~80%
	螺栓和板件的焊接
	不希望在母材表面出现毛刺的情况

凸起部分尺寸　　　　表5-10

板厚(mm)	D	公差	h	公差
0.5	4.8	±0.1	0.5	±0.05
1.0	3.0		0.7	
2.0	5.0	±0.15	1.0	±0.12
3.0	7.0		1.5	
4.0	9.0		1.8	
5.0	11.0		2.3	

螺纹	D	H	d	h
M5×0.8	10	6	7	1.2
M6×1	12	7	8	1.5
M8×1.25	16	10	11	2
M10×1.5	18	11	13	2
M12×1.5	20	12	15	2

3. 凸焊工艺规范

不同种类的金属、不同厚度的材料不易点焊时,有很多是可以用凸焊的方法焊接的,但非每一种金属均可以凸焊,关键在于金属材料必须具有支持电极压力的强度才行。

(1)含碳量在0.20%以下的低碳钢均易焊接,含碳量在0.20%以上时需要预热,但一般多用凸焊。耐蚀、耐酸及耐热等不锈钢可以用凸焊,但由于电阻较高,若有过热情况,如控制不好,则焊接处容易发生多孔或熔化较劣。镀锌钢板和镀锡钢板也能凸焊,在焊接中金属的接触面和电极表面必须清洁。

(2)在有色金属中,青铜合金、铝合金均可以凸焊,但焊接强度不大,铜及铜合金在大量生产中不采用凸焊;铝及铝合金、镁及镁合金则不易凸焊;镍及镍合金可用大电流、较大压力、短时间焊接。而不同金属的焊接则可用凸焊,例如银与铜的焊接,镍与铜的焊接。

通常凸焊多为双面焊接,但如果从两面接近焊接处有困难,或者零件之一有绝缘的包覆层(如贴塑料的钢板)时,也可用单面凸焊,如图5-7所示。

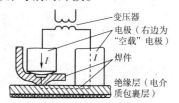

图5-7 单面单点凸焊

凸焊与点焊两者的焊接方法相同,可以用点焊机来进行凸焊,但当焊点数目很多时,则需要大电极压力和大电流,即承受大电极压力仍能保持高的机械精度和大电流的凸焊机。

焊接低碳钢板料时,每一个凸点所需要的功率为:

$$\delta = 1mm 时, P = 40 \sim 50kW$$
$$\delta = 3mm 时, P = 80 \sim 100kW$$

每个凸点所需要的电极压力为:

$$\delta = 1mm 时, F = 1000N$$
$$\delta = 3mm 时, F = 6000N$$

5.2.6 缝焊

缝焊是将焊件装配成搭接或对接接头,并置于两滚轮电极之间,给滚轮加压,并使之转动,连续或断续送电,形成一条连续焊缝的电阻焊方法。

缝焊过程与点焊相似,只是用两个旋转的滚动盘状电极代替点焊时的固定柱状电极。缝焊时,边缘搭接的两焊件紧压在两只铜合金电极之间,焊件边缘的外表面就会焊出一条连续的焊缝。焊件接头可以是一串间隔很小排列成线的焊点(称之跳焊),或是一串由互相搭接的焊点组成的连续焊缝。图5-8所示为缝焊焊缝的一般形式。

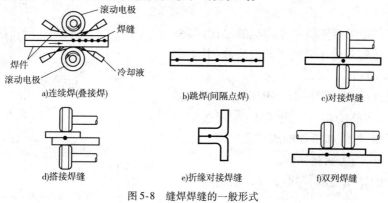

图5-8 缝焊焊缝的一般形式

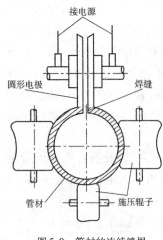

图 5-9 管材的连续缝焊

焊缝机工作时,焊件进入旋转的电极之间,电源自动的接通、切断。按"开"、"关"的加热规范形成的定时工艺过程获得每个焊点,这些焊点累积成要求的焊缝。在某些情况下,待焊件沿着预定焊缝的走向预先进行点焊或定位焊。这种点焊可防止缝焊前焊件偏离预定位置。缝焊通常要使用冷却剂(一般是水),以防止焊件金属过热并可保护电极。为获得满意效果,待焊表面必须清洁,无杂质、油漆、油脂等。

缝焊广泛用于焊接金属平板和弯板,最适宜的材料是低碳钢、不锈钢或合金钢板件。铝、黄铜、钛等其他金属也可以进行缝焊。缝焊最广泛的应用多半是制造管件。制管工艺大致如图5-9所示。其他应用产品有消声器、圆筒、汽油箱、仪表以及金属容器等。

5.3 点焊设备及其焊接工具

点焊设备主要是指点焊机,点焊机一般均由机体、加压机构、供电系统、控制系统和水冷系统等几部分组成。凸焊机与点焊机原理基本相同,功率大的点焊机可以进行凸焊;反之,凸焊机也可以当大功率点焊机使用。

5.3.1 点焊机的分类

点焊机的种类很多,其分类情况如下:
(1)根据用途可分为:通用、专用、特殊。
(2)根据安装方式可分为:固定式和移动式。
(3)根据焊接电流及脉冲形式可分为:交流式、直流式、低频式、电容式。
(4)根据向焊接处馈电的方法可分为:从两个零件双面馈电和从一个零件单面馈电。
(5)根据同时焊接的点数可分为:单点式、双点式、多点式。

5.3.2 固定式点焊机

固定式点焊机的机体是由型钢和钢板拼焊而成,其功能主要是支撑和固定焊机的其他部件,如变压器、加压机构等,如图 5-10 所示。

供电系统包括焊接变压器和焊机的二次回路。它们的功用是转换并传递焊接所需的电能,其工作原理如图 5-11 所示。

将开关闭合后,变压器一次线圈中有电流 I_1 通过,在二次线圈中感应出二次电流 I_2,I_2 通过汇流排、机臂、夹持器、电极和工件构成二次回路。二次回路中除工件外,均为铜制导体。

加压机构的作用是在焊接过程中使电极间产生足够的压力。

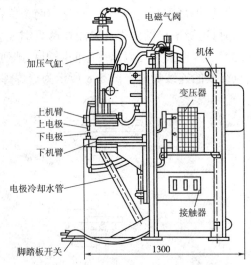

图 5-10 DN2-100-200 型点焊机构造

点焊机的二次回路通常由两个臂(上机臂、下机臂)、两个电极夹头和两个电极组成。

电极直接固定在电极卡头内,它们的功用是:向焊件传送电流和传递压力。因此,要求它们不仅要有足够的导电性,可靠的接触及良好的冷却,而且还要有足够的强度和刚性,同时结构上应当保证能方便地调节电极位置。

二次回路的尺寸限制焊件的最大尺寸。回路的尺寸由有效伸出部分 L(图5-12)及臂间距离 s 决定。此外,上电极的工作行程 H 和电极的最大开口 h(如果焊机电极具有附加行程)对焊接方便与否有很大影响。成批生产的焊机有效伸出部分在 200～1200mm 的范围内,两臂间的距离一般不超过 400～500mm,电极的工作行程为 10～15mm,电极的附加行程通常为 50～100mm。

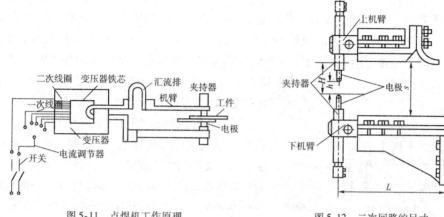

图5-11 点焊机工作原理　　　　图5-12 二次回路的尺寸

机臂分为上机臂和下机臂。下机臂通常是固定的,上机臂作上下垂直运动,其结构如图5-13所示。

机臂的断面为圆形,直径为 75～100mm,由冷轧纯铜制成。上机臂是用柔性汇流排与焊接变压器相连。焊接时电极压力所产生的弯矩由机体来承受。下机臂采用螺钉固定在下支座上,支座可上、下调整。两机臂的伸出长度可调节。机臂的前端有钢质端头,用来夹紧电极夹持器,如图5-13c)所示。钢质端头靠螺钉紧固在机臂上。为了避免因经常拆卸螺钉使铜机臂上螺纹磨损而需要更换整个机臂,在机臂内镶嵌有钢质销子,螺孔即可加工在销子上,而不是加工在铜机臂上。

除上述紧固夹持器方法外,还有如图5-13a)、b)所示方法。图5-13a)所示为采用机臂中间开口旋紧螺钉,靠弹性变形使夹持器和机臂装配处摩擦力增大,从而实现夹紧;图5-11b)所示机臂是带有可拆卸的楦头,夹持器借螺钉和螺母夹紧在楦头和机臂本体端部之间,楦头末端有销钉和垫板,用于确定楦头的位置。这两种机臂用在压力不大的中小型功率的点焊机上。

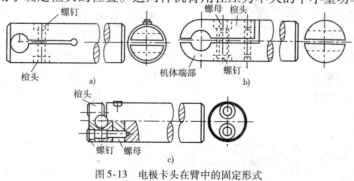

图5-13 电极卡头在臂中的固定形式

夹持器是连接机臂和电极之间的构件（电极固定在它里面），除了完成导电作用外，还负有冷却电极的作用，其结构如图5-14所示。夹持器本体是由黄铜制成，中间空心，内有冷却水管。电极与夹持器本体靠锥面贴紧或通过管接头相连接。为了杜绝漏水，两件的锥角必须一致。本体尾端有螺纹和冷却水管接头连接，接合处有密封垫，以防漏水。

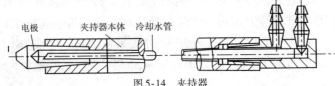

图5-14　夹持器

冷却系统是使点焊机保证正常工作的重要条件之一，这是因为点焊机的一些基本构件在工作过程中要发热，只有冷却才能很好地工作。如电源（焊接变压器），由于铁损和铜损发热，一旦温度超过允许范围，绝缘会烧毁，造成变压器击穿。但是有冷却系统的变压器，同样容量，体积可缩小许多，节约铜材。变压器功率越大，此优点越明显。接触器里的引燃管，由于整流电流较大，为了防止引燃管过热烧毁也需冷却。电极除了防止由于过热而软化变形，降低其使用寿命外，而且为更好地保持其高导电性（温度升高，电阻系数增大），更需要冷却。为此在部颁接触焊机维护标准中，对于点焊机总进水口的冷却水温度有明确的规定。图5-15为DN-75型点焊机中的冷却系统示意图。

表5-11所示为几种常见的固定式点焊机的主要技术参数。

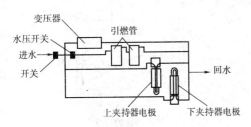

图5-15　点焊机冷却系统示意图

几种固定式点焊机的主要技术参数　　　表5-11

焊机型号	新型号	DN-25	DN1-75	DN2-75	DN2-200
	旧型号	NP-25	NM-75	NA-75	NA-200-4
额定容量(kV·A)			75	75	200
初级电压(V)		220/380	220/380	380	380
次级电压范围(V)		1.76~3.52	3.52~7.04	3.12~6.24	4.42~8.85
次级电压调节级数		8	8	8	16
暂载率(%)		24	20	20	20
电极最大压力(N)		1550	3500	6600	14000
上电极工作行程(mm)		20	20	20	20
上电极辅助行程(mm)		—	—	60	80
上电极动作次数(次/min)		10	50	68	65
下电极垂直调节(mm)		—	—	100	100
电极臂有效伸长(mm)		—	350	500±50	500±50
暂停率20%时钢焊件厚度(mm)		3+3	2.5+2.5	—	—
用KD3控制时，焊接低碳钢		—	—	—	—
焊件厚度(低碳钢)(mm)		—	—	2.5+2.5	6+6
焊接持续时间(s)		—	—	0.04~6.8	0.04~6.8
压缩空气压力(Pa)		—	—	5.5	5.5
冷却水消耗量(L/h)		120	300	720	810

5.3.3 移动式点焊机

在车身制造中,移动式点焊机得到了广泛的应用。这种点焊机在使用中为了移动方便,常常把变压器和焊接工具悬挂在空中,故又称悬挂式点焊机,它的焊接工具多做成枪式(焊枪)或钳式(焊钳)。它们与变压器之间用一种特殊的电缆连接(图5-16),称为有电缆移动式点焊机。其优点是移动方便,适合于大总成的点焊,劳动强度低。其缺点是二次回路长,功率损耗大。另一种为无电缆移动式点焊机。它的焊接工具部分和变压器直接相连,如图5-17所示。其优点是由于没有二次回路中电缆损耗,功率利用充分,在焊接同样厚度的材料时,变压器的功率和体积均可减小。但缺点是移动起来不方便,对各种焊接位置的适应性也不如有电缆移动式点焊机灵活。表5-12为几种移动式点焊机的主要技术参数。

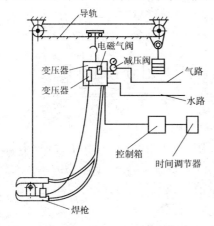

图 5-16　移动式点焊机　　　　　图 5-17　无电缆移动式点焊机

几种移动式点焊机的主要技术参数　　表 5-12

焊机型号	新型号	DN4-26-1	DN6-75	DN6-200	DN9-25
	旧型号	ND-26-5	DN-76-1	ND-200	NB-25
额定容量(kV·A)		25	75	200	25
初级电压(V)		380	380	380	380
次级空载电压(V)		—	—	—	—
	并联	3.14	4.75~9.5	14.5~22.8	3.14
	串联		9.5~19		
次级电压调节级数		—	2×8	6	—
暂载率(%)		20	20	20	20
气-液压力比		—	1:19		
点焊钳种类		气压	气液压	气液压	气压
电极臂有效伸长(mm)		170	42,125,140,42	450,186	75
电极工作行程(mm)		20	25,30,25,25	60,10	15
辅助行程(mm)		30	—	—	—
电极臂间距离(mm)		100	94,100	175,62	—
电极最大压力(N)		3000	2750,2000,2500,3250	7200,9000	3000
焊件厚度(低碳钢)(mm)		1.5+4.5	1.5+1.5	1.5+1.5	1.5+1.5

5.3.4 多点焊机

多点焊机是一种专用焊机。它具有生产率高,产品质量稳定,便于实现机械化和自动化等优点。

1. 多点焊机的基本类型

1) 电极逐对加压的单变压器多点焊机

这种点焊机的工作原理如图5-18a)所示。首先使一电极对压紧,闭合变压器2一次线路中的触点1,通电后焊接两个焊点,然后抬起电极对3,放下另一电极对4加压,通电焊接另外两个焊点,就这样进行逐对加压,逐对焊接。

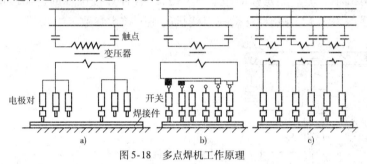

图5-18 多点焊机工作原理

这种点焊机的优点是:电流开关位于一次线路中,由于电流值小,易于交换;单变压器,成本较低。缺点是:电极逐对加压,其控制机构复杂;焊点数量多时,一般采用液压分配器或气压分配器来进行压力分配,焊点数量少时可采用少量液压或气压换向阀实现压力分配;此外,焊接时工件没有全面夹紧,有时零件变形较大,影响装配质量。

尽管这种焊机存在一些缺点,但由于它成本低,生产效率较高,所以其应用还是比较多。

2) 同时压紧所有电极再轮流通电的单变压器多点焊机

这种焊机的工作原理如图5-18b)所示。它的优点是:焊件全面被夹紧,焊件变形小,加压机构简单。它的缺点是:需要二次配电,电流开关接入二次回路,即直接在接线路内用开关6及7闭合及切断很大的电流(一般都在10^4A左右),这种开关难于制造,而且容易损坏。所以这种焊机目前采用不多。

3) 多变压器多点焊机

这种焊机的工作原理如图5-18c)所示。电极分组(或同时)加压,分组(或同时)焊接,供电3法最为先进。它的优点是:变压器和它相连接的焊枪距离近,焊接回路短,功率消耗小;可以对每一个焊接变压器单独调节规范,适合在同一焊机上对不同板厚的工件进行焊接;所有焊点同时焊成或分大组焊成,因此较单变压器生产率高;由于变压器个数多,可以使三相电路负载均衡;电极同时加压,可以减少焊件变形,加压机构也简单。

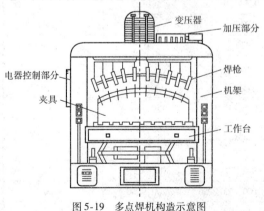

图5-19 多点焊机构造示意图

2. 多点焊机的基本构造

多点焊机主要由机架、工作台、变压器、加压部分、夹具、电器控制部分、焊枪或焊钳及冷却系统等部分构成,如图5-19所示。

1)机架

机架是用以安装全机的基础,焊机工作时焊枪的全部作用力也作用在机架上。机架有C型(开式)、四立柱式和二立柱式(龙门式)三种,如图5-20所示。它们都有升降工作台和固定工作台式两种。

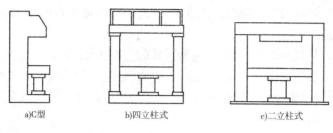

a)C型　　b)四立柱式　　c)二立柱式

图5-20　机架

C型机架用于焊点数量较少的中小型焊件的焊接,装卸工件比较方便,在单个总成装焊或流水线上均可适用。

四立柱式可以装置较多变压器和焊枪,多用于焊点数较多的大型合件。

二立柱式一般用于单机生产。其工作台多是下台面托起式。

2)工作台

工作台主要用以安装下夹具,以便使焊件在夹具上定位并夹紧,然后通过工作台送到焊接位置。为了便于装卸焊件,工作台可根据焊件形状和大小,做成升降式、回转式或平面移动式。以升降式为多,升到上止点进行焊接,运动到下止点装卸焊件。工作台的升降动力由气动、液压或电动提供。

3)电源部分

电源部分包括焊接变压器和二次回路部分。单变压器的多点焊机常采用单相壳式变压器,由频率为50Hz的交流电网馈电,二次电压的调级级数一般为4~6级,多变压器多点焊机多使用高导磁、卷铁芯、环氧树脂浇注式变压器,因为这种变压器铁芯磁导率高,其功率-质量比(功率/质量)比叠铁式的要高,而且它的二次绕组大都是双次绕组,有四个输出端,同时可带四把焊枪,效率高。

4)加压部分

多点焊机加压的动力源多为气压和液压。气压的优点是来源丰富、结构简单、动作灵敏、加工维修方便。缺点是:压力冲击大,有时不稳定,单位压力小,同样压力要求,气缸直径比液压缸直径大得多,不利于焊枪的布置,所占空间也大。液压的优缺点大致和气压相反,但在满足设计和工艺要求的情况下,应尽量采用气压,而不采用液压加压。

5)冷却系统

冷却系统对于多点焊机是不可忽视的部分,是保证焊机正常工作的基本要素之一。焊机中的变压器和引燃管应单独冷却,不能和其他需冷却的部分串联,因为它们冷却条件要求较高。

5.3.5　焊接工具

焊接工具是指进行焊接的器具,包括焊枪、焊钳、电极等。

1. 移动式点焊机用的焊枪

这种焊枪有手动式和反作用式两种。其优点是轻便;缺点是需使用夹具方能进行焊接,且反作用焊枪所设的反作用支撑使夹具结构较为复杂。同时,它们的焊接厚度也受到限制,特别是手动焊枪,因受人力的限制,压力小,一般用于非受力部位接头的焊接或用于定位焊。

图 5-21 所示为手动焊枪的结构图。当推动手柄时,通过本体压缩弹簧,使连杆顶向按钮开关,在时间继电器的作用下,接通和断开焊接电流。焊接电流由电缆从变压器引入,流经连杆、电极、焊件及夹具,最后返回变压器,构成二次回路。电极压力的大小和弹簧的软硬有关,当采用硬弹簧时,焊接质量较好,但劳动强度大;反之焊点质量会有影响。为了冷却电极,焊枪中部设有冷却水通道。

反作用焊枪可以是气动式的,也可以是液压式的。图 5-22 所示为气动反作用焊枪的结构图。当压缩空气经空心活塞杆进入缸筒顶部时,即将缸筒推向上移,直到焊枪的后盖碰到反作用支撑板为止,此时焊枪电极对工件产生压力,并实现焊接。液压反作用焊枪的作用原理与气动相同,只是用液压代替了气压。

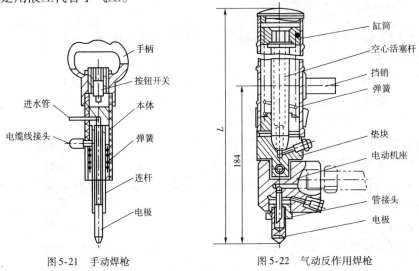

图 5-21　手动焊枪　　　　图 5-22　气动反作用焊枪

2. 移动式点焊机用的焊钳

这种焊钳有气动式和液压式两种。气动焊钳和液压焊钳的工作原理大致相同,图 5-23 所示为液压焊钳的典型结构之一,其优点是通用性大,可不使用夹具进行焊接;缺点是质量比较重,劳动生产率低。对于一些外形尺寸特殊的焊件,常需设计专用的焊钳。图 5-24 所示为一些特殊焊钳的实例。

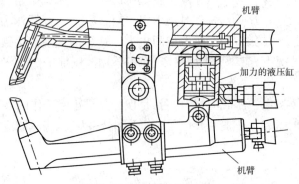

图 5-23　液压焊钳结构之一

3. 多点焊机所用的焊枪及焊钳

1) 焊枪

多点焊机所用焊枪的结构主要有两种形式:筒式结构和摆式结构。在加压动力源上有液压和气压两种。一般来说,对焊枪的要求是结构紧凑,电极的随动性好,输出压紧力稳定,并有一定的刚性,坚固耐用等。

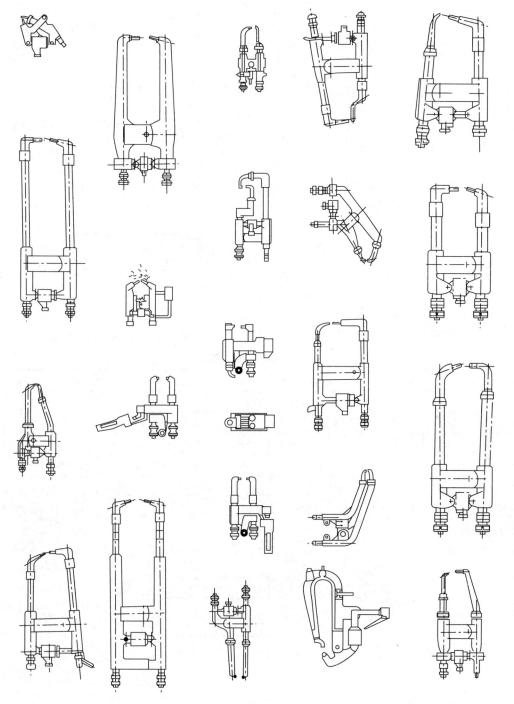

图5-24 特殊焊钳实例

（1）筒式焊枪。这种结构的焊枪适用于串接焊或间接焊的工件,在多点焊机上获得极为广泛的应用。

液压筒式焊枪的外形图及其技术数据如图5-25及表5-13所示。

液压筒式焊枪的技术数据　　　　　　　　　　　　　　　表 5-13

额定加压面积(cm²)	额定回位面积(cm²)	工作行程(mm)	活塞行程(mm)	全长(mm)	筒径(mm)
7.3	3.6	38	200	440	35.5
		75	240		
13.5	3.6	38	200	440	35.4
		75	290		
20	6.5	38	200	510	41.5
		75	200		
24.7	8.8	38	200	560	45
		75	240		

焊枪常见的标准液压为 3.5MPa，最高使用液压为 6MPa。

气动筒式焊枪的外形图及其技术数据如图 5-26 和表 5-14 所示。

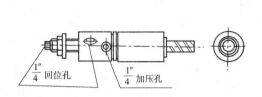
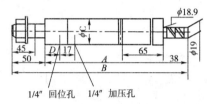

图 5-25　液压筒式焊枪形外图　　　　　　　图 5-26　气动筒式焊枪外形图

气动筒式焊枪的技术数据　　　　　　　　　　　表 5-14

额定加压面积(cm²)	额定回位面积(cm²)	行程(mm)	A(mm)	B(mm)	C(mm)	D(mm)	备注
53	29	38	257	345	60		标准型
		75	331	419	60		
106	62	38	293	381	80		标准型
		75	367	455	80		

(2)摆式焊枪。这种焊枪一般安装在台面式多点焊机上，用来点焊车门、发动机罩、行李舱盖之类焊点分布在周边的焊件。采用这种焊枪，工位的敞开性好，操作方便。图 5-27 为摆式焊枪的外形图。

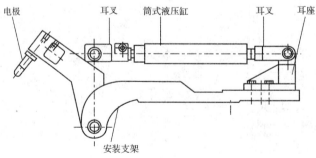

图 5-27　摆式焊枪外形图

2）焊钳

多点焊机上使用的焊钳有两种，即 C 型和 X 型，它们都能根据工件的实际位置自行平衡地进行点焊，故又称浮动焊钳。

C 型和 X 型浮动焊钳分别如图 5-28 和图 5-29 所示。

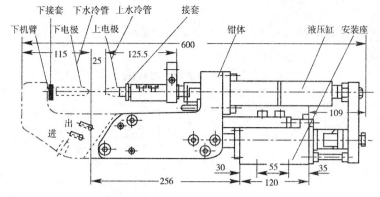
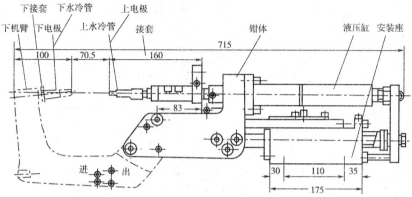

图 5-28 C型浮动焊钳外形图

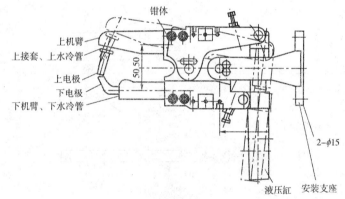
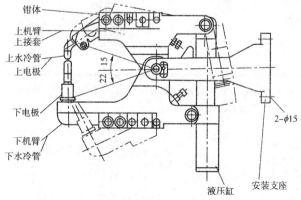

图 5-29 X型浮动焊钳外形图

4. 电极

电极的种类大致有直型、弯型、活头型、T型和帽型。表5-15列出了电极的种类和形状。

电极的种类和形状　　　　　表5-15

种类		形状	说明
直型	P型		尖型
	R型		球面性
	C型		圆锥形
	E型		偏心形
	F型		平面形
弯曲型			改善电极对工件的接近性
活头型			改善焊点外观质量
T型			凸焊用
帽型			节约电极消耗

直型以圆锥形（C型）φ16mm的电极为例，其外形如图5-30所示。

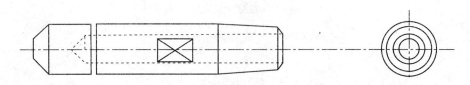

图5-30　直型φ16mm电极外形

为了节省贵重电极材料的消耗,把原来的整体电极改进为头部可拆卸的电极帽和不需经常拆换的电极体两件,这样在大量点焊生产中只需要更换头部的电极帽这一易耗件,而不用更换整个电极,因而经济效果十分显著。这种电极帽的外形尺寸如图5-31所示。这种结构不仅适用于直型电极体,也适用于弯型电极体。

直型电极体的外形如图5-32a)所示,弯型电极体的外形如图5-32b)所示。

电极的材料直接影响电极的使用寿命和焊接质量。由于电极在点焊瞬间被加热到500℃以上,同时还承受1MPa左右的压应力,所以电极头部容易出现变形、压溃和黏着现象。为此,必须注意选择具有一定硬度、在高温下不易变形、导电性及导热性好的高熔点材料。

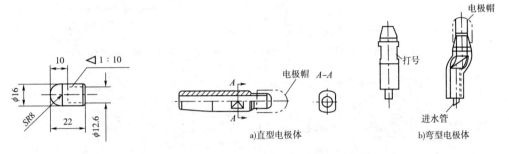

图5-31 电极帽外形尺寸　　　　　　　　　图5-32 电极体

电极材料以铜合金为主,其中主要有:铬青铜、铍青铜、锆铜等合金材料。

锆铜含Zr0.15%,它具有许多优点,如电导率高,能有效地传递大电流;硬度、机械强度和退火温度都较高,表明热寿命长;锆铜电极的接触电阻较低,可以减少工件与电极面之间的表面热量,使电极面不易表面退火,这样电极磨损较慢,使用寿命延长,同时用它来点焊铝板、镁板、镀层钢板时,电极的黏着现象大大减少。

5. 垫块

多点焊机的铜垫块是采用串接时的重要构件。其结构形式大体上可分为:整块式、嵌块式、凸块式三种形式。凸块式有:锥形、圆形、方形、楔形等结构形式。

整块式结构,如图5-33所示,制造和维修比较方便,垫块的上下位置可以调整,适用于平面或比较简单的曲面工件的点焊。

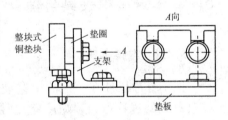

图5-33 整块式垫块的结构示意图

嵌块式结构一般有四种形式,如图5-34所示,在安装和制造上均比较简单,适用于曲面工件的点焊。其缺点是垫块高低不能调整,只能加垫。

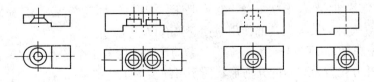

图5-34 嵌块式垫块的结构图

凸块式有锥形(图5-35),圆形(图5-36)、方形(图5-37)和楔形(图5-38)等结构形式。凸块式适用于形状复杂的曲面工件,由于只有点焊处才有铜垫块凸出,所以电极面与工件曲面的贴合处的修配比较简便。此外,在维修中,铜垫块的上下调整或更换都比较方便。

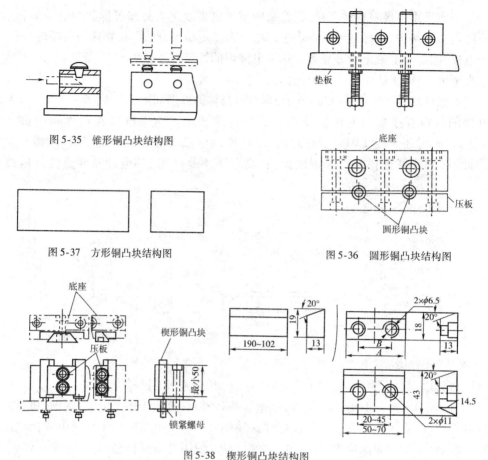

图 5-35 锥形铜凸块结构图

图 5-37 方形铜凸块结构图

图 5-36 圆形铜凸块结构图

图 5-38 楔形铜凸块结构图

5.4 车身装焊夹具与辅具

5.4.1 装焊夹具

把车身冲压件在一定的工艺装备中定形、定位并夹紧,组合成车身组件、合件、分总成及总成的过程称为装配过程;利用焊接的方法,使装配件形成整体的过程称为焊接过程。车身的装配、焊接过程往往是连续的,简称为装焊过程。装焊过程所使用的夹具称为装焊夹具。

1. 装焊夹具的作用

车身的种类多、批量大、形状复杂。为了保证装焊质量、提高装焊效率、减轻劳动强度,必须大量使用装焊夹具。装焊夹具的作用概括起来有以下几点:

(1)使待装件定形、定位并夹紧。车身复杂的形面是由若干个零件通过组合而成;夹具是保证各待装件相互位置及焊后的几何形状所不可缺少的工艺装备。

(2)保证焊接工艺能正常进行。车身在装焊过程中不仅有装配精度要求,而且要符合焊接工艺规范(间隙值)要求,只有通过具有一定精度的装焊夹具,才能保证零件不错位,焊接能顺利进行。

(3)采用良好的装焊夹具可以大大减轻劳动强度,提高生产率,保证装焊质量。

2. 装焊夹具的种类

对于装焊夹具目前还没有统一的分类方法。根据使用对象不同可分为：

(1) 小型装焊夹具。用于车身组件及合件的装焊。

(2) 分总成装焊夹具。用于车身各分总成的装焊。

(3) 总成装焊夹具。用于车身本体总成的定形、定位及焊接，所以也称之为成型定位夹具或主焊台。

根据其工作位置是否发生变化，可分为：

(1) 固定式装焊夹具。这种夹具工作位置不发生变化。

(2) 移动式装焊夹具。这种夹具，一次性定位并夹紧，随着焊接过程而改变工作位置。由于移动方式不同，这种夹具又分为：

① 滚筒式装焊夹具。如图 5-39 所示的装焊夹具是由回转工作台带动的滚筒式装焊夹具示意图。

② 随行装焊夹具。这种夹具是由台车（工艺车）驱动。台车有两种：一种是牵引台车，由装焊线上的驱动装置驱动；另一种是自导车，用蓄电池作电源，装有车轮，能从一根设在地下的电缆中取得信号和信息，而自行移动工作位置。

3. 装焊夹具的结构特点

由于装焊夹具所适用的对象和环境不同，所以在结构上有别于其他夹具，如机床夹具。装焊夹具具有下述特点：

(1) 定位元件形面复杂、精度要求高、设计制造难度大。车身制件，大多为具有空间曲面的冲压件，它们不仅形状复杂，而且刚性差、易变形。在夹具中定位的形面，往往是取车身各重要部件的断面。为了保证车身的形状，夹具定位元件的工作表面必须与车身上相应的定位表面的形状保持一致。因此，装焊夹具定位元件的工作表面，只有用仿形或数控设备加工，才能使其获得准确的形状和尺寸。

(2) 夹紧机构应能敞开，以便在焊后能将整体焊件从夹具中取出。在装配焊接时，通常是将车身制件一件一件地放入夹具，而焊后，从夹具中取出的是已连接成整体的车身装焊件。为了将焊件取出，夹紧机构应采用一些敞开式的手动、气动或液压的快速夹紧装置，如图 5-40 所示。它们应是操作方便、装夹时间短、速度快，即能快速夹紧。

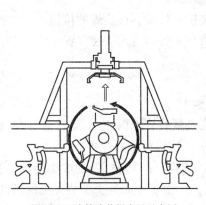

图 5-39 滚筒式装焊夹具示意图

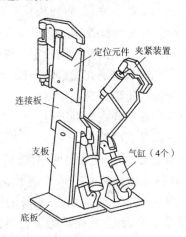

图 5-40 小型装焊夹具

(3) 车身零件的外形尺寸大，定位元件很难做成整体结构，而往往是由一个一个的定位板构成车身表面的空间形状。因而,这些定位装置在装配时,调整工作量大。

(4)车身总成装焊夹具(主焊台),其结构复杂,是保证车身装焊质量的关键装备。因此,主焊台在制造和使用过程中,应经常用调整样架进行调整和校正,以保持其精度。

4. 装焊夹具的典型结构

1)小型焊接夹具

这种夹具的种类很多,最简单而又通用的是弓形夹子、弹簧夹子、手虎钳和焊接样板等。它们是装焊过程中不可缺少的工具。用于结合件的定位,夹紧或同时定位并夹紧,使焊接过程能顺利进行。

2)分总成装焊夹具

这类夹具用来把分总成各焊接件按要求进行成型定位并夹紧,以便于焊接。因此其结构比较复杂,定位要求精确,放置零件与取出分总成要方便。

图5-41所示为某侧围分总成的固定式手动装焊夹具。该侧围分总成由73个零部件构成。在夹具中采用外形定位,共40个定位、夹紧点。各定位、夹紧点都有断面样板以校正其形状。夹紧装置采用了手动快速夹紧机构,夹紧力大,自锁性能好。由两台移动式点焊机焊接,适应于中小批量生产。

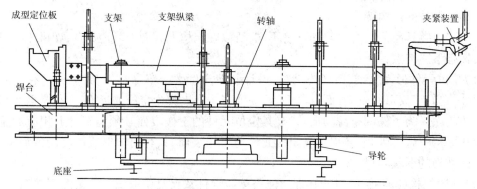

图5-41 侧围分总成装焊夹具

3)车身总成装焊夹具

图5-42所示为某车驾驶室总成成型定位装焊夹具。其装焊过程如下:

(1)工艺车上的前底板、后底板及底板加强板等进入工位,工艺车随升降装置下落,底板定位装置升起,并使底板各部精确定位,点固连接部位。

(2)前后围板分别由前后围板定位夹紧装置夹持并移动到待装焊的位置。

(3)左右侧围板分别在左右侧围板台架上由滑台4带动进入安装位置。

(4)各部成型定位并夹紧。

(5)由4台移动式点焊机进行点固焊接。

(6)装顶盖并点固焊接。

(7)各部松夹,侧围焊架退回原位;前后围定位夹紧装置返面原位;工艺车升起,底板定位装置倒下,车身壳体落在工艺车上,并被输送到下一工位进行增补焊接。

从以上工艺过程不难看出,该夹具的精度直接影响车身(驾驶室)的成型精度。各运动部件不仅精度要求高,而且该夹具的安装调整工作量大。由于主要是手工装夹工件,所以劳动强度较大,生产率不高,只适应于中小批生产。但该夹具上的各种装置都比较成熟、稳定,同时这种夹具也很容易改造成气动,所以对于中小车身厂仍有一定的使用价值。

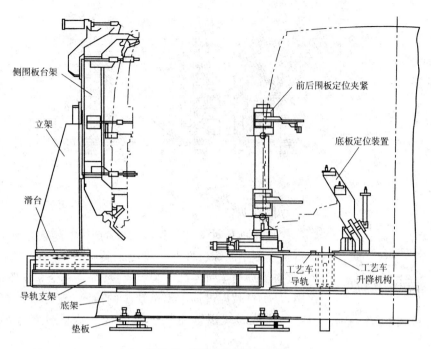

图 5-42 驾驶室总成装焊夹具

4) 多点焊机夹具

多点焊机夹具又称焊模。其结构及所需套数是根据工件形状、尺寸、焊点数量和焊点位置来决定的。图 5-43 所示为焊模结构示意图,它是由模座及导向装置、焊接电源、焊接工具、定位元件、夹紧装置、顶起装置、其他装置(如移位装置)以及快速动力接头等零部件构成。

焊模内的各零部件若能实现标准化和系列化,则对汽车改型特别适用。焊模本身的气(油)、水、电的动力连接若采用快速接头,更换模具时就非常方便。

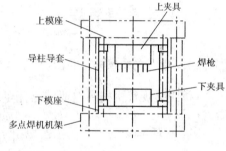

图 5-43 可换焊模示意图

5.4.2 辅助工具

辅助工具是装焊过程中不可缺少的工艺装备,特别是调整样架和检验夹具。

1. 调整样架

不论是固定式的,还是移动(随行)式的装焊夹具,均应用统一的、精确的定位基准。为了解决这一问题,在工艺上采用了调整样架这一技术措施来保证。对于固定式装焊夹具,调整样架可以放到各个工位,使各夹具的定位块具有相同的空间位置,以保证各夹具上装焊出的车身具有正确的形状。对于随行装焊夹具,调整样架可以分别放到各个夹具上,以统一它们的定位块。调整样架不仅在制造夹具时,就是在装焊过程中,为了分析车身装焊质量,校正夹具上定位元件的磨损,以及重新复制夹具,也均需使用。

图 5-44 所示为某驾驶室装焊夹具所使用的调整样架。

调整样架是用型钢拼焊而成的,样架上根据主模型装配有与夹具定位元件相对应的基准块,这些基准块的空间位置可由三坐标测量机检验。

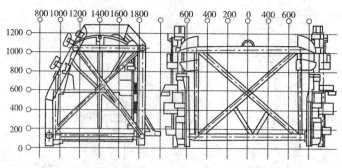

注：图中数字单位为mm。

图 5-44 调整样架

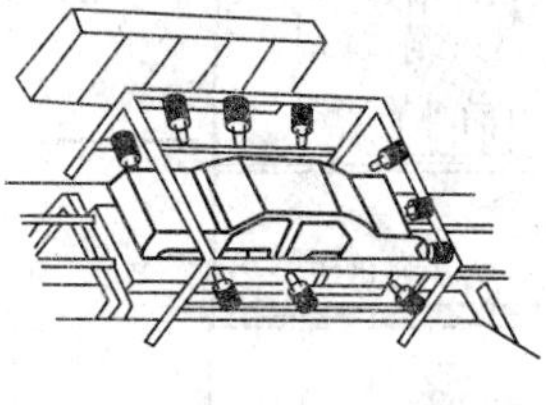

2. 检验夹具

检验夹具是对车身及其零部件的形状、轮廓尺寸和孔位尺寸进行检查测量的综合性专用检测工具，它应具有准确高效的检测功能，对于提高车身零部件装焊质量，提高整个车身质量起着重要作用，是车身装焊过程中不可缺少的检测工具，图 5-45 所示为车身在离开装焊线以前由检验夹具对车身的几何形状进行激光检测。

图 5-45 车身外形的激光检测

5.5 汽车车身装焊工艺

5.5.1 汽车焊接工艺概况

焊接是现代机械制造业中常用的一种工艺方法，在汽车制造业中焊接的应用也越来越广泛。

表 5-16 列出汽车生产中所采用的焊接方法及其典型应用实例。

汽车生产中采用的焊接方法及其典型应用实例　　　表 5-16

焊接方法			典型应用实例
接触焊	点焊	悬挂点焊钳（手工或机械手）	车身总成，车身侧围分总成
		固定焊机	小型零部件
	多点焊	压床式多点焊机	车身底板总成
		C 型多点焊机	车门、发动机罩、行李舱盖总成
	凸焊		螺母、小支架
	缝焊	悬挂缝焊钳	车身顶盖流水槽
		固定焊机	汽油箱总成
	闪光对焊		后桥壳管、车轮轮辋
电弧焊	CO_2 气体保护焊	半自动	车身总成
		自动	后桥壳、消声器
	氩弧焊		车身顶盖后两侧接缝
	手工电弧焊		厚料零部件
	埋弧焊		重型后桥壳

续上表

焊接方法		典型应用实例
气焊	氧-乙炔焊	车身总成补焊
	钎(铜、银)焊	铜和钢件
	锡焊	散热器
特种焊	微弧等离子焊	车身顶盖后角板
	电子束焊	齿轮
	激光焊	车身底板
	摩擦焊	后桥壳管与凸缘转向杆

在这些焊接方法中,由于接触焊具有快速高效、变形小、辅料消耗少、易于掌握、易于实现机械化和自动化以及无环境污染等特点,而且对用低碳钢板制成薄壳结构的汽车零部件特别适用,所以它在汽车生产中应用最多。

5.5.2 汽车焊接生产方式

1. 汽车焊接生产线基本形式

汽车焊接生产方式是由汽车产量直接决定的。随着汽车产量的不断增加,焊接生产方式也在不断改进和发展,即由原来的手工焊接生产方式逐渐发展为流水线焊接生产方式。在装卸、焊接(及其他加工)、工件传送等主要方面实现部分机械化和自动化。为了进一步提高产量,降低成本,节省人力,汽车焊接正在向全自动线生产方式发展,以期实现全盘自动化,即自动装卸、自动焊接(及其他加工)、自动传送及自动控制。

焊接生产线可归纳为下列几种基本形式:

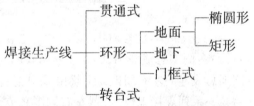

贯通式焊接线(图5-46):这种焊接线用的比较普遍。它适用于诸如车身底板、车门、行李舱盖、发动机罩之类形状不太复杂、结构较完整、组成零件较少的总成。这种焊接线占地面积较少,工作时仅工件做前移传送,而所有装夹定位的工装都分别固定在各工位上。工件传送是靠贯通式往复杆来实现的,因而整线的传送装置比较简单。

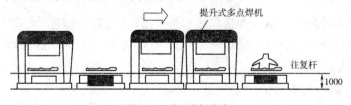

图5-46 贯通式焊接线

环形线可分为椭圆形地面环形线、矩形地面环形线、地下环形线和门框式环形线四种。这些环形线在汽车焊接生产中都获得应用。它们适用于工件刚性较差、组成零件数较多,特别是尺寸精度要求较严格(如车门门洞尺寸、前后风窗洞口尺寸等)的部件,诸如轿车车身总成、载货汽车驾驶室总成、车架焊接总成等。因而为了保证焊接质量,一般都采用随行夹具,所有

105

的焊接工作全部在随行夹具上进行。当各工位焊接完毕后,工件连通夹具一起前移传送到下一工位,全部焊接工作完成后,工件吊离随行夹具,空的随行夹具通过不同途径返回原处继续使用。这种环形线所需的随行夹具数量较多,一般都是采用链传动来实现整线的工作及随行夹具的传送。

椭圆形地面环行线(图5-47):在这种环形上随行夹具是连续循环使用的。它占地面积较大,但整线的传送装置比其他环形线简单。

矩形地面环形线(图5-48):这种环形线上的随行夹具是通过两端的横移装置返回原始位置的。它占地面积比椭圆形环形线少,但整线的传送装置比较复杂。

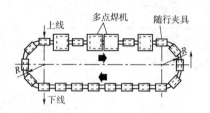 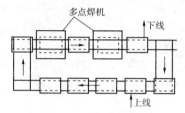

图5-47 椭圆环形地面环形线　　　　图5-48 矩形地面环形线

地下环形线:这种环形线上的随行夹具是通过两端的升降装置从地坑返回原始位置的。它占地面积较少,但整线的传动装置比较复杂,而且地坑的土建工程量大。采用托起式多点焊机时的地坑深度比提升式多点焊机时还要深些(图5-49)。

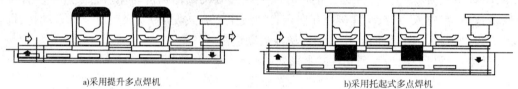

a) 采用提升多点焊机　　　　　　b) 采用托起式多点焊机

图5-49 地下环形线

门框式环形线(图5-50):左右侧围总成在H、G处于悬吊式的左右侧围门框式焊接夹具内进行装焊,焊接好的左右侧围总成连同左右门框式夹具由C、D悬链门框式环形线送到M点与车身环形线随行夹具合装,经一系列焊接工位后,把左右侧围总成焊装于车身底板上,到达N点后,空的左右门框式夹具与车身随行夹具脱离,并由悬链送回焊接起始位置。车身随行夹具则继续前进,车身总成经一系列焊接工位后在Q点下线,并送到车身补焊线。这种门框式环形线效率高、成本低、适应车型变化,而且厂房面积的利用比较合理,同时不需要左右侧围总成的中间存放面积。

转台式焊接线(图5-51):这种焊接线适用于质量较轻、工位间距不大的中、小型工件。工件上线后转台作单向间歇式运转,经过一系列焊接工位,最后下线。这种焊接线传动比较简单,但占地面积较大。

2.焊接方式的发展状况

汽车车身装焊方式的发展过程大体上可分为三个阶段。第一阶段是采用固定装焊台的小组装焊方式,如图5-52所示,这种装焊方式在生产线上大量使用移动式点焊机,以焊接车身的各个部位。每道工序用一名工人,劳动强度大、单调、生产率不高。然而,由于把生产过程划分成了若干个工序,具有一定的灵活性,适应于车型的微量变化,甚至车型发生改变也不需太大的费用去改变其设备。

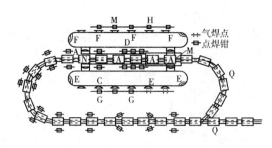
图 5-50 门框式环形线

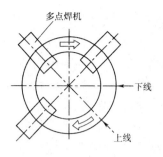
图 5-51 转台式焊接线

第二阶段是刚性焊接生产线阶段,如图 5-53 所示。为了提高生产效率,在生产线上采用了多点焊机、输送装置等。其基本原则是使工件通过一系列工位进行装焊。每个工位一般都有若干电极,其数量与焊点数相适应。生产线上往往有几百个电极。这种生产线柔性不大,正处于淘汰之中,但目前仍然有一定的作用。同时,只要生产线上使用或更换一些装置,就可以提高其柔性,以生产两种甚至三种车型。

图 5-52 固定装焊台装焊

图 5-53 刚性焊接生产线

第三阶段使柔性(包括部分柔性)装焊线,如图 5-54 所示。它的特征是工业机器人、数控焊钳、可快速更换的工装和非同步输送带、可编程控制的自导车等的综合应用,保证了生产线的柔性。微型计算机方面的技术革命,带来了生产组织和管理的变革。这种柔性生产线,能执行生产计划部门的电子计算机所提供的指令。因此,通过自动化消除了原来焊接生产中的一些困难,并且减轻了劳动强度,提高了精度、可靠性和柔性,能方便地适应几种基本车型及若干变型车的同时生产,并易于适应以后的改型。

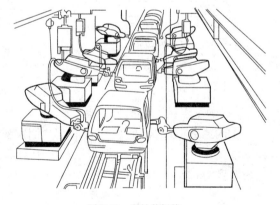
图 5-54 柔性装焊线

装焊线的柔性,应理解为其适应生产各种不同产品型号的能力。这些不同型号的产品应该或者可以同时在这条装焊线上进行生产。柔性取决于下述条件:
(1)装焊线是否适用于几种不同的产品型号。
(2)仅仅装焊夹具具有柔性,在这种情况下,为使其适用于其他型号需要多长时间。

107

柔性生产有两种方式：

(1) 全面柔性。装焊线可任意生产各种不同的车型及派生规格。然而，这些不同车型应该是类似的，并可利用相似的工艺。

(2) 替换柔性。这种柔性表现在生产线上的某一部分，如机械手或装焊夹具出故障的情况下，装焊线只要降低生产率，还可以继续工作。

柔性生产是目前的发展方向，是现代科学技术的综合体现。

3. 焊接生产线的设计要点

在设计某一总成的装焊线时，应考虑下列要点：

(1) 根据产量大小确定生产节奏。

(2) 根据总成的大小、形状及结构复杂程度，确定装焊线形式及工件传送方式。

(3) 确定焊接方法。在采用多点焊时，如工件上板厚度小于0.06in(1.5mm)，则多采用串接焊法(图5-55)。这种焊接方法的优点是高效(一台变压器一次加压通电可焊两点，如变压器为双两次绕组则一次加压通电可焊四点)、优质(变压器二次回路短、损耗小)、便于制造维修(变压器及焊具均安装在工件的一侧)，所以，串接焊法获得广泛采用。

当工件上板厚度大于1.5mm，如仍采用串接焊法则因上板分流I_1(图5-55a)过大而不能形成满意的点焊熔核，此时可采用间接焊法(图5-55b)或推挽焊法(图5-55c)。因为间接焊法不存在上板分流问题；推挽焊法的上板分流，从图5-55c)可见是几乎互相抵消的。但在完成同样的焊点点数情况下，这两种焊接方法所需要的变压器数量要比串接焊法多一倍。

根据产品结构有时需要采用直接焊法，这时可用浮动焊钳进行多点焊。

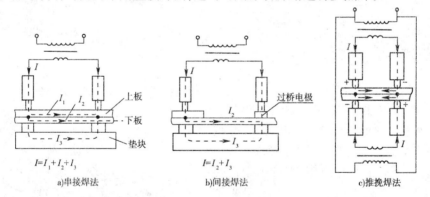

图5-55 点焊电极连接方法

(4) 确定焊接工序及装焊线工位。

①确定点距：从表5-17可以看出，上板越厚，点距越小，则分流越大。所以，在合理选定上板厚度条件下，为了保证点焊质量和电极寿命，分流必须控制在25%以下。法国的经验是当上板厚度为0.8mm、点距为75~100mm时，则上板分流过大。

串接焊的上板分流值(以焊接电流的%表示)　　　　表5-17

点距(mm) 板厚(mm)	12.5	25	38	50	63	75	100	150	200
0.9×2	100	54	38	22	18	15	11	8	5
1.6×2		85	67	50	39	32	24	16	11

②确定点焊工序：按确定的点距布置焊枪(或焊钳)，从维修角度分析，焊枪不宜过密，必

要时可用移位(工件移位或焊枪移位)或分工序的方法,决定最低限度的必要工序数。

③确定装焊线工位:根据工件的上下料、各工序装入工件的形状和数量、必要的焊接工序数、工件传送所需的翻转或回转工位来确定工人的数量、配置及工位数。

考虑装焊线工位时,一般都留有空位,虽然空位使装焊线占地面积增大、投资稍高些,但从维护、安全生产来看,是很有必要的,特别是产品改型需要增加装焊工序时,不需对整条装焊线作重大改动,这样对生产发展极为有利。

(5)确定工件的安装方式和流向。为了保证点焊质量,减少上板分流,工件的安装方式应尽量使薄的工件作为上板,以此确定工件是以正装还是以反装的方式进行多点焊。

需要无痕点焊的汽车外覆盖件可考虑把它作为下板,使之靠向垫块一边。

确定工件流向,应从便于安装工件、保证工件传送稳定的角度来考虑。

(6)确定焊机结构。焊机结构有专用和通用的,选择时应按下式对比每一工件所需的费用 P:

$$P = \frac{(A-B)+C+D+E+F+G}{H}$$

式中:A——焊机购入价格;

B——生产完后的剩余价值;

C——基础施工费;

D——电源施工费;

E——工厂占地费;

F——维修费;

G——工资;

H——至剩余价值以前的生产件数。

所谓通用式焊机,是指标准焊机机架加上快速更换的焊模,如同冲压生产的通用压力机一样。对于车门、发动机罩、行李舱盖或前底板、中底板、后底板等形状和尺寸相类似的工件,装焊线本体采用标准焊机机架,各焊模采用可更换的方式,可以适应多品种生产,提高装焊生产率,从工人数和维修方面来看是合适的。

(7)安全措施。在装焊线的每一工位的四角和传送装置处都应设置安全销。这样,当发现有机械故障或误入机械设备内时,它不仅能使机械动作停止,而且拔出安全销的工人本人必须拿着安全销进行排除故障操作。如果不把这安全销再次插入,即使其他工人开动其他机械也不能起动。

此外,在传送装置起动及前进时,必须用蜂鸣器报知工人注意,以免造成重大事故。

(8)改进产品设计。随着生产产量和自动化程度的不断提高,要求产品设计不断改进使之更加合理化、简单化。对于装焊生产线来说,产品设计时,应考虑到装配工艺,零件形状要尽量简单,便于装入定位和夹紧;零件分块不要太零碎,尽可能搞成整体冲压件,以简化装焊工序,降低工时,保证装配质量。在焊接方面,点焊焊点数或熔焊焊缝长度应可能地限制在最低限度内,因为不必要地增加焊点点数或焊缝长度,将使工件由于焊接热影响而增大变形,同时焊机也复杂化,维修也困难多了。

5.5.3 轿车车身装焊线

构成轿车车身的各分总成,其结构形式因车型不同而各式各样。图 5-56a)、b)、c)是分别按车身的制造程序组装的地板分总成、车身总成和白车身。

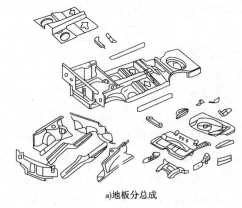

a)地板分总成

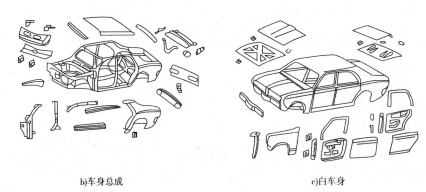

b)车身总成　　　　　　　　　　　　c)白车身

图 5-56　轿车车身结构的分解

轿车车身的制造程序：

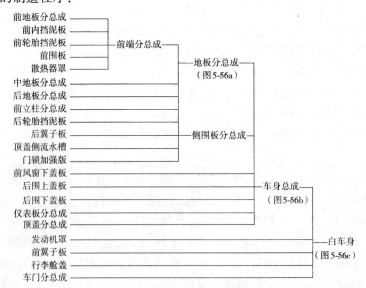

图 5-57 所示装焊线是一条完全自动化了的车身总成装焊线，其工作内容是实现车身总成的成型定位和增补焊点，共 640 个焊点，生产节拍为 140 辆/100min，生产率为 43 辆/h，共 9 个工位，16 台通用机械手和 2 台标准组合式机械手。能装焊两种不同车型和其中一种车型的派生车型。

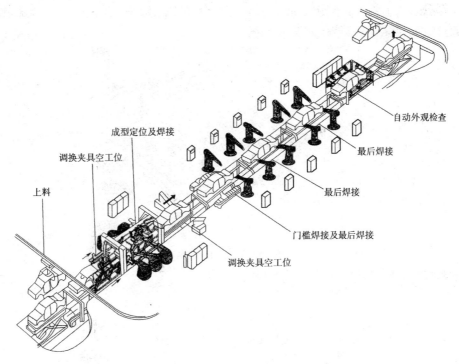

图 5-57 车身总成装焊线

在起始工位上所有车身零件进行初步预定位,然后车身(包括顶盖)被送到万能成型定位工位。

万能成型定位及焊接工位有一套底部装有铰链的成型定位夹具,可从两侧向车身合拢,然后由6台机械手(每侧3台)穿过夹具根据不同车型的要求,完成80~120个焊点,如图5-58所示。

成型定位后,经点固焊接的车身被依次送到三个增补焊接工位。其中第一个配备有2台通用机械手和2台专用的西亚基机械手进行门框和门槛的焊接。这两对可编程的机械手各带有两把焊枪,进行所有焊接工作。

其余两个工位各有4台通用机械手进行车身的增补焊接。然后,由一激光检测工位在车身离开成型定位焊接生产线以前,进行车辆几何形状检查。

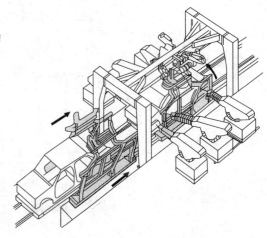

图 5-58 成型定位及焊接工位

这条生产线具有重复利用率高的特点,因为除了成型定位工位上的成型定位夹具是专用以外,其他都是通用件。只要调换夹具和进行机械手的重新编程就可生产新车型。

上料以后,所有操作全部自动化,实行无人操作。

5.5.4 轿车车身装焊调整线

1. 概况

这种两车门轿车的年产量不低于12万辆。

轿车车身总成主要由底板分总成、左右侧围总成、前围分总成、后围分总成、顶盖分总成及一些覆盖件组成,其结构解剖图如图5-59所示。

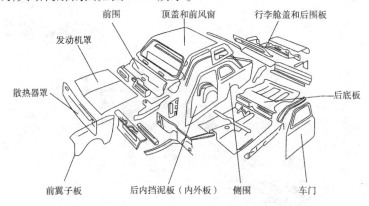

图5-59 轿车车身总成结构解剖图

车身装焊调整线分为三段,如图5-60所示。

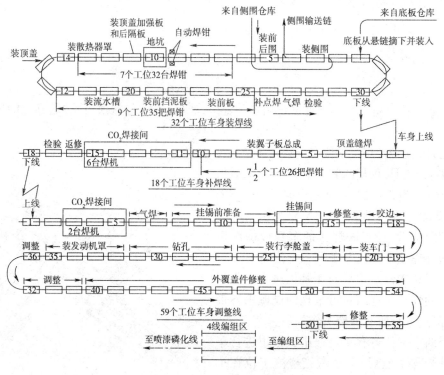

图5-60 轿车车身装焊调整线

(1)车身装焊线:这是一条连续运转的地面椭圆环形线,长165m,布置32台随行夹具,设32个工位,共有67把点焊钳。

(2)车身补焊线:这是一条翻板式传送线,长115m,设有18个工位,其中16个是加工工位。线上配置26把点焊钳和滚焊钳,还有10台CO_2气体保护焊机。

(3)白车身调整线:这是一条小车式的地面传送线,长316m,共有59个工位。

2.装焊流程

1)车身装焊线

组成车身的各分总成分别传送至车身装焊线的各相应工位。

在装焊线的所有32台随行夹具上都带有装夹左右侧围用的摆动夹具。这种摆动夹具的销轴(支点)装在下端,有15°的摆动量,以便于安装分总成及取出装焊好的车身总成。

工位1、2——装底板总成。底板总成由悬链从仓库运至下线工位,此时倾斜式台面立起,把底板摘离悬链,然后由两个电葫芦把底板送至本工位的随行夹具上。

工位3、4——装左右侧围分总成。左右侧围分总成半自动地装入打开的侧围摆动夹具上,然后定位夹紧。

工位5、6——装前、后围总成。将前后围总成大致就位,然后把侧围夹具摆入并锁紧。

工位7、8——装焊。将前、后围总成准确定位,然后用悬挂点焊钳点定。

工位9——将下门框的下搭边用双头自动点焊焊于底板总成上。这工位的两侧各装一台自动点焊装置,每套装置上各有两把焊钳,都装在带有配重的滑台上。这两把焊钳具有倾斜和缩回的动作,以免碰撞各种夹具。焊钳的倾斜和缩回动作是由随行夹具的程控杆上撞块通过碰撞行程开关来控制的。

当随行夹具通过这台自动点焊装置时,碰触某一行程开关使滑台上1号焊钳前移并上倾,电极头进入下搭边的点焊位置,并加压点焊,此时焊钳连同带有配重的滑台一起随着随行夹具滑动,点焊完毕后,配重滑台返回原处,经一选定周期后,电极头再次压紧点焊。这样,点距是由这一选定周期和随行夹具行走速度共同决定的。2号焊钳是用来在1号焊钳的各焊点之间增加焊点的,使点距可达38mm。

当全部点焊完毕后,1号和2号焊钳下倾并缩回,等待下一台随行夹具。这样,左右下门框的下搭边共点焊35点。

工位10——补点焊。这工位是在地坑里操作的,在此工位将底板与侧围的全部焊点补齐。

工位11~14——装焊。将后隔板、顶盖加强板和散热器罩定位夹紧、焊接、最后松夹。同时气焊前围板与侧围的两条对缝,并用密封胶涂封前围板顶部和死角处。

工位15~20——装焊顶盖。顶盖前后用外夹具定位,并在风窗洞口、后围板上搭边点焊,同时与流水槽点定焊。

工位21~25——装焊。左右前挡泥板用外夹具定位并点焊,随后用同样方法装焊外板。

工位26~28——分别为补点焊、气焊和检验。

工位29——打开夹具,松开定位,挂上吊具。

工位30——下线。托起车身,用悬链送到车身补焊线。

工位31~32——空位。

2)车身补焊线

工位1~2——车身上线。从悬链摘下车身,将车身装入工位1的定位销上。在整个18个工位的翻板式传送线上,都是靠固定的定位销来托住车身总成的。当输送悬链损坏时,用载货汽车上的吊车将车身装入工位2。

工位3——顶盖与流水槽缝焊。

工位4~6——补点焊。

工位7~10——左右翼子板用夹具定位于车身上并点焊。

工位11~15——CO_2焊接间。在前翼子板与前柱、底板加强板、底板与前围板下搭边、后座下横梁与底板的接缝处熔焊几段。工位15还采用部分气焊。

工位16——返修。

工位17——检验。

工位18——下线,由吊具将车身总成从翻板式传送线吊起并输送至白车身调整线。

3) 白车身调整线

这条59个工位的调整线大致可分为三段:

第一段18个工位,其中有 CO_2 焊、气焊、点焊搭边去飞刺和压边。

第二段20个工位,安装车门、行李舱和发动机罩。并且钻出所有与流水槽和主件有关的孔。

第三段21个工位,用来修整所有的车身外部零件。在前两个工位,用一种西莱丁(Hilighting)专用溶液擦遍整个车身,因为这种溶液能暴露工件的任何缺陷。这样可以在下两个工位用150烛光的荧光灯进行肉眼检验。暴露出来的缺陷用适当标志标出,随后进行磨修以达到漆前白车身的质量标准。

检验之后,车身送至四条编组线上,与维克托(Victor)和克雷斯塔(Cresta)牌汽车车身并列,以便按生产计划送至车身喷漆前的磷化线。

第6章 机器人和机械手的应用

6.1 概述

6.1.1 机器人和机械手

随着生产自动化的发展,机器人和机械手的应用范围正在迅速扩大。它们被用来代替人从事繁重的劳动;代替人进行频繁的重复性操作;代替人在高温高压、低温低压、易燃易爆、高粉尘、有毒、有放射性等危险、恶劣环境中进行作业。在冲压注塑加工、喷砂、焊接、喷涂、热处理、装配等生产过程,机器人和机械手得到了广泛的应用,并有迅速普及的趋势。

图 6-1 为机器人试验样机的动力结构简图。可回转的管状立柱 7 装在垂直轴 4 的滚锥轴承上,垂直轴 4 则固定在底座 1 上。立柱的回转是靠装在其上的齿轮 19 与方位回转减速器 20 的输出齿轮带动的。减速器与驱动电动机 21 固定在底座 1 上。立柱上部的夹叉 8 中,装着支撑机器人手臂的水平轴;立柱下部是手臂倾斜减速器 2 和驱动电动机。再上面有扇形齿轮 3 的轴。扇形齿轮同倾斜减速器 2 的输出齿轮相啮合,并由连杆 6 同摇臂相连,使扇形齿轮的回转变成摇臂在垂直平面的倾斜。摇臂 13 是一焊接框架,装有两根管子 15 形成可纵向移动的导轨。两根管子在两端用槽形板 16 相连接,形成机器人的可伸缩手臂。手臂靠固定在摇臂上的径向位移驱动装置与动力减速器 5 作位移。该减速器的输出齿轮与机器人手臂的齿条 14 相啮合。

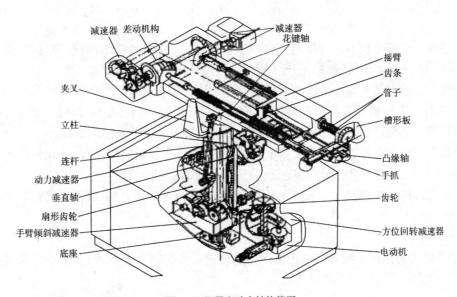

图 6-1 机器人动力结构简图

槽形钢板的侧壁用来固定水平轴,在水平轴上用轴承安装着手抓 18 并在其前端有凸缘轴 17,用以安装焊钳或其他工具。手抓的回转和倾斜,由两个独立的减速器 9 和 11 实现,它们与其驱动电动机配置在摇臂的后部,在手臂导向管内通过旋转花键轴 12 与手抓齿轮相连接。为了使手抓的回转与倾斜相分开,装有差动机构 10,它与倾斜及回转减速器相连,使手抓倾斜时补偿其回转。动力减速器的用途是使驱动电动机与其负荷相协调。

然而不同类型的机器人,其结构是不相同的,机器人和机械手在结构上也有区别。

目前机器人还没有统一的明确定义。通常所说的机器人是指一种能模拟人的手、臂的部分动作,按照预定程序、轨迹及其他要求实现抓取、搬运工件或操纵工具的自动化装置。而机械手一般是具有固定的手部、固定的动作程序(或简单可变程序),一般用于固定工位的自动化装置。因为机器人、机械手、操作机这三种自动化和半自动化装置,在技术上有某些相似之处,所以有时候不易明确区分,但就它们的特征来看,其大致区别如下:

机器人多数是指程序可变(编)的独立自动抓取、搬运工件、操作工具的装置(称为工业机器人或通用机器手)。

机械手多数是指附属主机、程序固定的自动抓取、操作装置(一般称作机器手或专用机器手)。如自动线、自动机的上下料和加工中心的自动切刀的自动化装置。

操作机一般是指由工人操作的半自动搬运、抓取、操作装置。如处理放射性材料、火工品的装配等所使用的半自动化装置。

6.1.2 机器人的组成、运动及分类

1. 机器人的组成

机器人一般由执行系统、驱动系统、控制系统和人工智能系统组成。

目前,具有人工智能系统的工业机器人即智能机器人还处于研究试验阶段,而应用于生产实际的多数是那些具有执行系统、驱动系统和控制系统的工业机器人。

1) 执行系统

执行系统是机器人完成握取工件或工具实现所需的各种运动的机械部件,包括以下几部分:

(1) 手部。手部是机器人直接与工件或工具接触,以完成握持工件或工具的部件。有些机器人直接将工具(如焊枪、喷枪、容器)装在手部位置,而不再设置手部。

(2) 腕部。腕部是机器人中连接手部与臂部,主要用以确定手部工作位置并扩大臂部动作范围的部件。有些机器人没有手腕部件,而是直接将手部安装在手臂部件的端部。

(3) 臂部。臂部是机器人用来支撑腕部和手部实现较大运动范围的部件。

(4) 机身。机身是机器人用来支撑手臂部件,并安装驱动装置的部件,专用机器手一般将臂部装在主机上,成为主机的附属装置。

(5) 行走机构。是机器人用来扩大活动范围的机构,有的是专门的行走装置,有的则是轨道、滚轮机构。

2) 驱动系统

驱动系统是向执行系统各部件提供动力的装置。根据动力源不同,其传动方式可分为四种:液压式、气压式、电气式和机械式。

(1) 液压式。液压式驱动系统由液压缸、电磁阀、液压泵和油箱等组成。其特点是操作力大、体较小、动作平稳、耐冲击耐振动;但漏油对系统的工作性能影响较大,与气压式相比成本较高。

(2)气压式。气压式驱动系统由气缸、气阀、空气压缩机(气压站直接供给)和储气罐等组成。其特点是气源方便、维修简单、易于获得高速度、成本低、防火防爆、漏气但对环境无影响;缺点是操作力小,体积大,又由于空气的压缩性大,速度不易控制、响应慢、动作不平稳、有冲击,臂力一般不超过 300N。

(3)电气式。电气驱动系统一般是由电气驱动,优点是电源方便、信号传递运算容易、响应快、驱动力较大,适用于中小型机器人;但是必须使用减速机构,如齿轮减速器、谐波齿轮减速器等。所需要的电动机有步进电动机、DC 伺服电动机和 AC 伺服电动机等。

(4)机械式。机械式驱动系统由电动机、凸轮、齿轮齿条、连杆等机械装置组成,传动可靠,适用于专一简单的机械手,这种方式结构比较庞大。

3)控制系统

控制系统是机器人或机器手的指挥系统,它控制驱动系统,让执行机构按规定的要求进行工作、并检测其正确与否,因此,它包括运动控制装置、位置检测装置、示教再现装置。而常见的控制方法为电气与电子回路控制,计算机控制系统也在不断的增多。就其控制方式,可分为分散控制与集中控制两种类型。若以控制的运动轨迹来分,原则上分为点位控制和连续轨迹控制两种。

(1)点位控制。主要控制空间两点或有限多个点的空间位置,而对其运动路径没有要求。专用机器手和大多数工业机器人均采用这种点位控制方式。

(2)连续轨迹控制。用连续的信息对运动轨迹的任意位置进行控制,其运动路径是连续的,对运动轨迹有要求的机器人需要连续控制,如电弧焊、切割等。

2. 工业机器人的基本功能

机器人能自动的完成预定的操作,是因为它具有某些机能,这些机能归纳起来有三个方面,即运动机能、控制机能和检测识别机能,如图 6-2 所示。

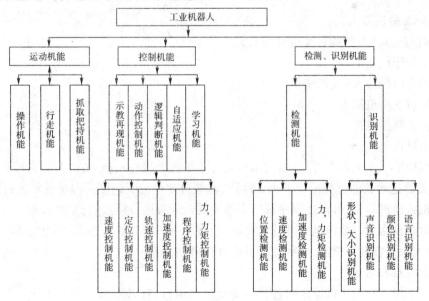

图 6-2 工业机器人的基本机能

3. 机器人与机械手的分类

对于机器人与机械手目前还没有统一的分类标准,但通常有以下几种分类方法。

(1)按使用范围可分为专用和通用两类:

①专用机械手。一般只有固定的程序或简单可变程序。这种机械手多为气动或液压,结构简单,价格低廉。

②通用机械手(工业机器人)。程序可变,通用性强。

(2)按搬运质量大小可分为五类:

①微型机器人(或机械手)。

②小型机器人(或机械手)。

③中型机器人(或机械手)。

④大型机器人(或机械手)。

⑤重型机器人(或机械手)。

(3)按作业类别可分为以下几类:

①锻压机械手(或机器人)。

②冲压机器人(或机械手)。

③焊接机器人(点焊机器人、电弧焊机器人)

④热处理机器人(或机械手)。

⑤搬运机械手。

⑥装卸机器人(或机械手)。

⑦装配机器人等。

(4)按坐标形式可分为五类:

①直角坐标型机器人。

②圆柱坐标型机器人。

③极坐标型机器人。

④多关节型机器人。

⑤SCARA型机器人。

(5)按控制方式及智能程度可分为五类:

①固定程序机械手。

②可编程序机器人(或机械手)。

③示教再现型机器人。

④计算机数控机器人。

⑤智能机器人。

示教再现型工业机器人,需要通过示教装置或手把手进行示教一次,有磁带或磁鼓、磁芯、IC等存储装置把示教的过程记录下来,以后它就能自动地按所记忆的程序重复进行操作。

计算机数控机器人,可通过程序软件来改变其运动程序,还可进行多机控制。

目前智能机器人一般由电子计算机控制,通过电视摄像管或传感器,使其具有一定程度的视角、热觉或触觉感觉等机能,这种计算机还处在研制试验阶段。

4. 工业机器人的运动

为了便于探究和记录机器人的各种运动及运动组合,有必要引入表6-1所示的运动机能代号。

机器人的运动,可从自由度、运动范围和运动形式三方面来进行分析。

1)机器人的自由度

机器人与机械手的手部所握持的工件或工具在空间的位置,是由臂部、腕部以及整机等各自独立运动的合成来确定的。如图 6-3 所示的机器人，臂部具有回转 θ_1、俯仰 φ 和伸缩 R 三个独立运动（自由度），腕部有回转 θ_2 一个独立运动，如果设手部夹持中心 F 相对于基座上的固定坐标系（O,XYZ）的坐标为（X_3，Y_3，Z_3）；那么（X_3，Y_3，Z_3）坐标值可以由下式表示：

$$X_3 = -(L_2 + R + L_3)\sin\theta_1\cos\varphi$$
$$Y_3 = (L_2 + R + L_3)\cos\theta_1\cos\varphi$$
$$Z_3 = L_1 + (L_2 + R + L_3)\sin\varphi$$

式中：L_1——$O \sim O_1$ 之间的距离；

$L_2 + R$——$O_2 \sim O_1$ 之间的距离；

L_3——$O_2 \sim O_3$ 点之间的距离。

其中 L_1、L_2、L_3 为常量，R 为变量。O_3 点的坐标由彼此独立的 θ_1、φ 和 R 这三个参数确定，而手部方位须待 θ_2 确定后才能最后确定。

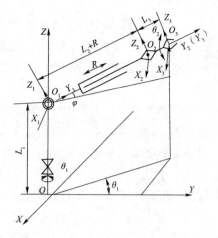

图 6-3 机器人的自由度

运动机能代号表　　　　　　表 6-1

序号	运动机能	运动机能代号		图例
			正面	
1	平行移动			
2	垂直移动			
3	回转(1)			
4	摆动(1)			
5	摆动(2)			
6	行走			
7	钳爪式手部			
8	磁吸式手部			
9	吸气手部			
10	回转(2)			
11	固定基面			

上述确定手部中心位置与手部方位的独立变化参数 θ_1、θ_2、φ 和 R，就是机器人和机械手的自由度，有的又称之为运动轴、活动度等。它是机器人和机械手的重要参数之一，图6-3所示的机器人，就是具有四个自由度的机器人，其中臂部三个自由度 θ_1、φ 和 R；腕部一个自由度 θ_2。

机器人的每一个自由度，都要相应的配一个原动件，如伺服电动机、液压缸、气缸、步进电动机等驱动装置。当各原动件按一定的规律运动时，机器人各运动部件就随之作确定的运动，自由度数必须与原动件数相等，只有这样才能使机器人具有确定的运动。

一般的机器手，由于动作比较简单，所以自由度数比较少。但对于机器人来说，自由度多，就更能接近人手的动作机能，通用性就更好，所以有些机器人的自由度超过六个。但自由度越多，结构越复杂，从而不容易满足对整体机构在质量轻、体积小和高效率方面的要求。这是一个矛盾，因此目前一般工业机器人的自由度（除手部夹紧动作外），大多不超过五个。

2）机器人的运动范围

机器人的运动范围，是指机器人在平面或空间的运动轨迹图形的形状及大小，是机器人的主要参数之一。机器人所具有的自由度的数目及其组合的不同，其运动轨迹图形也不同，而每一个自由度的运动变化量，即直线运动的距离和回转运动转角的大小，决定了运动轨迹图形的大小。一般情况下，臂部的自由度主要是用来确定手部以及工件或工具在空间的运动范围和位置。因此，臂部运动也称为机器人的主运动；而腕部的自由度主要用来调整手部以及工件或工具在空间的方位。臂部具有一个自由度时的运动轨迹则为直线或圆弧；具有两个自由度时，其运动轨迹为平面或圆柱面；具有三个自由度时，其运动轨迹则从面扩大到空间，成为立方体或回转体，包括圆柱体和球体等。

3）机器人的运动形式

由于臂部自由度的不同组合，其运动范围的图形也是不同的，可以将其归纳为以下五种形式：

（1）圆柱坐标型（图6-4）。这种运动形式的机器人的臂部均具有回转、伸缩和升降三个自由度，其运动范围的图形为一个圆柱体。它与直角坐标型比较，占地面积小而活动范围大，结构简单、紧凑，并能达到较高的定位精度，应用广泛，运动直观性较强。

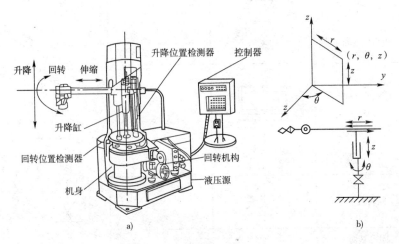

图6-4 圆柱坐标型机器人

(2) 极坐标型(图6-5)。这种运动形式的机器人的臂部由一个直线运动与两个回转运动组成,即由一个伸缩、一个俯仰与一个回转运动组成。其运动范围的图形为一个球体,它具有动作灵活、占地面积小而工作时的运动范围大等特点。但结构复杂、定位精度较低、运动直观性差。

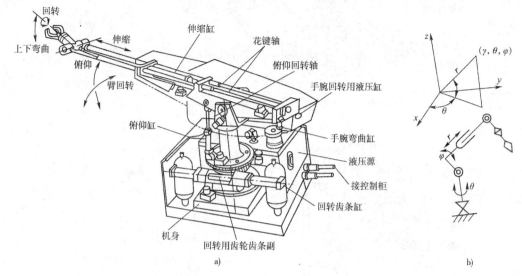

图 6-5 极坐标型机器人

(3) 直角坐标型(图6-6)。直角坐标型机器人的臂部有三个直线运动组成,既由 X、Y、Z 轴三个方向的运动组成。运动范围的图形为立方体,其特点是结构简单、定位精度高、运动直观性强,但占地面积大而工作范围小,惯性大,灵活性差。

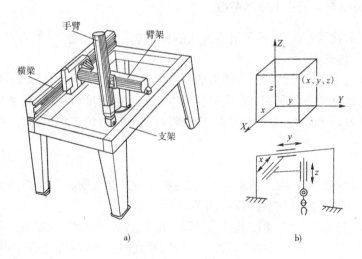

图 6-6 直角坐标型机器人

(4) 多关节型(图6-7)。这种运动形式的机器人的臂部类似人的手臂可做几个方向的转动,它由立柱和大小两臂组成,大小两臂之间的连接为肘关节,大臂与立柱之间的连接为肩关节,可使大臂作回转 θ 运动,小臂俯仰 φ_2 和大臂俯仰 φ_1 运动,其特点是工作范围大、运动灵活、通用性强、能抓取靠近机座的物体,但是其运动直观性差,手部中心位置由多个回转角确定的,要达到较高的定位精度很难。

SCARA 型装配机器人如图6-8 所示。

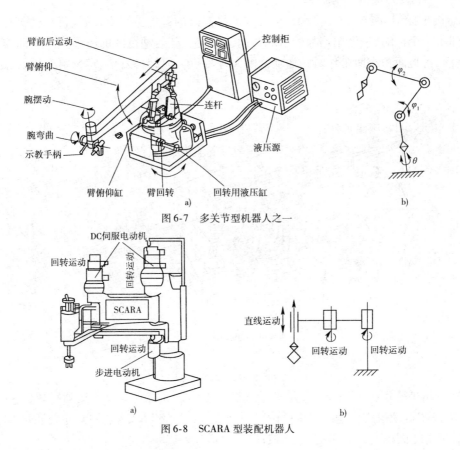

图 6-7 多关节型机器人之一

图 6-8 SCARA 型装配机器人

6.1.3 工业机器人的主要技术参数

工业机器人的技术参数,是说明机器人规格和性能的具体指标,一般有以下几个方面。

1. 握取质量(即臂力)

握取质量是用来表明机器人负荷能力的技术参数,这项参数与机器人的运动速度有关,一般指其正常运行速度所能握取的工作质量。当机器人运行速度可调时,低速运行时所能握取工件的最大质量较高速时大,为安全起见,也有将高速时握取的工件质量作为指标,此时则常指明运行速度。

2. 运动速度

运动速度是反映机器人的一项重要技术参数,它与机器人握取质量、定位精度等技术参数都有密切关系,同时也直接影响着机器人运动周期。

机器人运动部件的每个自由度其运动过程一般包括起动加速、等速运行和减速制动等阶段,其速度-时间特性曲线可以简化为图 6-9 所示。

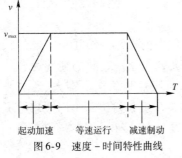

图 6-9 速度-时间特性曲线

一般说的运动速度,是指其最大运行速度,为了缩短机器人整个运动周期,提高生产效率,通常总是希望起动加速和减速制动阶段的时间尽可能短,而运行速度尽可能提高,即提高全运动过程的平均速度。但由此即会使加、减速度的数值相应增大。在这种情况下,惯性力增大,工件易松脱;同时由于受到较大的动载荷而影响机器人工作平稳性和位置精度。这就是在不同的运行速度下,机器人能抓取工件质量不同的原因。

目前,工业机器人最大直线运动速度大部分在 1500mm/s 以下,最大回转角度一般不超过 120°/s。国内机器人一般应用的直线速度为 300～800mm/s;回转角度为 50°/s 左右。

3. 自由度

机器人自由度越多,其动作越灵活,适应性越强,其结构相应也越复杂。一般机器人具有 3～5 个自由度,即能满足使用要求,其中臂部 2～3 自由度,腕部 1～2 个自由度。专用机器手往往只要有 2～3 自由度即可满足使用要求。

4. 定位精度

定位精度是衡量机器人工作质量的又一项重要指标,一般所说的定位精度是指重复定位精度,定位精度的高低取决于位置控制方式以及工业机器人的运动部件本身的精度和刚度,而与握取质量、运动速度也有密切关系。目前绝大多数专用机械手采用固定挡块控制,可达到较高的定位精度(±0.02mm);采用行程开关、电位计等电控元件进行控制的位置精度相对较低(±1mm)。机器人的伺服系统是一种位置跟踪系统,即使在高速重载荷情况下,也可使不发生剧烈的冲击和振动,因此可以获得较高的定位精度,目前最高可达到 0.01mm。

5. 程序编制与存储容量

这个技术参数是用来说明机器人的控制能力。即程序编制与存储容量(包括程序步数和位置信息量)的大小,表明机器人作业能力的复杂程度及改变程序时的适应能力和通用程度。存储容量大,则适应性强,通用性好,从事复杂作业能力强。

6.2 机器人和机械手的本体结构

机器人和机械手的本体主要是指其执行机构。机器人和机械手是靠它的手臂、手腕及手指各种动作的配合,来获得夹取和运送工件或运用工具以完成一定的生产功能的。所以从结构上可以分析出各种动作如何实现。

6.2.1 手指

手指是直接抓取工件或工具的部件。由于被抓取工件的形状、尺寸、质量、表面状态以及某些物理性能不同,手指有各种不同的形式。根据抓取工件方式的不同,手指可分为夹钳式和吸盘式两类。

1. 夹钳式手指

夹钳式手指以两指式为多,根据工作的需要,偶尔也有用三指式的。手指夹持工件的方式可以是外卡式,即以握紧动作夹住工件的外表面;也可以是内卡式,即以张开动作卡住工件的内表面。夹钳式手指适用于具有足够高度的工件,如经过拉延后的杯形、匣形件。对于薄壁件则不宜抓取。以下为夹钳式手指的几种经典结构:

(1) 图 6-10 所示为滑槽杠杆式手指,图 6-10a) 为双支点型滑槽杠杆式;图 6-10b)

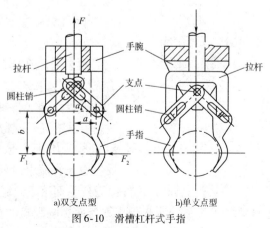

图 6-10 滑槽杠杆式手指

为单支点型滑槽杠杆式。

（2）图6-11所示为连杆杠杆式手指。

（3）图6-12所示为斜锲型杠杆式手指。

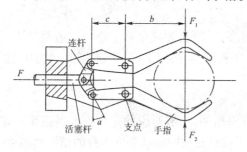

图6-11 连杆杠杆式手指

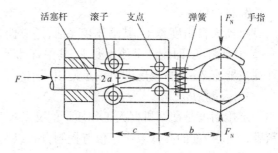

图6-12 斜楔杠杆式手指

（4）图6-13所示为齿条齿轮杠杆式手指。

（5）图6-14所示为弹簧杠杆式手指。

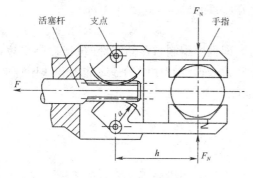

图6-13 齿条齿轮杠杆式手指

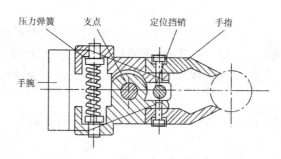

图6-14 弹簧杠杆式手指

2. 吸盘式手指

在车身制造中，大量遇到平板状的毛坯或工件，用夹钳式手指是很难把它们夹起来的。由于这些薄板的表面一般都相当光滑平整，所以采用真空吸盘可以很方便地把它们吸起来；对于磁性材料则可以采用电磁吸盘。

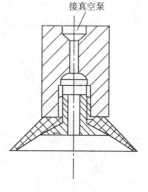

图6-15 真空泵式吸盘

1）真空吸盘

真空吸盘是利用橡胶碗中形成真空来把工件吸起的装置。由于形成真空的方法不同，真空吸盘可分为真空泵式（图6-15）、气流负压式（图6-16）和无气源式（图6-17）三种。

2）电磁吸盘

如果工件是具有特磁性的材料，则以电磁作为手指，利用磁场吸力抓取工件，操作起来方便得多。根据所吸工件形状和大小的不同，电磁吸盘可制成各种不同的形状和尺寸，也可以采用多个磁吸头按适当方式布置，以抓取某些特殊形状的工件。

图6-18所示是一种电磁吸盘的结构。磁盘体为电磁铁芯，当向线包通入直流电时两个压盘就成了磁铁的两个极，压盘即可抓取工件。当切断电源时，工件由于自重而落下。磁绝缘垫6（铜片）是为了消除剩磁的影响，以免电磁铁在断电后还吸附很多铁屑而影响吸盘的正常工作。为了避免吸双片，要恰当地控制磁铁

吸力,使其不足以同时吸取两片工件,即能可靠地吸取一片工件。

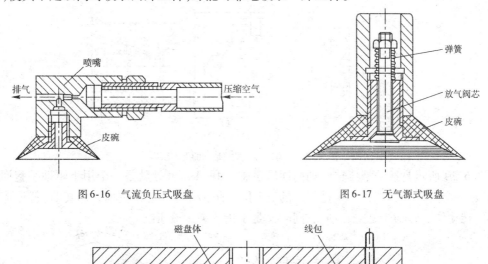

图 6-16　气流负压式吸盘　　　　　　图 6-17　无气源式吸盘

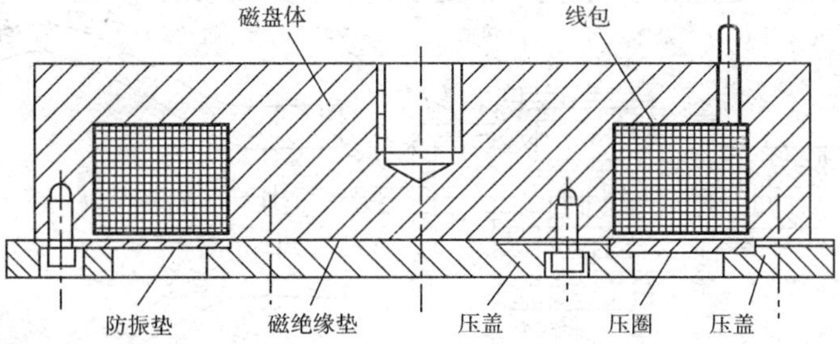

图 6-18　电磁吸盘

电磁吸盘也可以使用交流电源,但交流电磁铁在空载时电流会急剧增大,以致烧坏线包,所以只当有磁铁接触工件以后才允许通电,而不允许提前通电。

电磁吸盘只能抓取铁磁性材料,对于有色金属和非金属材料则不适用。电磁铁在断电后有剩磁,常会吸附一些铁屑,致使吸不平工件,影响定位精度。同时,被抓取过的工件也有剩磁,对于钟表及仪表类零件来说,这也是不允许的。此外,钢铁等磁性物质在温度 723℃ 以上时磁性会消失,故高温条件下不宜使用电磁吸盘。

6.2.2　手腕

手腕是连接手指和手臂的构件,它可以有独立的自由度,以适应复杂的运动要求。但是,为了使其结构简单、便于制造、降低成本,当靠手臂的动作就可以满足要求时,应尽可能不选用手腕的动作。虽然手臂也可完成一些手腕的动作,但因手臂结构庞大,易引起振动,影响定位精度,所以有些动作还是选用手腕的居多。

为了使手部处于空间任意方向,要求腕部能实现空间三个坐标轴 X、Y、Z 的转动,即具有回转、俯仰和摆动三个自由度。

腕部实际具有自由度的数目,应根据机器人的工作性能要求来确定,在多数情况下,腕部具有四个自由度:回转和俯仰或摆动,一些专用机械手甚至没有腕部,但有的腕部为了特定要求还有横向移动自由度。

图 6-19 所示是具有回转和横移运动的腕部结构。腕部回转是由无杆活塞液压缸的齿条活塞作往复运动驱动齿轮轴实现的。单作用液压缸的下腔进压力油时,驱动活塞杆,并带动滑块使手部作横向移动,其复位靠弹簧来实现。这种手腕具有传动结构简单、紧凑、臂力较大等优点。

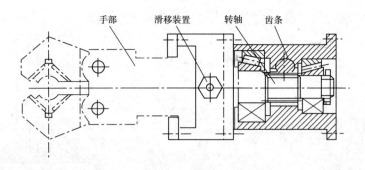

图 6-19 具有回转与横移运动的腕部结构

图 6-20 所示是摆动液压缸驱动的回转手腕。A—A 剖面处就是一个用于驱动手腕回转的摆动液压缸,缸体 2 和端盖 1、4 是固定的,当压力油驱动转子 6 和转轴 3 回转时,就形成了手腕的回转动作。转轴 3 是空心轴,它同时又是手指的夹紧液压缸。

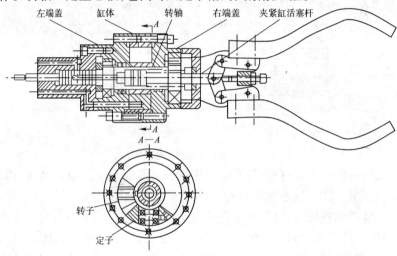

图 6-20 摆动液压缸驱动的回转手腕

6.2.3 手臂

手臂是机器人的一个主要部件,它可以作前后伸缩、上下升降、左右摆动和上下俯仰等动作。手臂是支持手腕和手指的部分构件,如果总的质量过大,在运动时将产生较大的惯性,造成冲击,影响定位精度。所以,合理的手臂结构,应是运动部分质量轻,同时又具有足够的强度和刚度。

手臂的直线运动主要是指它的伸缩和升降动作。另外,直角坐标型机器人的水平移动也属于直线运动。为了获得手臂的直线运动,常见的是用往复式液压缸或气缸来驱动,也有用直流电动机驱动的。

(1)往复缸驱动。图 6-21 所示为手臂伸缩缸结构图,当压缩空气从 A 口进入气缸右腔时,推动活塞向左移动,则手臂伸出,这时气缸左腔内的空气由 B 口排出。当压缩空气从 B 口进入气缸左腔时,则手臂向右缩回。为了防止手臂在伸缩过程中绕本身轴线转动,在伸缩缸上方设置了导向杆,随着手臂的伸缩,导向杆在导向套内运动。在这个例子中,导向杆是空心的,利用它作为向手指夹紧缸供气。

图 6-22 所示为手臂升降液压缸。当压力油进入液压缸下腔时,推动活塞上升,则装在活

塞杆上端的手臂随之升起。反之,当压力油进入液压缸的上腔,则手臂降下,升降活塞的导向是由活塞体内的花键轴套和花键轴来完成的。活塞杆上端的摆动缸是驱动手臂作水平摆动的。

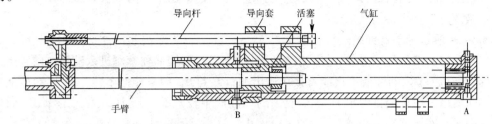

图 6-21　手臂伸缩缸

(2) 手臂左右摆动机构。圆柱坐标式和极坐标式机器人,其手臂都是作左右摆动动作。这一动作可以通过摆动液压缸、齿条齿轮机构、链条链轮机构、摆动缸行星齿轮机构或往复缸滑槽摆动机构等机构来实现。

(3) 手臂俯仰动作机构。手臂俯仰动作最常用的机构是铰接往复缸,如图 6-23 所示。往复式液压缸的活塞缸上端与手臂铰接,液压缸底部与机器人立柱铰接,当活塞杆向上伸出时,推动手臂向上举,活塞杆缩回时手臂下垂。

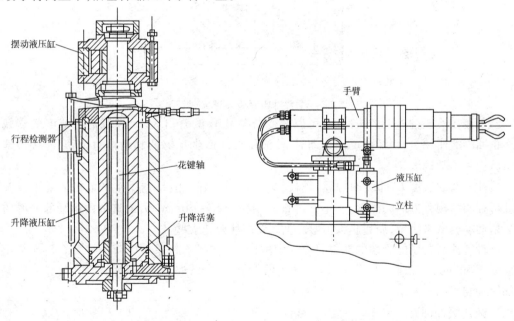

图 6-22　手臂升降液压缸　　　　　　　　　图 6-23　铰接往复缸

6.2.4　定位及缓冲

工作速度和定位精度,是对机器人和机械手的两项基本要求,而这两者之间又存在矛盾,速度愈高,则运动时的动能愈大,所产生的冲击力和噪声也愈大,这就给精确定位带来困难,严重时还可能损坏零件。因此采用一些缓冲措施,使它们既具有足够高的速度,又能保证必要的定位精度,这是研究机器人和机械手的一个重要课题。

1. 液压传动的缓冲和定位

采用液压传动的机器人和机械手中,由于油压的不可压缩性,只要设置适当的缓冲装置,控制油液的流量,就能有效的控制其速度,使之在形成终端附近逐渐减速,从而达到减少冲击并最后实现准确定位的目的。一般采用的方法是在液压缸端部设置缓冲装置,或者在液压系统中增设减速缓冲回路等,以控制活塞运动速度,有的还采用电-液伺服系统。

1) 液压缸端部缓冲装置

图 6-24 所示为手臂伸缩液压缸的端部缓冲装置。当活塞快速向左(左臂伸出)运动时,液压缸左腔的油液经环槽 B,从进出油口 C 排出;当运动到缓冲柱塞刚进入液压缸端盖上的还遭 B 时,缓冲腔 A 内的油液不再能直接从进出油口 C 排出,而只能经节流小孔 D 然后从进出油口排回油箱。由于油排泄阻力大,B 腔内的油液产生较大的反压力,使活塞运动逐渐减速。当活塞端面与液压缸端盖接触时,运动完全停止。这样,活塞、活塞杆及参与运动的手腕、手指等部件运动的动能被 B 腔内的油液所吸收,使冲击得以缓和。

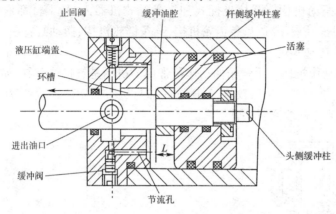

图 6-24 手臂伸缩液压缸端部缓冲装置

调节装在液压缸盖上的缓冲阀,可以改变节流孔 D 的开口大小,控制活塞速度的衰减程度。止回阀的作用是,当活塞反向运动时,使液压缸能产生足够的起动推力,活塞能较快地起动而后进入正常速度。

缓冲柱塞的长度 L(即缓冲行程)越长,缓冲效果越好。但是它受生产节拍的要求以及液压缸行程和结构等方面的限制,又不宜过长,一般 $L=15\sim30$mm。L 的选取由运动部分的质量和活塞运动速度来决定,质量越大,速度越快,L 值就应选大些。

这种缓冲装置所能吸取的能量是有一定限度,不宜用于高速重负荷的情况。目前都用在速度低于 300mm/s 和负荷不大于 50kg 的机器人上。另外,对于小行程的液压缸,是不宜采用端部缓冲装置的。

2) 减速缓冲回路

对于运动速度较高、负荷较大的液压机器人和机械手,采用在液压回路中增设减速缓冲回路的方法,缓冲效果较好。这时也可以同时采用液压缸端部缓冲装置,以进一步增加缓冲效果。常用的两种缓冲回路有:

(1) 用电磁阀切换节流阀。图 6-25 所示为手臂升降液压缸的缓冲回路。在该回路中装有二位二通电磁阀与节流阀并联的缓冲油路。当手臂快速下降到活塞油路液压缸下端一定距离时,与活塞杆相连的行程块撞到行程开关 S_3,使二位二通电磁阀通电而关闭油路,升降缸的回油改经可调节流阀流回油箱,逐步使活塞下降速度减慢,达到减速缓冲效果。手臂以慢速继续下降到撞块碰到行程开关 S_4,使二位四通电磁阀动作,切换了压力油进入液压缸的方向,于是机械手上升。这时压力油经止回顺序阀的止回阀进入升降缸下腔,上腔的回油经二位二通电磁阀而流回油箱,进行减速缓冲。而撞块碰到行程开关 S_1 时,二位四通电磁阀又动作,使手臂又开始下降。单向顺序阀的作用是在压力油源被切断时,防止手臂因自重而下降。

(2)在油路中设置单向行程节流阀。图6-26所示为利用单向行程节流阀缓冲的原理。当活塞前进到一定位置时,固定在导杆上的凸块将单向行程节流阀的阀杆压下,使回油路徐徐关闭达到缓冲,只要改变凸块的形状或它在导杆上的位置,就可以使活塞按所要求的规律运动。

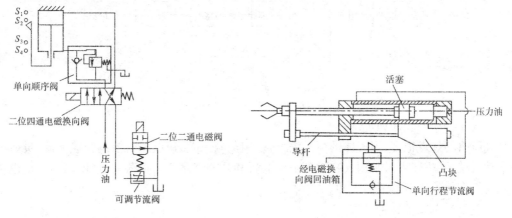

图6-25 用电磁阀切换节流阀的缓冲回路　　图6-26 单向行程节流阀缓冲的原理

被利用缓冲的阀类中,除伺服阀外,行程节流阀缓冲效果较好。但其阀体尺寸稍大,有时受到结构限制,安装有困难。

3)采用伺服系统

在液压传动中,采用液压伺服系统,可以使执行机构按指令信号所规定的轨迹、速度,准确地运动和准确地停止。图6-27所示为控制手臂伸缩动作的电液伺服系统结构示意图。指令信号是由数字控制部分发出一定数量的脉冲,通过步进电动机转换成一定的转角,步进电动机带动电位器的动片顺时针旋转,动片偏离电位器的中点,动片的引出端就产生一定的微弱电压,这个电压经放大器后再送入电液伺服阀的线圈,获得一定电流后,导致滑阀产生一定位移而形成一定的开口量,使压力油经滑阀开口处进入液压缸左腔推动活塞向右移动,液压缸右侧的油液则经过伺服阀的另一开口处流回油箱。由于电位器外壳上的齿轮与手臂上的齿条相啮合,当手臂向右运动时,电位器的外壳亦作顺时针转动,于是动片偏离电位器炭膜的中点重新转到与动片相重合时,动片引出端无电压输出,放大器输出电压亦为零,伺服阀线圈中无电流通过,滑阀的开口又重新关闭,油源不能再通过伺服阀向液压缸供油,此时手臂停止运动。如果步进电动机是逆时针转动,则手臂将向左运动。

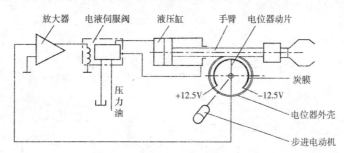

图6-27 手臂伸缩伺服系统结构示意图

若指令脉冲数目增加,则步进电动机转角增大,手臂的行程就长。同时,若指令脉冲频率提高,步进电动机转速加快,手臂运动速度也快。因此,只要改变指令脉冲的频率,就可以控制机械手的运动速度。在动作开始时,指令脉冲频率递增,使步进电动机转速在短时间线性上升,进入最高速度;在达到终点前一定位置,脉冲频率开始线性下降,使手臂运动速度线性递减。图 6-28 所示为该伺服系统的框图。

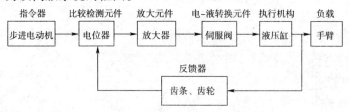

图 6-28　电液伺服系统框图

2. 气压传动的缓冲和定位

气压驱动优点很多,但气体的可压缩性大,阻尼效果差,速度不易控制。速度低、负荷不大的气动机械手、机器人可采用气缸端部节流装置和缓冲气路。但负荷大、速度高的气动机械手和机器人多数采用液压节流缓冲。

1) 气缸端部节流缓冲装置

它的原理与液压缸端部缓冲装置基本相同。图 6-29 所示气缸端部缓冲装置结构中,多了两个止回阀。这种气缸除具有缓冲效果外,还可实现快速运动。

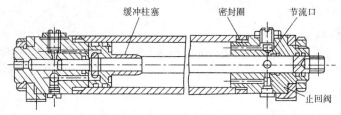

图 6-29　气缸端部缓冲装置

2) 缓冲气路

(1) 节流缓冲气路。节流缓冲气路常用切换节流的方法实现减速缓冲。图 6-30a) 是用二位二通阀排气口的节流螺钉调整快速行程的速度,用二位五通阀排气口的节流螺钉控制减速。减速时,二位二通阀关闭。图 6-30b) 是用二位二通阀排气口的节流螺钉调整快速行程的速度;关闭二位二通阀,通过单向节流阀实现节流减速。

(2) 气动液阻缓冲气路。图 6-31 所示为气动液阻缓冲气路。液压二位二通电磁换向阀断电时,回油通过单向节流阀实现减速缓冲。

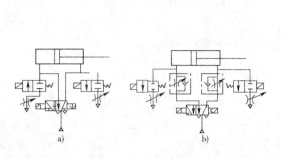

图 6-30　节流缓冲气路

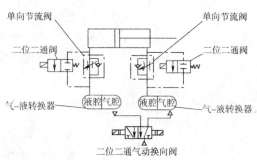

图 6-31　气动液阻缓冲气路

3）液压缓冲器

液压缓冲器结构简单，制动性能可调，是气动机械手或机器人最常用的一种外缓冲方法。

图 6-32 所示为利用二次阻尼节流原理的液压缓冲器。当机器人的运动部件运动到定位前的减速位置时，碰撞液压缓冲器活塞的左端，使活塞右移，这时缓冲液压缸右腔的油液由孔 a 经节流阀流入左腔，由于节流阀阻尼作用，使缓冲器活塞（也就是运动部件）的速度减慢。在运动部件的惯性作用下，活塞继续向右，当孔将 a 堵住以后，油液就只能从小孔 b 排往左腔，实现第二次阻尼节流，使运动速度再次减慢，直到停止。调节节流阀可获得不同的缓冲效果。

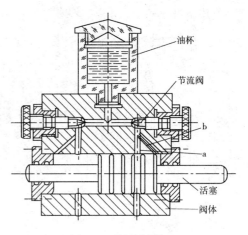

图 6-32 液压缓冲器

6.3 机器人和机械手的应用

随着汽车工业的发展，车身制造的效率越来越高，改型变型越来越快，车身质量也越来越好。其特点是：用机器人和其他机械取代人力；用柔线性和线外机器人示教系统取代刚性生产线和传统的设备控制系统，实现多种车型的混流生产。

利用机器人和机械手实现冲压生产自动化、接触点焊过程自动化及涂装过程自动化，不仅能减轻劳动强度，实现安全生产，而且能更好地保证车身质量，提高劳动生产率。

6.3.1 在冲压线上的应用

在车身冲压件的生产线上，机器人和机械手广泛应用于自动装卸、翻转及输送工件，使其成为整条冲压自动线，实现安全生产。

图 6-33 所示为利用气动式机械手实现自动上下料的实例。

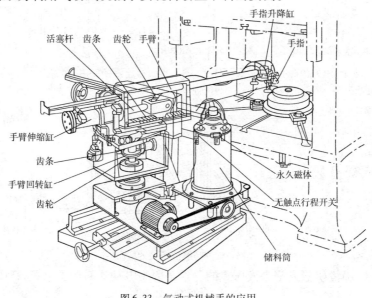

图 6-33 气动式机械手的应用

6.3.2 在装焊线上的应用

在车身装焊线上,应用机器人和机械手,实现装焊过程自动化,并由点焊、电弧焊机器人组成多种车型混合装焊的柔线生产线。

机器人在点焊方面的应用比较早,也比较广泛,图6-34所示为某点焊机器人的外形,后来发展到电弧焊方面。目前,其他一些工序,如密封、精装等工序也有应用,但点焊机器人仍占主要地位,约占95%,并有取代多点焊机的发展趋势。

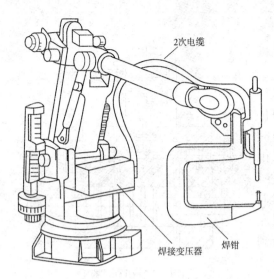

图6-34 使用机器人点焊的装置之一

6.3.3 在油漆线上的应用

在油漆线上,为解决恶劣的工作环境、提高喷漆质量减少喷漆废品、提高生产率等问题,对喷漆自动化要求很强烈。特别是从少品种大批量生产不断向多品种小批量生产转移的今天,引进喷漆机器人建立自动化喷漆系统的进展速度正在加快。

喷漆操作与搬运、装配、点焊操作不同,是技艺性很强的操作,其动作在时间、空间上是连续的,静态操作是不允许的,连续动作才是喷漆操作的生命。

图6-35所示为应用关节机器人构成理想喷漆系统的例子。该系统除有机器人及其控制柜、液压装置外,还有喷漆控制柜、输送带控制柜、微型计算机及其外围装置、程序显示装置、数据统计器、悬架姿态显示器等。机器人本体及其控制装置与这些外围设备的连接必须方便、可靠,还必须具备具有安全自动喷漆功能的系统。

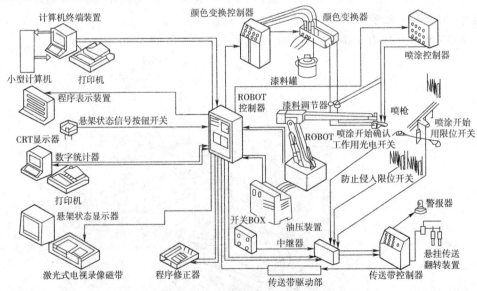

图6-35 理想喷漆系统的构成

到目前为止,喷漆机器人都是液压式的。这是因为电动式易产生火花,在喷漆环境内工作不安全的缘故。

喷漆系统包括清洗槽、喷漆室、烘干炉等。这种理想的喷漆系统应是：

(1)计算机控制以机器人为中心,构成自动控制系统,由计算机进行生产管理。

(2)具有某些特定功能:如漆料的选择功能(变换颜色控制器)——选择所需涂料;喷涂面的控制功能(喷涂控制器)——能控制喷枪的喷涂面积,使被涂面一致;喷涂量的控制功能(与喷涂控制器联动),使涂敷膜度一定。

第7章 涂装工艺

7.1 概述

7.1.1 涂装的作用

表面涂层是保护和装饰汽车的重要手段;涂装工艺是汽车制造的主要工艺之一,并且越来越受到业界人士的重视。

表面涂层对汽车有以下作用:

(1)保护作用。表面涂层能起到隔离空气中的水分、气体、微生物、紫外线等的侵蚀作用,从而可以防止腐蚀,延长使用寿命。

(2)装饰作用。利用涂料的色彩装饰汽车表面,能起到美化环境,满足人们审美的需求和提高产品使用和销售价值的目的。

(3)标志作用。涂料可作色彩广告标志,利用不同的色彩来表示警告、危险、安全、前进、停止等信号,以提高行车安全。

(4)特殊作用。特殊涂料具有防振、消声、隔热的作用。

7.1.2 涂装的要求

汽车表面的涂层应满足下述要求:

(1)具有极好的耐候性和耐腐蚀性,以适应各种气候条件;使用寿命应接近汽车寿命;要求在苛刻的日晒、风雨侵蚀情况下,保光、保色性好;不开裂、不脱落、不粉化、不起泡、无锈蚀现象。

(2)具有极好的施工性能和配套性能。要求涂料适应于自动喷涂、大槽浸涂、淋涂、静电喷涂及电泳涂装等高效涂布方法;同时还要求干燥迅速,涂层的烘干时间以不超过30~40min为宜;并要求涂层间结合力优良,不引起咬起、渗色、开裂等涂膜弊病。

(3)极高的装饰性。要求涂层色泽鲜艳和多种多样,外观丰满,鲜映性好,符合消费者的审美要求。

(4)具有极好的机械强度,适应汽车在行驶中的振动和应变,要求涂膜坚韧和耐磨。

(5)要求涂料价格低廉,并能逐步实现低公害化,便于进行"三废"处理。

(6)要求具有能耐汽油、机油和公路用沥青等的作用,在上述介质中浸泡一定时间不产生软化、变色、失光、溶解或产生印斑等现象;要求与肥皂、清洗剂、鸟或昆虫的排泄物等接触后不留痕迹。

影响涂层质量的因素很多,主要有涂料、涂装工艺、涂装设备和人的因素(责任心和技术熟练程度)等方面。

7.2 涂料

7.2.1 涂料的组成

涂料通常称油漆,最先它是以植物油和天然漆为主要原料,所以被称为油漆。但随着石油化工和有机合成化工工业的发展,涂料,特别是许多新型涂料,已不再使用植物油和天然漆为其主要成分,而是广泛地利用各种合成树脂与颜料,以及有机溶剂、水溶剂或无机溶剂为原料,因此又称之为涂料。

涂料虽然种类繁多,但各种涂料均是由油料、树脂、颜料、稀料(溶剂和稀释剂)、催干剂和其他辅助材料等五种原料组成的。

1. 主要成膜物质

主要成膜物质是能黏附在汽车表面上成为涂膜的主要物质,没有它就没有牢固地附着在汽车表面上的涂膜。因此,它们是构成涂料的基础,称为基料、漆料或漆基。在涂料中,作为主要成膜物质的有油料和树脂两大类。以油料作为主要成膜物质的涂料,习惯上称为油性涂料,又称油性漆;以树脂作为主要成膜物质的涂料,称为树脂涂料,又称树脂漆,如以酚醛树脂或改性酚醛树脂为主要树脂的漆,称为酚醛树脂漆;以油和一些天然树脂合用为主要成膜物质的涂料,称为油基涂料,又称油基漆。

1)油料

油料是主要成膜物质之一,包括植物油和动物油,主要来源于植物的种子和动物的脂肪,其组成是脂肪酸三甘油脂。

植物油有:干性油(桐油、亚麻仁油、梓油、苏子油等)。

动物油有:鲨鱼肝油、带鱼油、牛油等。

以植物油为基料的油性漆,有很好的韧性、气密性、水密性、坚固的附着力及很好的耐候性。

2)树脂

树脂是许多有机高分子化合物互相溶合而成的混合物。涂料中使用树脂能提高涂膜在硬度、光泽、耐水、耐酸碱等方面的性能。

树脂从来源可分为:自然界的天然树脂,主要有松香、动物胶(虫胶、干酪素等)、天然沥青等;用天然高分子化合物加工制得的人造树脂,主要有松香衍生物、纤维衍生物、氧茚树脂等;用化工原料合成的合成树脂,如酚醛等。在涂料中使用树脂的品种以合成树脂为最多。

2. 次要成膜物质

次要成膜物质也是构成涂膜的组成部分,但它不能离开主要成膜物质单独构成涂膜,而主要成膜物质可以单独成膜,也可以和次要成膜物质共同成膜。颜料是次要成膜物质,不仅使涂膜呈现颜色和遮盖力,还可以增加机械强度、耐久性及特种功能,如防蚀和防污等性能,以满足更多的需要。

颜料是涂料中的着色物质,同时又具有遮盖底层、阻挡光线、提高涂膜性能等作用。颜料是不溶于水的无机物,如金属及非金属元素的氧化物、硫化物及盐类。此外,还有一些有机颜料。颜料一般分为着色颜料、防锈颜料、体质颜料三种。

1)着色颜料

着色颜料是颜料品种最多的一种,它不溶于水和油,具有美丽的颜色、良好的附着力和遮盖力,在涂料中起着色和遮盖物体表面的作用。

着色颜料分类如下:

着色颜料 ─┬─ 无机颜料:铬黄、铁红、铁蓝、钛白、铁黑、铬绿等。
         └─ 有机颜料:耐晒黄、甲苯胺红、酞菁蓝、苯胺黑等。

2) 防锈颜料

防锈颜料具有特殊的防锈能力,加入防锈颜料的涂料涂在金属表面上,可阻止金属的锈蚀,甚至涂膜略有擦破也不致生锈。

防锈颜料分类如下:

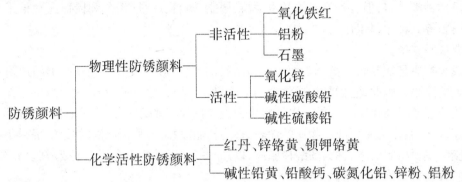

3) 体质颜料

体质颜料可以增加涂膜厚度,加强涂膜的体质,使涂膜经久、坚硬、耐磨,但它没有遮盖力与着色力。大部分是天然产品和工业上的副产品。在涂料中使用体质颜料,不仅可以降低成本,同时还有提高质量的作用。

体质颜料分类如下:

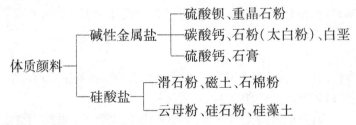

3. 辅助成膜物质

它是对涂料变成涂膜的过程(施工过程)或对涂膜性能起一些辅助作用的物质。它不是涂膜的主体,不能单独构成涂膜,这种成分的原料包括稀料和辅助材料两大类。

辅助成膜物质在涂料中的作用概括起来主要有以下几点:

(1) 改进涂料性能。如缩短涂料烘烤或常温下的干燥时间;防止涂料贮存过程中的沉淀、胶化、结皮等。

(2) 提高涂层的性能。如增强涂层的柔韧性,耐候性,对紫外线和热的稳定性,防止涂层在潮湿环境中长霉,增强或减弱涂层的光泽等。

(3) 改善生产工艺。如使颜料在涂料中提高分散度,减少制漆的研磨等。

(4) 改善施工工艺。如使涂料能适应潮湿或某些特定条件下施工等。

(5) 防止涂层发生病态。如使涂膜易于流平、光滑、防止起皱、橘皮、麻点、起霜等。

稀料用来溶解及稀释涂料,以利于施工。有的涂料仅需加入 1～2 种稀料即可,成膜干固后,稀料全部挥发。

稀料按作用性能可分为三种:溶剂、助溶剂和稀释剂。

溶剂是一类挥发性液体,溶剂蒸气大部分有毒,有些还易燃,具有溶解成膜物质的能力。助溶剂的作用是调节树脂溶液的黏度,提高涂料的稳定性,改善涂料的流平性和外观性,以及增加树脂在水中的溶解度。助溶剂一般用丁醇、乙醇或丁基溶纤剂。

稀释剂用来调节涂料的黏度,以利于施工。

辅助材料的作用主要有催干、防潮、防霉等。涂料中常用的辅助材料及性能见表 7-1。

常见辅助材料及性能　　　　　　　表 7-1

助剂类别	名 称	性 能	用 途
湿润剂	甲基硅油	润滑、消泡、绝缘、防潮、防颜料发花	环氧及氨基漆中常用
分散剂	N-甲基吡咯烷酮	使颜料在漆中分散良好	在乙烯漆及硝基漆中用
消光剂	硬脂酸铝	降低漆膜光泽,防止体质颜料沉底结块	用于半光、无光磁漆及底漆
紫外线吸收剂	乙烃基-4-甲氧基二苯甲酮(UV-9)	对紫外线光波有较高的吸收能力	户外使用或暴晒条件下的清漆使用,效果好
防活剂	氧化亚铜	粉末状,有杀死海生物和细菌的功能	用作船底及水线防污漆的涂料
稳定剂	聚氧乙烯脂肪醇醚	黄棕色液体,耐酸、碱,并有优良乳化及渗透性	作乳胶漆的稳定剂、乳化剂,还可供湿润剂使用
乳化剂	OP 乳化剂	黄棕色膏状物,易溶于水,扩散效果好	配制乳化漆;也可做纺织、医药等工业乳化剂
防霉剂	硫柳汞(或五氯酚钠)	毒性大,对各种菌类的生长有抑制作用	配制各种防霉漆
防结皮剂	丁醛肟	在漆中与催干剂形成不稳定络合物,成膜时络合物分解,肟便挥发掉	多用于清漆及油性漆中,防止涂料在贮存中结皮
防冻剂	乙二醇	色浅,溶于水可降低水的冰点	用于乳化漆中,防止低温时冻结

7.2.2 涂料的分类、命名及编号

1. 涂料的分类

涂料分类方法很多,常见的有以下几种。

(1)按用途分类。如建筑用涂料、工业用涂料等。

(2)按施工方法分类。如刷漆、喷漆、烘漆、电泳漆、粉末涂装漆等。

(3)按涂料的作用分类。如底漆、面漆、罩光漆、腻子等。

(4)按涂料的使用效果分类。如绝缘漆、防腐漆、防锈漆。防锈漆中又分为黑色金属防锈漆、有色金属防锈漆等。

(5)按是否含有颜料来分类。如清漆(不含颜料的透明体)、色漆(含有颜料的不透明体)、腻子(含有大量体质颜料的稠厚浆状体)。

色漆包括厚漆、调合漆、磁性调合漆、磁漆等。

厚漆是一种稠厚的油性色浆,由亚麻油或其他干性油(12%～18%)的基料,加入着色颜料 4%～50%,较多体质漆料(30%～80%)混合搅拌而成。

调合漆（油性调合漆）由干性油、颜料及体质颜料混合，加入催干剂及溶剂等制成。磁性调合漆还加有甘油、松香、树脂等。

磁漆由于成膜物质的发展和增多，其种类也多，各种面漆通称为磁漆。按其外观光泽的不同，磁漆分为光漆、半光漆、无光漆及皱纹漆、锤纹漆等。

（6）按溶剂的构成情况分类。如溶剂型漆（以一般有机溶剂作稀释剂）、水性漆（以水作稀释剂）、无机溶剂（没有挥发性稀释剂）——粉末涂料。

（7）按成膜过程原理分类。

①氧化聚合型漆。它是常温干燥膜，干燥过程必须接触空气；氧化聚合成高分子膜。常用的油基性漆就属此类，即用干性油、半干性油或含有干性油或半干性油改进性的合成树脂漆，如清漆、酯胶漆、酚醛漆、醇酸漆、环氧脂底漆等。

②固化剂固化型漆。这类漆必须加固化剂方能固化成膜，它的成膜过程是在固化剂作用下进行的。固化剂是它的聚合条件，因此，这类漆通常使用时现配现用，而平时分装保存。如环氧漆（双组分）、聚氨酯漆（双组分）、环氧沥青漆（双组分）等。可常温干燥，也可烘烤干燥。另有以烘烤干燥的环氧粉末漆等。

③热固型漆（或称烘烤聚合型漆）。这类漆须加热后方可聚合成高分子漆膜。故在平时及储存期间应注意不能受热，要远离热源。如氨基烘漆、环氧氨基漆、有机硅磁漆、丙稀酸烘漆、环氧酚醛漆、沥青烘漆等。一般都要超过100℃使之烘干成膜。

④挥发型漆（即溶剂挥发型漆）。此类漆本身就是高分子物，又称高分子物溶液。它在常温下靠溶剂挥发，即可干燥成膜，因此它的干燥性比其他类型漆较好，而附着力则较差，储存期间应注意严防溶剂挥发。如硝基漆、过氯乙烯漆、丙稀酸漆、磷化底漆、聚醋酸乙烯乳胶漆等。

⑤其他类型漆。如潮固化聚氯酯漆、不饱和聚酯漆。这类漆需要在潮湿环境下固化，并加入引发剂或促进剂等。

（8）按成膜物质分类。涂料分类采用最广泛的是根据成膜物质来分类。以主要成膜物质为基础，若主要成膜物质为两种以上的树脂混合而成，则按其中起决定作用的一种为主，将涂料产品分为18大类，见表7-2。

涂料的分类　　　　　　　　　　　表7-2

序　号	代号字母	按成膜物质分类	主要成膜物质
1	Y	油脂漆类	天然植物油、清油（熟油）、合成油
2	T	天然树脂漆类	松香及衍生物、虫胶、乳酪素、动物胶、大漆及衍生物
3	F	酚醛树脂漆类	改性酚醛树脂、石油沥青、煤焦沥青
4	L	沥青漆类	甘油醇酸树脂、季戊四醇酸树脂，其他改性醇酸树脂
5	C	醇酸树脂漆	脲醛树脂、三聚氰胺甲醛树脂、聚酰亚胺树脂
6	A	氨基树脂漆	硝基纤维树脂
7	Q	硝基漆类	乙基纤维、苄基纤维、烃甲基纤维、其他纤维及醛类
8	M	纤维素漆类	过氯乙烯树脂
9	G	过氯乙烯漆类	过氯乙烯树脂
10	X	乙烯漆类	氯乙烯共聚树脂、聚醋酸乙烯及其共聚物、聚乙烯醇、缩醛树脂、聚二乙烯乙炔树脂、含氟树脂
11	B	丙烯酸漆类	丙烯酸酯树脂、丙烯酸共聚物及其改性树脂

续上表

序 号	代号字母	按成膜物质分类	主要成膜物质
12	Z	聚酯漆类	饱和聚酯树脂、不饱和聚酯树脂
13	H	环氧树脂漆类	环氧树脂、改性环氧树脂
14	S	聚氨酯漆类	聚氨基甲酸酯
15	W	元素有机漆类	有机硅、有机钛、有机铝等元素有机聚合物
16	J	橡胶漆类	天然橡胶、合成橡胶及其二者的衍生物
17	E	其他漆类	未包括在以上所列的其他成膜物质
18		辅助材料	稀释剂、防潮剂、催干剂、脱漆剂、固化剂

表7-2中的辅助材料主要用于改进和调节涂料的施工性能,不能单独使用。辅助材料按其用途不同,又分为不同种类,其分类名称见表7-3。

辅助材料的分类　　　　表7-3

序 号	代号字母	名 称
1	X	稀释剂
2	F	防潮剂
3	G	催干剂
4	T	脱漆剂
5	H	固化剂

2.涂料的命名及编号

(1)涂料的命名原则。涂料在统称上用"涂料"而不用"油漆"这个词,但对具体涂料品种命名还称为某某漆。涂料的命名原则如下:

①全名=颜料或颜料名称+成膜物质名称+基本名称。

②对于某些有专业用途及特性的产品,必要时在成膜物质后面加以阐明。

例如:醇酸导电磁漆、白硝基外用磁漆。

(2)涂料的编号原则。

①涂料编号。涂料编号由三部分组成:第一部分是成膜物质,用汉语拼音字母表示,见表7-2;第二部分是基本名称,用两位数字表示,见表7-4;第三部分是序号,以表示同类产品间的组成、配比或用途的不同。这三部分组成的涂料型号,基本可以表达某种涂料是由哪一种成膜物质做成的什么油漆(基本名称)和什么品种(序号)及用途特性。例如C06-1中:

C——成膜物质(醇酸树脂);

06——基本名称(底漆);

1——序号。

②基本名称编号及代号。采用00~99这些数字表示。其数字代表基本名称,例如10~19代表美术漆;20~29代表轻工用漆;30~39代表绝缘漆;40~49代表船舶漆;50~59代表防腐蚀漆等。

例如:H01-1　氧化清漆;

　　　Q01-1　硝基外用清漆;

　　　C04-2　各色醇酸磁漆;

　　　A05-11　氨基无光烘漆;

　　　G64-1　过聚乙稀可剥漆。

基本名称编号见表7-4。

涂料的基本名称编号　　　　　　　表7-4

代　号	基本名称	代　号	基本名称
00	清漆	30	（浸渍）绝缘漆
01	清漆	31	（覆盖）绝缘漆
02	厚漆	32	绝缘（磁烘）漆
03	调和漆	33	（粘合）绝缘漆
04	磁漆	34	漆包线漆
05	烘漆	35	硅钢片漆
06	底漆	36	电容器漆
07	腻子	37	电阻漆、电位器漆
08	水溶性漆、乳胶漆、电泳漆	38	半导体漆
09	大漆	40	防污漆、防蛆漆
10	锤纹漆	41	水线漆
11	皱纹漆	42	甲板漆、甲板防滑漆
12	裂纹漆	43	船壳漆
13	晶纹漆	44	船底漆
14	透明漆	50	耐酸漆
15	斑纹漆	51	耐碱漆
20	铅笔漆	52	防腐漆
22	木器漆	53	防锈漆
23	罐头漆	54	耐油漆

③辅助材料编号。辅助材料编号分两个部分，第一部分是辅助材料种类（代号），第二部分是序号。

例如　　F——1

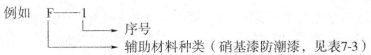

④其他规定。在油基漆中根据所用油量的多少又分为长、中、短油度。其分别为：

树脂：油＝1:3以上为长油度；

树脂：油＝1:(2~3)为中油度；

树脂：油＝1:2以下为短油度。

在醇酸漆中，合油量在50%以下的为短油度；含油量为50%~60%的为中油度；含油量为60%以上的为长油度。

如果涂料中含有松香改性酚醛树脂和松香甘油脂，根据其含量比，又划分为酚醛漆类和脂胶漆类。若改性酚醛树脂含量占树脂总量的50%以上则为酚醛漆类。

氨基漆是以氨基树脂和醇酸树脂为成膜物质的涂料，按含氨基树脂多少分为高、中、低三种氨基漆。

氨基树脂：醇酸树脂＝1:(1~2.5)为高氨基漆；

氨基树脂：醇酸树脂＝1:(2.5~5)为中氨基漆；

氨基树脂：醇酸树脂＝1:(5~9)为低氨基漆。

7.2.3 合理选用涂料的一般原则

使用涂料时由于对其性能要求不同,必须按照既符合技术性能要求,又注意到经济节约的原则选择涂料。除要求选用优质、价廉、低毒、高效的涂料品种外,还需充分地考虑施工方法、劳动保护及液体的污染等。

(1)根据使用的环境条件来选择合适的涂料。干寒地区使用的汽车,要求涂料具有一定的耐寒性能;湿热地区使用的汽车,要求涂料有三防性能(防湿热、防盐雾、防霉菌)。

(2)被涂物材质的不同要求选用不同的涂料,因为被涂物材质的不同,对涂料的吸附力也存在差异。

(3)选用涂料还必须考虑到施工条件,如没有喷涂设备,就不要采用挥发性涂料;没有电泳涂浸设备,就不能采用水溶性电泳漆;没有烘干设备,就不能采用各种烘漆。

(4)选用涂料时必须注意涂层面和底层的配套和厚度。

7.3 涂装前金属的表面处理

7.3.1 概述

1. 表面涂装前处理的意义

在涂装前,除去金属表面所附着的油脂、锈蚀、氧化皮、灰尘等异物是非常必要的。否则会造成涂层干燥不良、起泡、龟裂、剥落等病态,直接影响涂层的附着力、装饰性及使用寿命等。特别是锈层,如果带锈涂装,锈蚀仍然在涂层底下蔓延,则使涂装完全失去意义。

2. 涂装前金属表面处理的方法

汽车车身表面涂装前处理主要包括脱脂、磷化(或称氧化),其方法归纳如下:

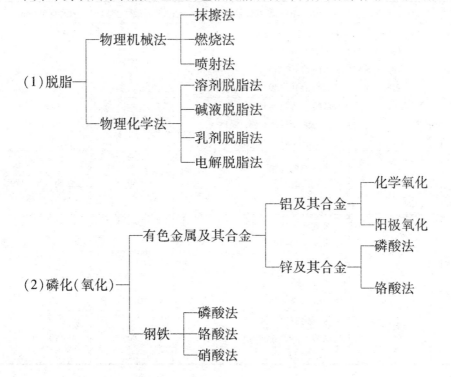

7.3.2 脱脂方法

1. 碱液脱脂法

碱液脱脂清洗法主要是通过皂化作用而把油脂除去。当清洗不能皂化的矿物油时,靠表面活性剂的作用,帮助乳化脱脂。这种方法应用的十分广泛,脱脂效果较好,又较经济。

1)脱脂液中各种碱的作用

(1)氢氧化钠(NaOH)。氢氧化钠又称苛性钠,在溶液中是一种游离碱,能使动、植物油皂化。在同一质量分数的碱中,其 pH 值最大,最稳定,皂化作用也最大。

(2)碳酸钠(Na_2CO_3)。碳酸钠是一种弱酸盐,几乎没有皂化性,但有浸润油脂、调节 pH 值的作用。

(3)偏硅酸钠($Na_2SiO_3 \cdot 5H_2O$)。偏硅酸钠浸润、乳化作用良好,也有一定的皂化性,而且由于是呈胶体状的悬乳物质,在物理上加速了油污的去除而被配合使用。

(4)正硅酸钠(Na_4SiO_4)。正硅酸钠仅次于氢氧化钠,pH 值较高,皂化、乳化、浸润力大,清洗力强。即使单一的水溶液,也可以作为很好的清洗液。

(5)磷酸三钠($Na_3PO_4 \cdot 12H_2O$)。磷酸三钠有浸润作用,pH 值较高,不能浸铝或锌,只能配合用作非铁金属的洗净剂。

(6)焦磷酸钠($Na_4P_2O_7 \cdot 10H_2O$)。其与磷酸三钠相同,用作碱清洗剂的碱类。最好是 2~3 种碱配合使用,使其各自的特性充分发挥,以达到更好的效果。

一般使用的碱类,根据金属的材质或附着油的种类多少而选定适合的配方,在用碱液清洗时,由于皂化反应为主要目的,所以温度高为好,一般采用 70~90℃。对于锌、铝用苛性钠,则作用过强,有被腐蚀的危险。最好采用正硅酸钠、磷酸钠等,见表 7-5。

碱液清洗配方　　　　　　　表 7-5

被洗材料	清洗方式	溶液配方(g/L)	处理温度(℃)	处理时间(min)
钢材	浸洗	①氢氧化钠 50~100 磷酸三钠 10~35 碳酸钠 10~40 硅酸钠 10~30	90	15~30
		②磷酸三钠 25~35 碳酸钠 25~35 合成洗涤剂 0.75	80~100	10~20
	喷淋	碳酸钠 8 氢氧化钠 3 磷酸三钠 4	80	表压为 1.5~2MPa
	电解	氢氧化钠 50 水玻璃 5~10 碳酸钠 25 磷酸三钠 25	60~80	
铜及铜合金	浸洗	①磷酸钠 80~100	80~90	10~40
		②氢氧化钠 25~30 磷酸三钠 25~30 硅酸钠 5~10	80	10~20

续上表

被洗材料	清洗方式	溶液配方(g/L)	处理温度(℃)	处理时间(min)
铝及铝合金	浸洗	①氢氧化钠 40~60 碳酸钠 40~50 水玻璃 2~5 海鸥表面活性剂 3~5mL/L	70~90	10~15
		②OP-10 乳化剂 10~16 磷酸三钠 2~6 磷酸钠 2~6	70~80	3~5

2) 碱液脱脂方法的种类及注意事项

碱液脱脂方法有以下几种：

(1) 电解法：把被清洗的工件浸入碱液中，然后通电，靠通过电解产生气体的物理作用而清洗脱脂的方法。

(2) 喷射法：把碱液喷射到被洗工件表面，而进行清洗的方法。此方法适用于大量生产和流水线作业。

(3) 旋转法：把被洗物放入盛有碱液的容器或缸内，使之旋转脱脂。此方法一般适用于形状小、油脂多的工件。

(4) 浸渍法（煮沸法）：把被洗物放在加热的碱清洗剂中浸渍而脱脂的方法。如前所述仍是利用乳化作用（湿润、浸透、分散）而清洗干净的。为了使作用加强，可以利用给槽液搅拌、振动等机械作用，进一步提高脱脂的效果。

操作上的注意事项有以下几点：

(1) 浸渍时间。根据油污的程度，浸渍时间一般以 10~30min 即可。

(2) 浸液温度。液温越高，效果越好。因为液温高时，油脂被软化，液体的对流作用能促进脱脂作用。一般操作液温在 60~100℃。经验认为，从 50℃ 以上，温度每增加 10℃，清洗效果即提高一倍。

(3) pH 值。pH 值越大，油与液之间的表面张力越小，越容易形成乳浊液，对脱脂有利。但 pH 值过高时，对一些非金属会引起腐蚀，当然过低时（pH = 8 以下）几乎没有脱脂的效果，所以，决定 pH 值时必须考虑金属的种类。1% 碱溶液的 pH 值如下：

NaOH： 13.4　　　　　　$Na_4P_2O_7$： 10.2
Na_4SiO_4： 13.1　　　　　$Na_5P_2O_{10}$： 8.7
Na_2SiO_3（无水）： 12.8　　$Na_2B_4O_2$： 9.4
$Na_2SiO_3 \cdot 5H_2O$： 12.6　Na_2HPO_4： 9.0
$Na_3PO_4 \cdot 12H_2O$： 12.0　Na_2HCO_3： 8.4
Na_2CO_3： 11.2　　　　　Na_2SO_4： 7.0

各种金属的腐蚀界限值如下（pH 值）：

黄铜：11.5；锌：10；铝：10；锡：10。

(4) 水洗。油污很多时，要用流动水充分洗净，并用热水冲洗。因清洗不彻底时，碱溶剂中的硅酸钠附着在被洗物上，带入洗槽后会生成二氧化硅胶体，给磷化处理带来不良影响。

(5)刷洗。在没有水洗条件的情况下,可以用刷子刷除油污,再用清水冲洗和手工擦洗干净。

(6)槽液的管理。脱脂液由于使用一段时间后,脱脂能力逐渐减小,而脱脂时间变长。为了保持好的脱脂效果,应经常调整槽液,即加强槽液质量分数的管理是非常重要的。

2. 乳剂脱脂法

乳剂脱脂法就是在有机溶剂中加入一种或数种表面活性剂,或再添加弱碱性净洗剂组成一种混合液,当用这种混合液浸渍或喷射在被洗物上时,溶剂浸透油脂层使油脂微粒化,而表面活性剂使油脂微粒乳化分散在水中,从而把油脂除去。

1) 乳化净洗剂

乳化净洗剂是由有机溶剂和表面活性剂组成的。

(1)有机溶剂是指沸点在 220~240℃ 的烃系溶剂,即灯油、轻油、干洗用溶剂、石脑油等。

(2)表面活性剂是具有乳化、洗净、浸透、分散、湿润和可溶化等作用的物质,是亲水基和亲油基有机的组合物质。作为主要乳化清洗剂而采用的表面活性剂是非离子性的。有四大类:烷基醚型、脂肪酸酯型、烷基酚型、多元醇诱导体。

2) 乳剂脱脂配方两例

(1)水 100L、煤油 10L、表面活性剂 1L,混合后溶液加入 20~30g/L 的偏硅酸钠。

(2)煤油 61%、松油 22.5%、月桂酸 5.4%、三乙醇胺 3.6%、丁基溶解剂 1.5%。

3) 乳剂脱脂法的优点

乳剂脱脂能一起除去油类物质以及固体的粒子或其他污物等;锌、铝等不适合用碱脱脂的金属也能使用;脱脂工艺时间短,清除油污效果好;乳剂清洗后,工件表面有不沾水的特点;无毒、无害,对工作人员安全;同时无需特殊装置。

4) 操作注意事项

水洗不完全时,表面活性剂或碱在金属表面残存,会给磷化处理工艺造成恶劣的影响。所以要用流水充分冲洗,然后用热水进行冲洗,把表面附着的微量异物完全除去。

3. 溶剂脱脂法

(1)浸渍法:即把被洗物浸入有机溶剂中,经搅拌或人工冲洗脱脂的清洗方法。所使用的溶剂是汽油、二甲苯、丙酮等。采用此方法可以较快地把大量油脂溶解而除去,但是要达到完全脱脂的效果是困难的,故要和其他脱脂方法并用。

(2)三氯乙烯清洗法:在三氯乙烯装置内浸入被洗物,以三氯乙烯的热溶液或蒸气,对被洗物进行脱脂的方法。根据被洗物与三氯乙烯的接触状态,又分为以下几种方法:

①液相法;②气相法;③液相-气相法;④多重液相法;⑤喷射法。

(3)采用三氯乙烯清洗的注意事项。

①清洗时为了避免三氯乙烯分解,需要加入稳定剂,尤其是清洗铝件时。稳定剂可选用切面呈棕色、坚硬而脆、本质纤维粉性少的赤芍(中药),加入量 1.5%~4%。清洗铝合金件要在无水、避光的情况下进行,其稳定效果较好。使用前可在 35℃ 低温下烘 24h,然后密封贮存。作为清洗钢铁件而采用的稳定剂配方有两种:一种是三乙胺 0.05%、环氧氯丙烷 0.5%、四氢呋喃 0.5%、吡啶 0.01%、异丁醇 0.1%;另一种是醋酸乙酯 0.02%、四氢呋喃 0.2%。

②当清洗液中油脂蓄积时,引起沸点升高,蒸发量降低,使蒸气脱脂能力下降,需要定期测定沸点和密度,以掌握清洗液的含油量。

③三氯乙烯蒸气有毒性(易麻醉),长时间吸入、接触蒸气会引起中毒,因此工作环境要有良好的通风设备,要做到设备密封,防止蒸气泄漏,以保障工作人员的身体健康和安全。

7.3.3 磷化处理

1. 磷化处理的作用

磷化处理是用磷酸(H_3PO_4)或锰、铁、锌和镉的磷酸盐溶液处理金属制品,在金属制品表面上形成磷酸盐层膜(亦即磷化膜)的过程。钢铁、铝、锌、镉等金属均能进行磷化处理,以钢板制件表面的磷化处理最为普遍。

磷化后,金属表面生成不溶于水的磷酸盐层膜,具有极优良的防腐蚀性能和高的浸润透油能力。除了单独作为金属的防腐覆盖层外,通常广泛用于冷挤压、拉延等压力加工过程。特别是作为油漆涂层的基底,磷化能显著提高涂层的耐腐蚀性,能阻止腐蚀在涂层下以及在涂层被破坏的部位扩展,并能增强涂层与金属之间的附着力,因而它能大大增加涂层的使用寿命。

在汽车车身制造过程中,对于一些大型覆盖件的涂装,在涂装前多数已采用磷化处理。

2. 磷化膜的类型

根据每单位面积质量的不同,磷化膜分为重型、中量型、轻量型和最轻量型四种,一般而言,磷化膜的耐腐蚀性随着单位面积的膜质量而增加,但作为涂料涂层的基底,膜过厚,质量过大,反而对涂层的光泽、附着力及涂层的力学性能,特别是弹性和冲击韧度产生不良影响。因此,涂料底层的磷化膜一般都是采用轻量型和最轻量型(即薄膜致密型)。例如,锌盐磷化和铁盐磷化,其单位面积的膜质量在 $0.2 \sim 0.7 g/m^2$ 的范围内。而锰盐磷化因温度较高,磷化时间又长,磷化膜厚而疏松,不宜用于磷化涂料涂层的基底,而只是用在防蚀等其他工序中。

磷化按其处理方式不同可分为浸渍式磷化、喷射式磷化、电化学磷化。

根据其反应时温度的不同又分为高温、中温、低温磷化。

根据反应时速度的不同又分为正常磷化、快速磷化。

在汽车制造过程中应用较广的是喷射式快速磷化处理。对使用条件比较苛刻的汽车部件,大都采用锌盐磷化,膜厚在 $1.5 \sim 5\mu m$;单位面积膜质量在 $1.5 \sim 4g/m^2$。而使用条件不太苛刻的部件也有采用最轻型铁盐磷化的。

3. 磷化处理的化学原理

磷化处理随着磷化液成分的不同而各有所异,在磷化时首先发生磷酸盐溶液的分解反应,此反应随着温度的增加和搅拌的进行而加速。当金属与磷化液接触时,与游离磷酸发生反应,生成磷酸氢盐和磷酸盐,其结晶在金属表面沉积形成薄膜,反应过程大致如下:

$$Me(H_2PO_4) \rightleftharpoons DH_3PO_4 + MeHPO_4$$
$$3MeHPO_4 \rightleftharpoons H_3PO_4 + Me_3(PO_4)_2 \downarrow$$
$$3Me(H_2PO_4)_2 \rightleftharpoons 4H_3PO_4 + Me_3(PO_4)_2 \downarrow$$

(Me 为锌、锰、铁等二价金属)

上述磷化反应的进行是极其缓慢的,一般需要 60min 或更多时间,因为磷化过程中,阴极区域产生氢气停留在反应界面,即金属制品表面上,阻碍了磷化反应的进一步进行,这种现象称为阴极的极化,即:

$$Fe + 2H_3PO_4 \rightleftharpoons Fe(H_2PO_4)_2 + H_2 \uparrow$$

为了去除这种极化现象,可加入氧化剂,如硝酸盐、亚硝酸盐、氯化盐等,把氢气氧化而除去,加速反应的进行。为促使 Fe 的溶解和氢气的逸出,还可以加入催化剂(如铜盐、亚硝酸盐等),使反应在几分钟内完成,这便是常用的快速磷化过程。

4. 钝化

在磷化处理以后,一般还有钝化工序,钝化就是金属与铬酸盐溶液作用,生成三价或六价铬化层,它具有一定的防腐蚀性能,大多用于铝、锌、镁等有色金属。尤其是用于防止锌及镀锌层的发白。而在钢板表面的铬化层,单独使用的较少,大多用于封闭磷化层,主要是使磷化层孔隙中暴露的金属钝化,以及抑制磷化加速剂残渣的腐蚀作用,结合磷化层以增加耐蚀能力。

钝化采用的铬酐(CrO_3),其质量分数一般为 0.2~0.45g/L;pH 值为 3.5~5.0。

5. 磷化处理

汽车车身涂装前的表面处理(包括脱脂、清洗、磷化等)工序是同步进行的。汽车的磷化处理,一般采用下述方法:

(1)喷淋法。

(2)浸渍法。

(3)喷淋——→浸渍——→喷淋法。

(4)喷淋——→逆流法(除喷淋外,再利用喷淋的逆流水,向车身或箱体物件内部浇灌的方法)。

为提高工件的防蚀能力,磷化膜厚度和晶体结构的要求非常严格。对磷化工件的外表面,最可行的办法是喷淋法,因为它可使表面磷化膜结晶致密。但是喷淋法对工件的遮盖部位及箱体物件的内部效果不好。而采用浸渍法,得到的效果与喷淋法相反,它可使车身或箱体的内部及被遮盖部分形成完整的磷化膜,但外表面磷化膜结晶粗大。

以往都认为磷化膜的厚度在 2~3.5g/m² 最理想,但实践证明,在这样厚的磷化膜表面上再电泳底漆(阳极电泳),经过几年后,油漆涂层上将产生"疤形"腐蚀。这是因为在电泳中磷化膜发生了阳极溶解造成的。当磷化膜的厚度降至 1.5~2g/m² 时,可防止以上这种"疤形"腐蚀的弊病,获得良好的效果。

1)磷化系统

汽车车身在浸渍槽内进行磷化处理时,如槽内不设搅拌装置,车身外表面的磷化膜厚度将达 3~3.5g/m²,而内表面磷化膜的厚度仅是 1.5~2g/m²。如果将车身从槽中提起,使其溶液流出后,再浸入槽中,这样反复几次,总的磷化处理时间不变,则车身内表面磷化膜的厚度就基本与外表面一样了。

为使车身外表面和内表面得到不同厚度的磷化膜,考虑到以上种种因素,在喷淋——→浸渍——→喷淋法的基础上,改成喷淋——→逆流——→浸渍的联合处理方法,则车身内外表面磷化膜的厚度就可以控制了,如图 7-1 所示。

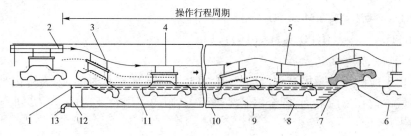

图 7-1 磷化系统

1-液槽液面和调节器;2-单轨高架运输机;3-激活喷淋装置;4-持续喷淋装置;5-起伏轨道;6-冲洗槽;7-槽头逆流液流;8-逆向液流持续喷淋装置;9-淤渣排出管;10-横向淤渣排出沟;11-保持液流流过箱形部件的压头差;12-筛网装置;13-主流回管(通向设有过滤、加热和调定测定装置的溶液控制设备)

这种磷化处理系统可有效地控制车身内外表面磷化膜的厚度。内表面磷化膜的厚度达

3~3.5g/m², 而外表面磷化膜的厚度则为 1.5~2g/m², 满足了汽车车身内部要有较高的抗蚀性, 外表面要有较高的装饰性的要求。

2) 净化装置

在磷化处理的溶液中会出现大量的沉渣, 如不及时清除掉, 对磷化膜质量的影响较大。其措施是在系统中, 除在磷化槽入口处设置过滤网外, 还附设一个净化装置, 如图 7-2 所示。磷化液通过净化装置, 经两次分离, 沉渣运走, 溶液循环使用。

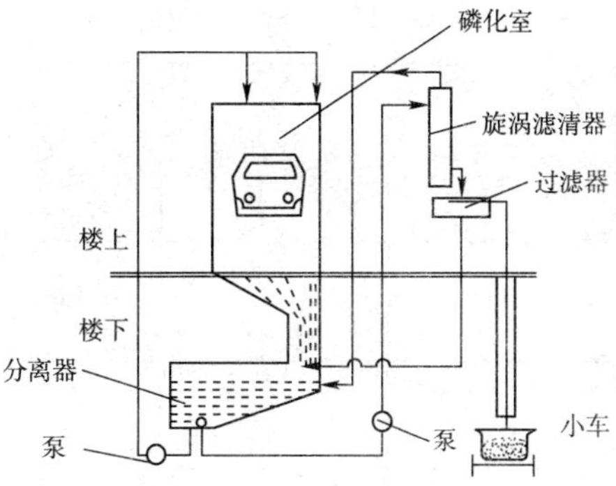

图 7-2 磷化液净化装置

7.3.4 磷化处理的工艺流程

涂装前磷化处理的工艺流程(基本工序)见表 7-6。

磷化处理的工艺流程(基本工序)　　　　表 7-6

工序名称	处理功能	处理方式				备注
		喷射方式		浸渍方式①		
		时间(s)	温度(℃)	时间(s)	温度(℃)	
1. 热水预清洗(或手工预清洗)	除去车身上的附着物, 车身加热	60	60~70	60(喷)	60~70	使用 70~80℃ 的热水, 如果白车身较清洁, 本工序可省略, 可由工序 2 或工序 4 补水
2. 预脱脂	除去车身外板油污车身加热	60	45~50	60(喷)	45~50	可使用脱脂液和由第 1 水洗补给的水
3. 脱脂	除去油污	120	50~60	120	45~50	使用由硅酸钠、磷酸钠、表面活性剂等配制清洗液, 除去整个车身的油污
4. 水洗 No. 1	除去脱脂清洗剂冷却车身	20~30	室温(偏低较好)	20~30(喷)	室温(偏低较好)	自来水, 由水洗 No. 2 通过溢流或预洗法补给
5. 水洗 No. 2	除去脱脂清洗剂冷却车身	20~30	室温(偏低较好)	20~30(浸入即出)	室温(偏低较好)	连续补给自来水(出口喷)保车体温度 40℃ 以下
6. 表面调整	调整微碱性活化、形成膜核	60	室温(低于 RT)	60(出槽喷)	室温(低于 RT)	使用钛酸盐、磷酸钠等表调剂, 调整钢板表面呈微碱性
7. 磷化	生成磷化膜	120	50~60	120(80s)(出槽喷)	40~45	使用"三元"锌盐磷化液加促进剂, 由化学反应在金属表面上生成磷酸盐结晶膜
8. 水洗 No. 3	除去磷化液	20~30	室温	20~30(喷)	室温	自来水, 由水洗 No. 4 通过溢流或预洗补给。特别是要除去磷化渣
9. 水洗 No. 4	除去磷化液	20~30	室温	20~30(浸入即可)	室温	自来水, 或由工序 11 纯水水洗, 通过溢流或预洗法补给

续上表

工序名称	处理功能	处理方式				备注
		喷射方式		浸渍方式①		
		时间(s)	温度(℃)	时间(s)	温度(℃)	
10. 钝化②	封闭磷化膜提高耐蚀性	30	室温	30	室温	
11. 纯水洗		10~20	室温	浸入即出	室温	补给纯水
12. 新鲜纯水洗	除去杂质离子	10~20	室温	10~20	室温	洗后车身的滴水电导率≤30μS/cm

注：①浸渍方式，并不是各工序都是浸，而是关键工序(3、5、7、9、11)采用浸渍处理，而其他工序是采用喷射处理。
②基于钝化工序的"Cr"公害，在日本汽车工业中磷化后不进行钝化处理，而是强调磷化膜的P比（磷酸二锌铁的含量）。欧美汽车厂家坚持要钝化，现发展采用无铬钝化剂。

7.4 汽车的涂装工艺

汽车涂装工艺有：刷涂、浸涂、喷涂、静电喷涂、电泳涂装、粉末喷涂等多种，下面主要介绍几种常用的涂装工艺。

7.4.1 静电喷漆

静电喷涂是借助于高压电场的作用，使喷枪喷出的飞漆雾化带电，通过静电引力而沉积在带异电工件表面的一种涂装方法。其优点是大大降低了喷雾的飞溅损失，提高了涂料的利用率，改善了工人的劳动卫生条件，可以实现机械化和自动化，从而有效地提高了劳动生产率，并且使喷涂的涂膜质量稳定可靠。但静电喷涂也存在不足之处，需要使用的直流电压高达100kV，必须严格按操作规程进行工作，以免发生危险。设备和仪器比较复杂，静电喷涂因工件形状不同，造成电场强弱不同，因此均匀度差，由于飞漆密度小，对涂膜流平性和涂膜光泽度会产生一定的影响。

1. 静电喷涂的类型

静电喷涂的类型可分为以下两大类。

(1) 纯静电雾化方式。这种方式以旋杯式静电喷枪为代表，如图7-3所示。旋转式静电喷枪结构简单，不易阻塞，容易清洗。由于它是属于机械离心式电雾化，对于涂料和溶剂的导电性要求低（当然导电性也要好），有效面积大，吸附效率高，对涂层均匀性大为改善，雾化后涂料细致，表面平整、光滑，对于形状简单的工件较为适合。

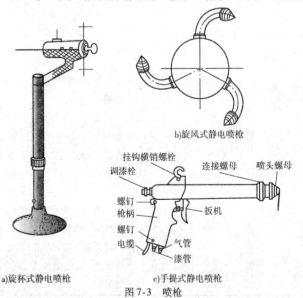

a) 旋杯式静电喷枪　b) 旋风式静电喷枪　c) 手提式静电喷枪
图7-3 喷枪

其缺点是喷出的图形中有中心孔,即对于形状较复杂的工件喷涂较困难,涂层不均匀或凹坑部位喷涂不上。另外,由于各种颜料的带电特性不同,所以喷涂多种颜料配成的涂料时,会出现颜色不均匀的弊病。

为了克服有中心孔的缺陷,可在喷杯周围加装一只用聚氯乙烯或有机玻璃等非导电材料制作的,上面钻有100多个0.01~0.2mm小孔的"环形多孔气幕喷头"。以压缩空气围绕着旋杯喷射,这样便消除了涂覆漆面环形中心的现象,并增加了直射的冲势。通入的气体压力一般采用0.01~0.06MPa,改变旋杯的转速和送气压力,可获得不同的喷射区域,这对形状复杂工件的喷涂极为有利。

(2)有附加能的静电雾化方式。因附加能的种类不同,又可分为两类,即空气雾化法(图7-3)和液压雾化法。

旋风式静电喷枪和手提式静电喷枪都属于空气雾化,是借助于压缩空气和静电力的作用使涂料雾化的,所以能够喷涂形状较复杂或面积较大的物体,如旋风式静电喷枪上的三个蛇形嘴可以调节,变更涂形直径,较为方便,且能减少甚至消除喷形中心孔现象,容易得到比较均匀的涂层。但因空气雾化过程中,溶剂易挥发,使涂膜易产生橘皮等弊病,所以对于溶液的要求较高,如低黏度而固体成分含量高、遮盖力好、溶剂挥发速度要慢、流动性能好等。而且由于空气雾化,压力流动将带电的漆粒冲出了静电吸引力范围,这些漆粒即不可能涂覆在工件上,因而增加了涂料的流失。

高压无气喷涂加上静电喷涂设备的组合就属于液压雾化。它是借助于压力将漆液加压到较高的压力范围,然后通过喷嘴小孔喷出,当受高压的涂料喷到大气中时,便立即剧烈膨胀雾化。这种雾化方式与空气雾化方式相比,雾化状态比较好,喷出量大,涂装效率高,而对涂料的要求与空气雾化相似。

2. 静电喷涂的工艺参数

(1)喷枪和电网的位置。由于喷雾带相同的电荷互相排斥,使飞漆乱飞,因此两支喷枪的距离至少要有1m。

在喷枪的对面,装上用漆包线绕成的直流电网高压电,可以把大部分窜过工件的飞漆弹回工件,减少涂料的消耗,改善环境条件。但电网离喷枪不宜太近,一般离70cm以上为好,离房顶50cm以上,否则影响涂着率。

(2)电压。直流电压的高低是非常重要的因素,电压高,涂着率就高,一般采用80~90kV,电压过高时对设备的绝缘性要求很高。

(3)喷枪与工件的距离。喷枪与工件的距离直接影响电场强度。一般两者的距离以25~30cm为宜,超过40cm时,其涂着率显著下降,还必须与工件的形状及喷枪的布置等结合起来考虑。

(4)喷枪的转速。转速高,线速度高,飞漆粒子细,所形成的涂膜平整;反之,则飞漆粒子粗,所形成的涂膜有橘皮痕迹,喷涂黏度高的涂料有困难。一般旋风式静电喷枪的转速为800r/min,旋杯式静电喷枪转速必须大于100r/min。

(5)工件悬挂要求。工件在互不碰撞的前提下,以两只悬挂的节距最小为原则,这样涂料损耗小,产量大。工件离地面和喷房传送链至少在1m以上。工件离地面过近,会使雾化涂料部分吸向地面,影响涂料吸附;同样,离传送链太近,会使传送链和静电房顶也喷上涂料而造成滴漆,改变了电场强度,影响产品质量,降低涂着效率。静电房的两对面和左右侧壁至少相距1.5m以上,这样比较理想。

对于工件形状复杂而使涂料的涂着性能有差异时,可用回转喷涂的方法。但对于回转中心不对称或旋转后使喷枪与工件距离显著变化的工件,则不宜采用。回转的速度不宜过快,一般为3~4r/min;传送链的速度根据具体喷涂的零件以及干燥情况决定,如过快,则会影响喷涂质量,要求适当的速度为0.22~2.4m/min。

(6)涂料的性能。涂膜的好坏不仅取决于喷涂技术,而且取决于选用的涂料品种是否合适。各种涂料的静电喷涂效果对涂装后涂膜状态的影响也很大,静电喷涂应选用易于带电的涂料品种,一般以电阻率为标准量来评价带电性。涂料的电阻率在5~50MΩ·cm比较适宜静电喷涂。如涂料电阻过高或过低,可适当添加低电阻或高电阻的极性溶剂来调节。但仅从电阻率来选择溶剂还不够全面,静电喷涂用的溶剂要求沸点高、极性高、溶解性良好。涂料的黏度对静电喷涂效果也有一定的影响,通常黏度越高,效果越差,尤其是涂料的分散度和沉积率较差。但在不影响质量的前提下,黏度应尽可能高些,这样可以增加不挥发成分的含量,且涂膜的光泽和丰满度好,有利于降低成本和使用安全。

在选择工艺条件时,应根据实践经验结合工件的具体情况综合考虑。

3. 静电喷涂的安全措施

(1)工件与喷枪的距离不能小于20cm。

(2)喷涂房内不允许有孤立导体存在,因为孤立导体本身就是一个电容,易积存大量的电荷,如果碰到接地的物体,工件就会产生放电火花,从而引起火灾。与人接触可发生触电的人身事故。

(3)悬挂要清洁,且不能绝缘,否则工件就变成孤立导体,而产生电容放电现象。

(4)在静电喷涂操作时,最好不要穿绝缘鞋或站在绝缘物上,以免发生电击。

(5)喷漆房内不应有易燃物质,溶剂质量分数不能超过规定标准,并保持一定的通风量。

(6)喷漆房的照明灯应为防爆式或罩灯式。

(7)静电发生器要距离喷漆房5m以外,离照明及动力线路50cm以外,工件距离墙壁50cm以上为宜。

(8)静电喷涂工作人员虽长期在电场内工作,但对人的健康并无妨碍。

7.4.2 电泳涂装

电泳涂装是把工件和对应电极放入水溶性树脂制成的电泳涂料液中,接上直流(或交流)电源后,在电场力的作用下,涂料在工件上沉积,形成均匀涂膜的一种的涂装施工方法。

电泳涂装按电源可分为直流电泳和交流电泳,而按涂料沉积性能又可分为阳极电泳和阴极电泳;按工艺方法还可分为定电压法和定电流法。

1. 电泳涂装的原理

电泳涂装是一个复杂的电化学反应过程,其中主要包括以下四个同时进行的过程。

(1)电泳。一般水溶性涂料是一种胶状分散体,树脂分子在水中离解而带电,在直流电场作用下,分散在极性介质水中的带电树脂粒子和吸附在其表面的颜料、填料粒子一起向它所带电荷相反的电极方向移动,称为电泳。

(2)电沉积。在电场作用下,带电的胶体粒子到达带异电的工件,并沉积在其表面,形成不溶于水的涂膜,称为电沉积,沉积先在线密度大的位置发生,随着这些位置有了一定的绝缘性后(涂膜具有绝缘性),沉积点逐渐移动,直到完全均匀涂覆成膜。

(3)电渗。当涂料液胶体粒子受电场影响,移动并沉积时,此沉积物在电场力作用下不能移动,而吸附在工件上的介质(主要是水)相对地被挤压,在内渗力作用下,穿过沉积的涂膜进入涂料液中,称为电渗。

(4)电解。当电流通过电解质水溶液时,水便发生电解反应,在阴极放出氢气,阳极放出氧气,同时阳极本身也会发生溶解。

2. 电泳涂装的优缺点

(1)涂膜均匀,附着力强,质量好,一般涂装方法不易涂或不好涂的部位,如内层、凹缘、焊缝等处都能获得均匀、平整、光滑的涂膜。

(2)涂料的利用率高达 90%~95%。

(3)电泳涂料是以水作为主要溶剂,减少了空气污染,没有火灾的危险,改善了劳动条件。

(4)施工速度快,可实现机械化和自动化连续生产,劳动生产率高。

(5)设备复杂,投资费用大。

(6)限于在导电的被涂物表面上涂装。

(7)烘烤温度较高,耗电量稍大。

(8)不易变换涂料颜色。

(9)废水必须进行处理。

3. 影响电泳涂膜质量的主要因素

(1)电压。电压是决定涂膜厚度、外观的主要因素,电压过低,则泳透力差,涂膜薄;电压高,泳透性能好,但电压过高,则涂膜表面粗糙,有针孔、橘皮等。电压的选择决定于涂料类型、工件材料、或工件外形复杂程度和极间距离等。一般情况下,对于钢铁焊件可采用 30~70V,钢铁铸件和铝及铝合金件可采用 60~100V,镀锌件可采用 70~80V。

(2)电泳时间。涂膜厚度随着电泳时间的延长而增加,但当涂膜达到一定厚度时,继续延长时间,膜厚也不再增加,一般电泳时间为 1~8min。

(3)漆液温度。温度过低,电沉积量小,涂膜薄;漆液温度高,涂膜易加厚。但过高时,涂膜变得粗糙,有橘皮,如长期温度过高,会造成涂料液变质,通常控制在 15~30℃ 为宜。

(4)漆液固体分量。分量低时,涂料浪费少,但过低时泳透力降低,涂膜薄,容易产生针孔,表面粗糙。固体分量高,泳透力好,涂膜表面状态得到改善。但过高时,泳透力也降低,电渗性不良,涂膜粗糙疏松,而且工件带出损失的涂料量也大,一般控制漆液中固体分量在10%~15%。

(5)漆液的 pH 值。pH 值过低时,漆液的亲水性下降,树脂水溶性不良,涂料分散不好,漆液变质;pH 值过高时,涂膜薄,泳透力下降,而且新沉积的涂膜会再溶解,涂膜易出现针孔,表面变粗,一般 pH 值控制在 7.5~9.5 之间。

(6)漆液的电阻值。工件从前一道处理工序带入电泳槽的杂离子或稀释水,会使涂料液的电阻值下降,从而引起涂膜出现粗糙、不均匀和有针孔等各种弊病,因此,必须设法减少杂离子对漆液的污染。漆液中杂离子的许可质量分数见表 7-7。

漆液杂离子的许可质量分数 表 7-7

离子名称	SO_4^{2-}	NO_3^{1-}	PO_4^{3-}	Zn^{2+}	Ca^{2+}	Cr_2O^{2-}
许可质量分数/(mg/L)	120	108.5	143.5	80	300	0.5

(7)阴阳极面积比及极间距。阴阳极面积比对涂膜厚度及外观影响不大,但当阴极面积过小时,阴极电解速度加剧,会出现气泡增多,影响涂层质量。一般阴极面积不能小于阳极面积的 1/3,阴阳极面积比取 1∶1 更好。

极间距对涂膜厚度有一定影响,在电压一定的条件下,极间距小,沉积量增加。但极间距过小时,涂料液升温快,泡沫多,反而使涂膜质量下降。若极间距太大,沉积量减少,涂膜薄。极间距一般以 150~800mm 为宜,极板至工件外缘的间距应大于 150mm。

(8)颜料树脂比(P/B——颜基比)恰当的 P/B 是:灰色(20~30)/60,红棕色(25~35)/60;黑色(3~4)/60。

比率大,涂面不好,容易出现小针孔,比率小,易出现大针孔。

(9)溶剂含量。电泳槽一般含有 5%~6% 的溶剂,溶剂过多会使电泳时所使用的电压降低,造成泳透力坏,而且会出现针孔。

4. 电泳涂膜常见的弊病及其原因

(1)涂膜外观不好。有花脸、橘皮、流挂等现象。这种病态所产生的原因主要是由于表面处理不好,脱脂、除锈不净或磷化膜不均匀;电泳后水洗不净;pH 值过高;漆液泡沫过多;固体量过高;极间距离或被涂工件距离小;电压过高;漆液温度过高等方面。

(2)工件表面光亮不一致。这种病态主要是因为漆液中的颜基比不适当,P/B 过大,而且分散性不好;漆液搅拌不充分;固体量过低;pH 值低;电压太低,涂膜转薄等原因。

(3)涂膜过薄。涂膜过薄的主要原因是电压过低、pH 值过高、固体量过低、电泳时间过短、涂料温度过低、搅拌速度过快等。

(4)针孔。引起针孔的主要原因是固体量太低,水解激烈;电压太高,电解反应快,气泡增多,涂料液中杂质离子过多;通电入槽时速度较慢,或槽液搅拌慢;工件表面潮湿(产生阶梯针孔);槽液混入油类;工件表面脱脂不净、颜基比小、漆液流平性过大(易产生大针孔)等。

(5)粗粒。主要原因有灰尘等异物混入漆液、电泳涂料溶解不良、颜料分散不良、杂离子太多等。

(6)水迹。主要原因有涂膜疏松,电渗性差;漆液中助溶剂太多;颜基比小,清漆过多等。

(7)电泳后水洗时涂膜脱落。主要原因有表面处理不干净、pH 值过高、涂膜产生再溶解;电压过低;杂质离子过多;水洗时间过长;颜基比大等方面。

7.4.3 粉末喷涂

1. 粉末涂料

粉末涂料是一种新型涂料。一次涂覆的涂层厚度可从几十微米到 $100\mu m$ 以上,可代替溶剂型涂料的几道涂层,简化了施工工艺,显著地减轻了工人的劳动强度和提高了生产效率,而且再加上适当的回收装置,粉末的回收率可达 90% 以上。但工件必须经高温烘烤,调色也不如溶剂型涂料方便,并且要有一套相应的涂覆设备。

粉末涂料可分为两类:

(1)热塑性粉末。它包括聚氯乙烯、聚乙烯、氟树脂、聚丙烯、氯化聚醚、聚苯硫醚、尼龙等。

(2)热固性粉末。它包括环氧粉末、聚酯粉末、丙烯酸粉末等。

2. 粉末喷涂工艺

粉末喷涂方法有流化床法、静电流化床法、静电喷涂法和火焰喷涂法等。目前应用较多的是流化床法和静电喷涂法。尤其是作为装饰性涂层,多数用静电喷涂法。

1)流化床法

在装有多孔隔板的槽中放入粉末,从底部通过多孔隔板,通入适量的压缩空气,使粉末涂料形成流化层,然后往流化层浸入预热的工件,粉末被熔融而形成均匀的涂层。

这种方法的优点是设备简单,操作方便,使用的粉末品种范围广、更换颜色也较容易。缺点是不能薄涂,外观和附着力不够理想。

2)静电喷涂法

用压缩空气将粉末送到带有高压静电的喷枪上,使粉末带上负电,粉末由于受静电引力作用而吸附到作为正极的工件上(工件接地)。其优点是可获得较薄而且均匀的涂层,对复杂的工件也可获得较好的效果。

静电喷粉装置如图7-4所示。

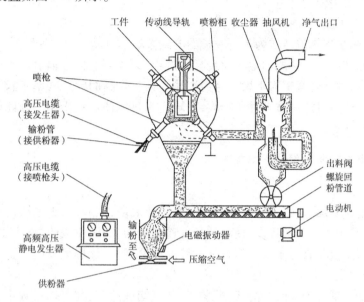

图7-4 静电喷粉装置示意图

3)静电喷粉的工艺参数

(1)电压——60~100kV。

(2)送粉压力——一般为5~15kPa;形状复杂的工件或喷死角及凹坑处时,压力为20~30kPa。

(3)喷出粉末量——对中小型工件,单枪出粉量可控制在4~12kg/h,对大型工件,出粉量可大些。

喷枪与工件距离——150~350cm范围内。

4)静电喷粉的安全措施

安全措施与静电喷涂相同。

7.5 干燥工艺

涂膜干燥的过程也就是涂膜形成的过程。各种不同的涂料有着不同的干燥要求和干燥工艺规范。干燥工艺又与涂膜的外观质量、物理、力学性能及涂装成本等有着极其密切的关系。因此,正确地选用干燥方法和控制干燥条件是十分重要的。

7.5.1 干燥方法

1. 自然干燥

这种干燥方法的特点是：不需要任何设备，只需要有一个灰尘少和通风良好且较大的场地；但干燥时间受气候变化的影响较大，因此只适用于小批量生产的汽车企业。

2. 热空气对流干燥

对流干燥是利用热源以对流方式传递的原理干燥涂膜的。其热源有蒸气、煤气、电热。首先是由热源对热传导介质——空气进行加热，然后靠自然对流或强制对流的形式将热量传递给涂装工件，从而达到干燥的作用。这种干燥方法的热能利用率及干燥的效率都比较低，但设备简单，所以目前应用较为普遍。

3. 红外线辐射干燥

这种干燥方法是将热能转变为不同波长的电磁振动辐射能。而这种辐射能又被其物体吸收转化为热能，致使产生了热能的辐射和吸收的过程，即辐射交换。辐射热干燥法中，目前应用最广泛的就是这种红外线辐射干燥。因为红外线具有较高的发热效率，当红外线照射在涂装的工件表面时，能透过涂层被工件所吸收，而转变为热能使涂膜干燥。因此干燥速度快，并可使得涂膜坚硬、光亮。

7.5.2 各类涂料所适用的干燥方法

1. 挥发性漆

这类涂料，如硝基漆、过氯乙烯漆、丙烯酸漆、磷化底漆、虫胶漆、聚酯酸乙烯乳胶漆等，在干燥过程中主要是由于溶剂的挥发，使漆的黏度逐渐增加，而固化成膜，漆中主要成膜物质不起化学变化，所以适合于自然干燥。但若相对湿度超过80%，涂膜易发白。

2. 氧化聚合型漆

这类涂料，如清油、酯胶漆、酚醛漆、醇酸漆、环氧酯底漆等，在干燥过程中，虽有溶剂的挥发，但主要是依靠成膜高分子之间的氧化聚合作用而固化成膜的。因为氧化聚合反应速度慢于溶剂的挥发，所以这一类型的干燥速度主要取决于氧化聚合反应速度。这类漆都能自干，但在100℃以下干燥，可提高涂膜性能。

3. 烘烤聚合型漆

这类涂料，如氨基烘漆、环氧酚醛漆、环氧氨基漆、有机硅漆、沥青烘漆、丙烯酸烘漆等，只能烘干，不能自干，只有在较高温度下，成膜高分子之间才能起交联反应而固化成膜，在常温下不起反应。对于各种烘干聚合型漆，烘烤温度太低，交联反应太慢，或根本不起反应；温度太高，可能使成膜高分子裂解，颜料分解变色。

4. 固化剂固化型漆

这类涂料，如环氧漆、聚氨酯漆、环氧沥青漆等，是靠固化剂中的活性元素或活性基因引起成膜物质分子的交联固化的。这类漆是双组分油漆，现配现用，可以自然干燥，也可以低温烘烤。

7.6 典型涂装工艺

涂装是指用涂料装饰产品，汽车涂装工艺是指涂料涂覆汽车车身覆盖件表面的工艺。

7.6.1 汽车用涂料

（1）货车车身组，代号为 TQ1，该组分两级。甲级具有优良的装饰性；乙级只有一般的装饰保护作用，它们主要用于货车驾驶室及其覆盖件的涂装。

(2)轿车车身组,代号为TQ2,该组分两级。甲级具有高等级的装饰性作用,主要用于高级轿车车身及其覆盖件的涂装;乙级具有优良的装饰保护性,主要用于中级轿车车身及其覆盖件的涂装。

(3)车箱组,代号为TQ3,也分为两级。甲级具有防腐、装饰性能,用于金属车箱;乙级也具有防腐、装饰性能,用于木质车箱。

(4)车内装饰组,代号为TQ4,没分级,主要用于客车、货车内饰件。

7.6.2 车身用底漆

底漆是涂布在经过表面处理的白车身表面上的第一层漆,是整个涂层的基础。它是车身防锈蚀的关键涂层。

底漆必须具备下列特性:

(1)应具有极强的附着能力,结合力强,应能牢固地附着在车身表面,还应能与腻子或面漆牢固结合。

(2)有良好的防锈能力、耐腐蚀性、耐潮湿性和抗化学试剂性。

(3)底漆涂膜应具有较高的机械强度、适当的弹性和一定的韧性,当车身覆盖件膨胀或收缩时,不致脆裂脱落。

(4)应与中间涂层或面漆涂层有良好的配套性和良好的施工性。应能适应汽车涂装工艺和大量流水生产的要求。

为达到上述特性,底漆用的主要漆基应为各种改性的环氧树脂、酚醛树脂、醇酸树脂和一些优质水溶性树脂(如马来酸改性的聚丁烯树脂、聚酯型树脂和环氧酯树脂等)。醇酸树脂因其耐潮湿性差,易起泡,已有被淘汰之势。汽车用底漆中都有优质的防锈颜料。汽车车身涂装常用底漆,见表7-8。

汽车车身涂装常用底漆　　表7-8

型号	名称	组成	性能	施工注意事项	应用
F06-10	铁红醇酚醛电泳底漆	纯酚醛电泳漆料,防锈颜料,蒸馏水	附着力好,防锈性好,漆膜平整与面漆结合力好	水作溶剂,水质要好,施工时遵守技术规范	车身覆盖件
H06-3	铁红、锌黄环氧底漆	环氧树脂,三聚氰胺甲醛树脂,防锈颜料,溶剂(二甲苯、丁醇)	优越的附着力,极好的耐水性及耐化学药品性能		高级轿车和驾驶室覆盖件
H06-5	铁红环氧酯电泳底漆	环氧树脂,亚麻油,酸顺丁烯二酸酐,丁醇,胺类,蒸馏水	附着力、耐水防潮及防锈性能近似于环氧底漆	溶剂是水	驾驶室覆盖件
H06-19	铁红锌黄环氧酯底漆	环氧树脂,植物油,氨基树脂(少量),铁红锌黄,体质颜料,溶剂(二甲苯、丁醇)	漆膜坚硬耐久,附着力好,可与磷化底漆配套使用		驾驶室覆盖件

7.6.3 车身用中间层涂料

中间层涂料是指作为底漆层与面漆层之间的涂层涂料。它主要用来改善被涂工件表面或底涂层的平整度,对物体表面微小的不平处有填平能力。如用来填平涂过底漆表面的划痕、针孔和麻点等缺陷,为面漆层创造优良的基底,增加底漆层和面漆层的结合力,提高整个涂层的外观质量。对于表面平整度和装饰性要求不高的汽车车身,在大量流水生产中,常去掉中间涂层,以简化工艺。但对于装饰性要求高的乘用车,有时采用下面几种中间层涂料:通用底漆(又称底漆二道浆)、二道浆(又称喷用腻子)、腻子(俗称填密)和封底漆。

中间层涂料应具有以下特性:

(1)应与底漆、面漆层配套良好,涂层之间的结合力强,硬度适中,不产生被面漆的溶剂咬起的现象(一种涂装缺陷)。

(2)应具有较强的填平性,能取消被涂漆表面的浅纹路等微小缺陷。

(3)打磨性能良好,在湿打磨后能得到平整光滑的表面,能高温烘干,烘干后干性好,再打磨时不粘砂纸。

(4)涂层不应在潮湿环境下起泡。

为保证涂层间的结合力和配套性,中间层涂料所选用的漆基与底漆和面漆所用的漆基相仿,最好选用同一家公司的产品,并逐步由底向面过渡。

中间层涂料的种类也比较多,主要有环氧树脂、氨基醇酸树脂和醇酸树脂漆。几种常用的中间层涂料见表7-9。

汽车车身涂装常用中间层涂料　　　　表7-9

型　号	名　称	组　成	性　能	施工注意事项	应　用
C06-10	醇酸二道底漆,又称醇酸二道浆	涂料用二甲苯兑稀后喷涂,与醇酸底漆、醇酸磁漆、醇酸腻子、氨基烘漆等配套使用	漆膜细腻,容易打磨,打磨后平整光滑	喷涂后可常温干燥。若喷涂后放置0.5h,再在100~110℃温度下烘烤1h,可提高漆膜性能	多用其喷涂在底漆和腻子的表面上;或只有底漆的金属上,填平微孔和砂纹
H06-9	环氧酯烘干二道底漆	施工以喷涂为主,用二甲苯调稀	填密性良好,可填密腻子孔隙、细痕,也易打磨	漆膜烘干后,可用水砂纸打磨,使底层平滑	作为汽车车身封闭底漆
C06-5	过氯乙烯二道底漆,又称过氯乙烯封闭漆	适宜喷涂,用X-3过氯乙烯稀释剂和F-2过氯乙烯防潮剂调整黏度,除防潮外还可防止发白。可与过氯乙烯底漆、腻子、磁漆、清漆等配套使用	可填平微孔和砂纹,打磨性较好,能增加面漆的附着力和丰满度		用来作为头道底漆和腻子层上的封闭性底漆

7.6.4　车身用面漆

汽车面漆是汽车车身覆盖件多层涂层中最后涂层用的涂料,汽车的装饰性、耐候性、耐潮湿性和抗污性等性能要求主要靠面漆实现。在汽车车身生产中,尤其在乘用车生产中,对汽车用面漆的质量要求非常高,具体要求如下:

(1)外观装饰。保证汽车车身具有高质量的、优美的外观,具有光彩亮丽的外观装饰性。

(2)硬度和抗崩裂性。面漆涂膜应坚硬耐磨,以保证涂层在汽车行驶中经受路面砂石的冲击和在擦洗车身时不产生划痕、裂纹。

(3)耐候性。按有关标准,要求汽车用面漆涂层在热带地区长期暴晒不少于 12 个月后,只允许极轻微的失光和变色,不得有起泡、开裂和锈点。

(4)耐潮湿性和防腐蚀性。涂过面漆的工件浸泡 40~50℃ 的温水中,暴露在相对湿度较高的空气中,面漆应不起泡、不变色或不失光。整个涂装体系具有较强的防腐蚀性。

(5)耐药剂性。面漆涂层在使用过程中,若与蓄电池酸液、润滑油、制动液、汽油、各种清洗剂和路面沥青等直接接触,擦净后接触面不应变色或失光,也不应产生带色的印迹。

(6)施工性。在大量流水生产中,面漆的涂布方法采用自动喷涂或静电喷涂,烘干温度一般为 120~140℃,时间为 30~40min 为宜。在装饰性要求高时,面漆涂层应具有优良的抛光性能,这样能满足汽车在使用中对漆面光泽度翻新的要求。

汽车车身用面漆的种类很多,按其成分主要有表 7-10 所示的几大类。

汽车车身涂装常用面漆 表 7-10

型 号	名 称	组 成	性 能	施工注意事项	应 用
B01-10	丙烯酸清烘漆	甲基丙烯酸脂、丙烯酸酯、β-烃乙酯、三聚氰胺甲醛树脂,增韧剂、苯、酮类溶剂	漆膜有较好的光泽、硬度、丰满度,以及防湿热、防盐雾、防霉变的性能,保色、保光性极好	供 B05-4 面漆罩光用	用于轿车车身
B05-4	各色丙烯酸烘漆	加颜料,其余与丙烯酸清烘漆组成相同	热固性漆,烘干后漆膜丰满,光泽及硬度良好,保色和保光性极好、三防性能好	用 B05-4 烘漆并掺入质量分数为 50%~70% 的 B01-10 清烘漆喷涂罩光,作为最后工序	用于光泽要求高及三防性能好的轿车车身
A01-10	氨基清烘漆	氨基树脂,三羟甲基丙烷醇酸,丁醇二甲苯	漆膜坚硬,光泽平滑,耐潮及耐候性好	作为 A05-15 面漆罩光用	用于轿车室外金属表面罩光
A05-15	各色氨基烘漆	氨基树脂,三羟基丙烷,脱水蓖麻油,醇酸树脂,有机溶剂	漆膜坚硬度高,光亮度好,漆膜丰满,耐候性优良,附着力好,抗水性强	与电泳底漆、环氧树脂底漆配套,进入烘干室烘干前,应在常温下静置 15min	用于中级轿车车身
C04-49	各色醇酸磁漆	植物油改性醇酸树脂,颜料,加少量氨基树脂,催干剂,二甲苯	较好的耐候性,附着力,耐水耐油性也较好	加少量氨基树脂起防皱作用,故可一次喷得较厚,烘干 120~130℃,时间 30min	用于汽车驾驶室表面涂布
Q04-31	硝基磁漆	低黏度硝化棉,有机硅改性,椰子油醇酸树脂,氨基树脂,增韧剂,溶剂(酯、醇、苯)	漆膜光亮平滑,坚硬、丰满、耐磨、耐温变及机械强度较好、户外耐久性好	面漆总厚度层控制在 100μm 以内,在 100~110℃烘 1h,可提高耐温变性	中、高级轿车车身

7.6.5 车身涂装的典型工艺

汽车涂装属于多层涂装。由于各种汽车使用条件及外观要求不一样,涂装工艺也各不相同。国内外汽车车身涂装工艺可以分为以下三个基本体系。

1. 涂三层烘三次体系/涂层总膜厚 70~100μm

碱性脱脂→锌盐磷化→干燥(120℃/10min)→底漆涂层[电泳底漆,膜厚 15~25μm,不烘干(仅晾干水分)]→中间涂层[静电自动喷涂与电泳底漆相适应的水性涂料,膜厚 20~30μm,烘干(100℃/10min(预烘);(160℃/30min(与底漆一起烘干)]→面漆涂层[喷涂三聚氰胺醇酸树脂系面漆(金属闪光色用丙烯酸树脂系),膜厚 35~45μm,烘干(130~140℃)/30min]。

对于外观装饰性要求不太高的旅行车和大型客车车身及轻型载货汽车的驾驶室等一般采用如下涂装体系。

2. 涂三层烘两次体系/涂层总膜厚 70~100μm

碱性脱脂→锌盐磷化→干燥(120℃/10min)→底漆涂层[电泳底漆,膜厚 15~25μm,烘干(160℃/30min)]→中间涂层[静电自动喷涂与电泳底漆相适应的水性涂料,膜厚 20~30μm,烘干(100℃/10min(预烘);(160℃/30min(与底漆一起烘干)]→面漆涂层[喷涂三聚氰胺醇酸树脂系面漆(金属闪光色用丙烯酸树脂系),膜厚 35~45μm,烘干(130~140℃)/30min]。

3. 涂两层烘两次体系/涂层总膜厚 55~75μm

碱性脱脂→锌盐磷化→干燥(120℃/10min)→底漆涂层[电泳底漆,膜厚 20~30μm,不烘干(仅晾干水分)]→干或湿打磨→干燥→面漆涂层[喷涂三聚氰胺醇酸树脂系面漆(金属闪光色用丙烯酸树脂系),膜厚 35~45μm,烘干(130~140℃)/min]。

中、重型载货汽车的驾驶室一般采用这一涂装体系。

第8章 现代车身技术及其发展趋势

现代车身技术引入了飞机(要求低阻、节能和降噪)的开发技术(三维造型、电子样车、数值仿真、气动分析及噪声控制等)和手段(工艺方法),形成一套完美的汽车车身设计、制造、试验的 CAD/CAM/CAE 开发系统,其过程主要是:

(1)以激光扫描、数码照相、反求工程软件 RE–SOFT 和 CATIA 及 UG–11 软件为主,完成汽车车身的 CAD 模型。

(2)以 CFD 流体计算软件 FLUENT 平台对 CAD 模型的后续模拟测试和比例模型风洞试验评价,获取汽车车身在行驶中的气动性能,用于车体结构强度的计算分析。

(3)经产品评价系统后,将车身 CAD 模型形成电子样车。

(4)经 CATIA 或 UG 软件中的 NC 模块、结合数控加工设备和车身总成的四大生产线(冲压、焊装、涂装、总装),完成车身的模具设计、制造的 CAM 模具和汽车车身总成生产。本章介绍有关技术及其发展趋势。

8.1 CFD 技术

计算流体动力学(Computational Fluid Dynamics,简称 CFD)是通过计算机数值计算和图像显示,对包含有流体流动和热传导等相关物理现象所做的系统分析。

CFD 的基本思想是把原来在时间域及空间域上连续的物理量的场,如速度场、压力场和密度场,用一系列有限个离散点上的变量值的集合来代替,通过一定的原则和方式建立起关于这些离散点上场变量之间关系的代数方程组,然后求解代数方程组获得场变量的近似值。

CFD 可以看作是在流动基本方程(质量守恒方程、动量守恒方程、能量守恒方程)控制下对流动的数值模拟。通过这种数值模拟,可以得到极其复杂的问题在流场内各个位置上的基本物理量(如速度、压力、温度、质量分数等)的分布,以及这些物理量随时间的变化情况,确定旋涡分布特性、空化特性及脱流区等。此外,与 CAD 联合,还可进行结构优化设计等。

CFD 分析技术是在计算机上进行虚拟仿真,它可以对汽车设计进行指导,从而减少汽车试验和测试的次数,降低设计成本。同时,CFD 技术可以在很短的时间内对不同方案进行计算分析,因而可以在设计初期阶段就得到实用的工程数据,加快了产品研发速度。另外,对于一些极端工况或是条件所限无法进行试验的情况,可以采用 CFD 技术进行计算分析,从而弥补了试验的不足。

随着计算流体力学相关理论和计算机技术的快速发展,CFD 分析的精度和速度必将得到更大的提高,因此 CFD 技术将会在汽车开发中发挥更大的作用。

8.1.1 CFD 基本知识

1. 流体与流动的基本特征

流体是 CFD 的研究对象,流体的性质及流动状态决定着 CFD 的计算模型及计算方法的选择，决定着流场各物理量的最终分布结果。

1) 理想流体与黏性流体

黏性(viscocity)是流体内部发生相对运动而引起的内部相互作用。流体在静止时虽不能承受切应力，但在运动时，对相邻两层流体间的相对运动，即相对滑动速度却是有抵抗的，这种抵抗力称为黏性应力。流体所具有的这种抵抗两层流体间相对滑动速度，即抵抗变形的性质称为黏性。

黏性大小取决于流体的性质，并随温度而变化。试验表明，黏性应力的大小与黏性及相对速度成正比。当流体的黏性较小(如空气和水的黏性都很小)，运动的相对速度不大时，所产生的黏性应力比起其他类型的力(如惯性力)可忽略不计。此时，可以近似的把流体看成是无黏性的，称为无黏性流体(inviscid fluid)，又称理想流体(perfect fluid)；而对于有黏性的流体，则称为黏性流体(viscous fluid)。显然，理想流体对于切向变形没有任何抵抗能力。应该强调指出，真正的理想流体在客观实际中是不存在的，它只是实际流体在某种条件下的一种近似模型。

2) 牛顿流体与非牛顿流体

依据内摩擦剪应力与速度变化率的关系不同，黏性流体又分为牛顿流体(Newtonian fluid)与非牛顿流体(non-Newtonian fluid)。

观察近壁面处的流体流动，可以发现，紧靠壁面的流体黏附在壁面上，静止不动。而在流体内部之间的黏性所导致的内摩擦力的作用下，靠近这些静止流体的另一层流体受迟滞作用速度降低。

流体的内摩擦剪切力 τ 由牛顿内摩擦定律决定，即

$$\tau = \mu \lim_{\Delta n \to 0} \frac{\Delta u}{\Delta n} = \mu \frac{\partial u}{\partial n} \tag{8-1}$$

式中：Δn——沿法线方向的距离增量；

Δu——对应于 Δn 的流体速度的增量。

$\Delta u / \Delta n$——法向距离上的速度变化率。

所以，牛顿内摩擦定律表示：流体内摩擦应力和单位距离上的两层流体间的相对速度成比例。比例系数 μ 称为流体的动力黏度，常简称为黏度。它的值取决于流体的性质、温度和压力大小。μ 的单位是 $N \cdot s/m^2$。

若 μ 为常数，则称该类流体为牛顿流体；否则，称为非牛顿流体。空气、水等均为牛顿流体；聚合物溶液、含有悬浮杂质的流体为非牛顿流体。

对于牛顿流体，通常用 μ 和密度 ρ 的比值 ν 来代替动力粘度 μ，即

$$\nu = \frac{\mu}{\rho} \tag{8-2}$$

通过量纲分析可知，ν 的单位是 m^2/s。由于没有动力学中力的因次，只具有运动学的要素，所以称 ν 为运动黏度。

3) 流体热传导及扩散

除了黏性外，流体还有热传导(heat transfer)及扩散(diffusion)等性质。当流体中存在温度差时，温度高的地方将向温度低的地方传送热量，这种现象称为热传导。同样地，当流体混合物中存在着组元的质量分数差时，质量分数高的地方将向质量分数低的地方输送该组元的物质，这种现象称为扩散。

流动的宏观性质,如扩散、黏性和热传导等,是分子输运性质的统计平均。由于分子的不规则运动,在各层间交换着质量、动量和能量,使不同流体层内的平均物理量均匀化。这种性质称为分子运动的输送性质。质量输送在宏观上表现为扩散现象,动量输送表现为黏性现象,能量输运则表现为热传导现象。理想流体忽略了黏性,即忽略了分子运动的动量输运性质,因此在理想流体中也不应考虑质量和能量输运性质——扩散和热传导,因为它们具有相同的微观机制。

4）可压流体与不可压流体

根据密度ρ是否为常数,流体分为可压(compressible)与不可压(incompressible)两大类。当密度ρ为常数时,流体为不可压流体,否则为可压流体。空气为可压流体,水为不可压流体。有些可压流体在特定的流动条件下,可以按不可压流体对待。

在可压流体的连续方程中含密度ρ,因而可以把ρ视为连续方程中的独立变量进行求解,再根据气体的状态方程求出压力。不可压流体的压力场是通过连续方程间接规定的。由于没有直接求解压力的方程,不可压流体的流动方程的求解尤其困难。

5）定常流动与非定常流动

根据流体的物理量（如速度、压力、温度等）是否随时间变化,将流动分为定常(steady)与非定常(unsteady)两大类。若流动的物理量不随时间变化,称为定常流动；若流动的物理量随时间变化,则称为非定常流动。定常流动又称恒定流动,或称稳态流动；非定常流动又称非恒定流动、非稳态流动,或称瞬态(transient)流动。

6）层流与湍流

自然界中的流体流动状态主要有两种形式,即层流(laminar)和湍流(turbulence)。层流是指流体在流动过程中两层之间没有相互混掺,而湍流是指流体不是处于分层流动状态。一般说来,湍流是普遍的,层流属于个别情况。

对于圆管内流动,定义 Reynolds 数（雷诺数）：

$$Re = ud/v$$

式中：u——液体流速；

v——运动黏度；

d——管径。

当 $Re \leqslant 2300$ 时,管流一定为层流；$Re \geqslant 8000$ 时,管流一定为湍流；当 $2300 < Re < 8000$ 时,流动处于层流与湍流间的过渡区。

对于一般流动,在计算 Reynolds 数时,可用管的半径R代替上式中的d,即

$$R = A/x$$

式中：A——通流截面积；

x——湿周。

对于液体,x等于在通流截面上液体与固体解除的周界长度,不包括自由液面以上的气体与固体解除的部分；对于气体,它等于通流截面的周界长度。

2. 流体动力学控制方程

流体流动要受物理守恒定律的支配,基本定律包括：质量守恒定律、动量守恒定律、能量守恒定律。如果流动处于湍流状态,系统还要遵守附加的湍流输运方程。控制方程(governing equations)是这些守恒定律的数学描述。

1）质量守恒方程

任何流动问题都必须满足质量守恒定律。该定律可表述为：单位时间内流体微元体中质量的增加，等于同一时间间隔内流入该微元体的净质量，按照这一定律可以得出质量守恒方程（mass conservation equation）为

$$\frac{\partial \rho}{\partial t} + \Delta(\rho u) = 0 \tag{8-3}$$

式中：ρ——密度；
$\quad$ t——时间；
$\quad$ u——速度矢量；
$\quad$ Δ——散度。

质量守恒方程常称为连续方程（continuity equation）。

2）动量守恒方程

该定律可表述为：微元体中流体的动量对时间的变化率等于外界作用在该微元体上的各种力之和。该定律实际上是牛顿第二定律。按照这一定律，可导出 x、y 和 z 方向的动量守恒方程（momentum conservation equation），即

$$\frac{\partial(\rho u)}{\partial t} + \mathrm{div}(\rho u u) = -\frac{\partial p}{\partial x} + \frac{\partial \tau_{xx}}{\partial x} + \frac{\partial \tau_{yx}}{\partial y} + \frac{\partial \tau_{zx}}{\partial z} + F_x \tag{8-4a}$$

$$\frac{\partial(\rho v)}{\partial t} + \mathrm{div}(\rho v v) = -\frac{\partial p}{\partial y} + \frac{\partial \tau_{xy}}{\partial x} + \frac{\partial \tau_{yy}}{\partial y} + \frac{\partial \tau_{zy}}{\partial z} + F_y \tag{8-4b}$$

$$\frac{\partial(\rho w)}{\partial t} + \mathrm{div}(\rho w w) = -\frac{\partial p}{\partial z} + \frac{\partial \tau_{xz}}{\partial x} + \frac{\partial \tau_{yz}}{\partial y} + \frac{\partial \tau_{zz}}{\partial z} + F_z \tag{8-4c}$$

式中：$\quad$ p——流体微元体上的压力；
τ_{xx}、τ_{yx} 和 τ_{zy}——因分子黏性作用而产生的作用在微元体表面上的黏性应力 τ 的分量；
F_x、F_y 和 F_z——微元体上的体力，若体力只有重力，且 z 轴竖直向上，则 $F_x = 0$，$F_y = 0$，
$\quad\quad\quad$ $F_z = -\rho g$。

3）能量守恒方程

能量守恒定律是包含有热交换的流动系统必须满足的基本定律。该定律可表述为：微元体中能量的增加率等于进入微元体的净热流量加上体力与面力对微元体所作的功。该定律实际是热力学定义定律。

流体的能量 E 通常是内能 i、动能 $K = \frac{1}{2}(u^2 + v^2 + w^2)$ 和势能 P 三项之和，可针对总能量 E 建立能量守恒方程。但是，这样得到的能量守恒方程并不是很好用，一般是从中扣除动能的变化，从而得到关于内能 i 的守恒方程。而内能 i 与温度 T 之间存在一定关系，即 $i = c_p T$，其中 c_p 是比热容。这样，可得到以温度 T 为变量的能量守恒方程（energy conservation equation），即

$$\frac{\partial(\rho T)}{\partial t} + \mathrm{div}(\rho u T) = \mathrm{div}\left(\frac{k}{c_p}\mathrm{grad}T\right) + S_T \tag{8-5a}$$

该式写成展开形式，即

$$\frac{\partial(\rho T)}{\partial t} + \frac{\partial(\rho u T)}{\partial x} + \frac{\partial(\rho v T)}{\partial y} + \frac{\partial(\rho w T)}{\partial z} = \frac{\partial}{\partial z}\left(\frac{k}{c_p} \cdot \frac{\partial t}{\partial x}\right) - \frac{\partial}{\partial y}\left(\frac{k}{c_p} \cdot \frac{\partial t}{\partial y}\right) + \frac{\partial}{\partial z}\left(\frac{k}{c_p} \cdot \frac{\partial t}{\partial z}\right) + S_T$$

$$\tag{8-5b}$$

式中：c_p——比热容；
$\quad$ T——温度；

k——流体的传热系数；

S_T——流体的内热源及由于黏性作用流体机械能转换为热能的部分，有时简称 S_T 为黏性耗散项。

4）湍流的控制方程

湍流是自然界非常普遍的流动类型，湍流云的特征是在运动过程中液体质点具有不断的相互混掺的现象，速度和压力等物理量在空间和时间上均具有随机性质的脉动值。

三个瞬态 Navier-Stokes 方程，无论对层流还是湍流都是适用的。但对于湍流，如果直接求解三维瞬态的控制方程，需要采用计算机内存和速度要求很高的直接模拟方法，但目前还不可能在实际工程中采用此方法。工程中广为采用的方法是对瞬态 N—S 方程做时间平均处理，同时补充反映湍流特性的其他方程，如湍流动能方程和湍流耗散率方程等。

8.1.2 CFD 的求解过程

无论是流动问题、传热问题、稳态问题，还是瞬态问题，其求解过程都如图 8-1 所示。

通过求解过程得出各计算节点上的解后，需要通过适当的手段将整个计算域上的计算结果表示出来，这时可采用线值图、矢量图、等值线图、流线图、云图等方式对计算结果进行表示。

8.1.3 CFD 在车身开发中的应用

CFD 在汽车领域的应用，在产品设计阶段就可以预测产品的空气动力学特性，确保产品制造出来后符合设计的空气动力学要求，同时通过流体动力学分析可以验证和改进流体及热传导对产品性能的影响，如图 8-1 所示。

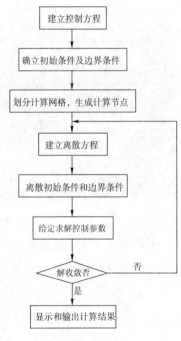

图 8-1 CFD 工作流程

汽车流体动力学分析主要有汽车外流场、空调系统、热管理以及零部件分析等。

1. 汽车外流场 CFD 模拟

CFD 在汽车外流场模拟中的主要应用有外部阻力优化、底盘优化、绕流部件设计以及外后视镜设计。

(1) 外部阻力优化：汽车运动时，空气会对车身产生一个气动阻力，并且阻力大小与车运动速度的平方成正比。一般来说，在汽车超过 100km/h 时，气流对车辆产生的阻力就会超过车轮的滚动阻力，如图 8-2 所示。

(2) 底盘优化：车身底部、车轮、轮腔以及底部的凹凸外形对汽车的阻力及升力影响很大，只通过风洞试验和道路试验方法很难得到底部气动特性。只有数值模拟与实车试验结合，才能掌握汽车底部的复杂漩涡流动特性，以进一步改善汽车的空气动力性能。

(3) 绕流部件设计（尾涡分析）：当汽车行驶时，汽车周围的空气绕汽车流动，并在尾部形成涡流。如图 8-3 所示。随着公路状况的改善，汽车行驶速度的日益提高，汽车后部气流分离新生尾涡的强度也随之增大，因此气动阻力有增加的趋势。如何降低汽车后部形成的尾涡强度和大小，减少气动阻力，就成为当今汽车车型设计中一个重要的任务。

a) 车后0.3m处速度云图

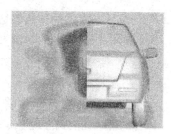
b) 车后0.8m处速度云图

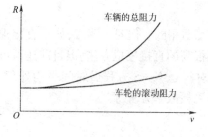

c) 车后1.5m处速度云图 d) 车后3m处速度云图

图8-2　行车阻力 R 与车速 v 的变化关系　　　　　图8-3　尾涡分析

（4）外后视镜设计：后视镜附近气流的不稳定流动及压力脉动是气动噪声产生的根本原因，因此优化后视镜附近的流场特性，如图8-4所示，可以减少风噪声，提升整车的噪声水平。

2. 空调系统中的CFD模拟

空调系统中CFD的主要应用有：空调风道流场分析，乘员舱舒适性分析、除霜除雾分析以及空调系统内部件之间的匹配分析。

1）空调风道流场分析

汽车空调风道对整个汽车空调系统的性能有着重要影响，利用试验的方法优化风道系统。利用计算机仿真技术，采用数学模型分析代替真实试验，可以缩短研发周期，减少反复试验造成的浪费。利用CFD技术分析风道内流动特

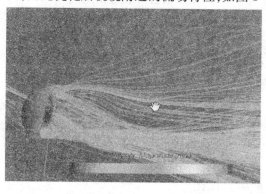

图8-4　外后视镜分析

性，获取风道内的速度分布、出口的流量分配情况及风道的阻力特性，提供改进方案，优化风道结构，从而提高车室环境的舒适性及除霜性能，如图8-5所示。

图8-5　空调风道流场分析速度流线分布

2）乘客室舒适性分析

在如今对车内舒适性要求越来越高的情况下，车内的空调显得非常重要。乘客室舒适性分析的内容有车室内流动与温度场的数值模拟，考虑车内热源、太阳辐射、车窗透射、人体散热

等情况下车内热舒适性分析,考虑不同出风口形状对风速、舒适性的影响。通过分析可以计算车室内需要加热或制冷的功率,设计出最佳出风口的形状以及研究不同位置乘客的热舒适性等,如图 8-6 所示。

3) 除霜除雾分析

汽车的除霜性能是汽车空调系统的主要功能之一,也是国家标准中规定强制检测的一项指标,如图 8-7 所示。

 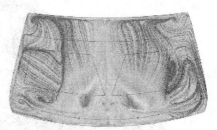

图 8-6　乘员舱舒适性分析　　　　　　　图 8-7　除霜除雾速度矢量图

4) 空调系统内部件之间的匹配分析

蒸发器总成是汽车空调系统的核心部件,其空气侧流道结构必须与蒸发器芯体的制冷剂流道结构相匹配,否则将对汽车空调系统的制冷效果产生显著的影响。通过 CFD 分析验证蒸发器总成空气侧流道结构与蒸发器芯体的制冷剂流道结构是否匹配,并提出改进蒸发器芯体制冷剂流道结构,从而提高空调系统制冷效果。

3. 热管理中 CFD 应用

发动机舱内空间小,散热部件多,结构复杂而不规则,发动机舱内易形成流动死区和局部高温区,需合理置流场,确保气流充分带走发动机及其他散热部件的热量。

基于 CFD 的数值模拟全面而详细的分析冷却气流在发动机舱内的流动和换热过程,得到流速、流态、换热量和各温度等详尽参数,为发动机舱的设计和优化提供有力参考和验证,如图 8-8 所示。

4. 气动噪声中 CFD 应用

在低速情况下,风噪声水平非常低,通常被路-轮胎噪声、传动系噪声、排气噪声和环境噪声掩盖。而在高速时风噪声是影响乘员舒适性的主要因素,例如在高速开车时,经过隧道和有绿化带的车道时车内噪声会发生明显变化。而在过去的约 20 年时间里汽车的噪声(发动机及路面噪声方面)降低了 10dB(A),相比之下高速行驶时气动噪声越来越显得重要。

风噪声分析的主要应用有:外流-后视镜、车窗边柱、刮水器、天线分析;天窗、门、侧窗分析;进气、排气系统分析;HVAC 送风机、管路、冷却风扇分析,如图 8-9 所示。

计算气动声学(computational aeroacoustics,CAA)是基于计算流体力学与气动声学的交叉学科,采用数值计算的方法研究流体与固体之间相互作用所产生噪声的非定常流动机理,以便对于噪声的预测与改善,提供系统的理论依据。

气动噪声模拟流程如图 8-10 所示。

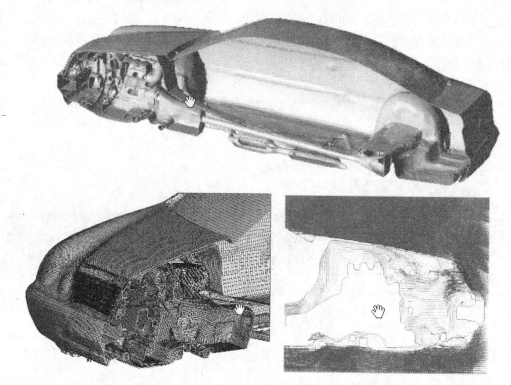

图 8-8 热管理分析

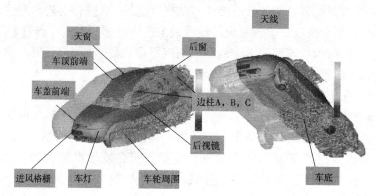

图 8-9 风噪分析

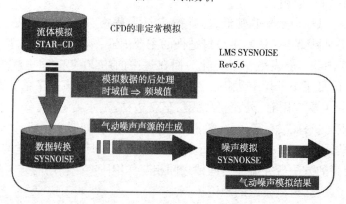

图 8-10 气动噪声模拟流程

5. 零部件 CFD 分析

汽车零部件 CFD 分析主要应用有：催化器优化分析、液力变矩器分析、制动盘冷却分析、油箱内流动分析等。

（1）催化器优化分析：减少汽车用催化器的 NO_x、CO、HC 气体，减少催化器中的压力损耗，使与催化器接触的部分气流均匀。

（2）液力变矩器分析：液力变矩器是利用内部高黏性流体和旋转叶片来传递动力的涡轮机械。利用 CFD 软件对翼型的周期性模型、液力变矩器内部的复杂流动压损、定子/转子干涉问题等进行分析，从而达到流路形状、涡轮、泵轮、导轮各翼形状的状态最优化解析，如图 8-11 所示。

（3）制动盘冷却分析：通过 CFD 技术分析固体内的热传导以及流固耦合传热的功能，分析车轮内的流动和制动盘的热传导，如图 8-12 所示。

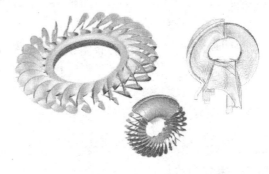

图 8-11 液力变矩器分析

（4）油箱内流动分析：利用 CFD 技术分析紧急加速、急制动、上坡/下坡燃料的动作、燃料液面的高度、油箱内部的流动状况。另外，汽车从给油管到燃油箱加油过程的复杂自由表面流动模拟，以及液体与弯管的冲击也可描述出来。

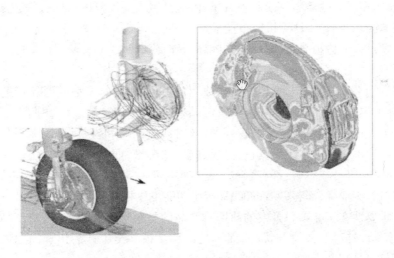

图 8-12 制动盘冷却分析

8.2 模流技术

模具行业是一个高新技术密集，而且又重视经验的产业。特别是随着近代工业的飞速发展，塑料制品用途日益广泛，注塑模具工艺空前发展，依靠人工经验来设计模具已经不能满足需要，企业越来越多地利用注塑模流分析技术来辅助塑料模具的设计。

塑料成形的模流分析是应用质量守恒、动量守恒、能量守恒方程式，配合高分子材料的流变理论和数值求解法所建立的一套描述塑料射出成形的热力历程与充填/保压行为模式，经由人性化接口的显示，以获知塑料在模穴内的速度、应力、压力、温度等参数的分布，塑件冷却凝固以及翘曲变形的情况,并且可以进一步探索成形的参数及模具设计参数等关系。

利用 CAE 模流分析软件,设计人员可以仿真出塑料成形过程中的充填、保压、冷却及脱模后的翘曲变形等过程,准确预测塑料熔胶在模腔内的流动状况,以及温度、压力、剪切应力、体积收缩等变量在整个充填过程中某瞬间的分布情况。利用注塑模流分析技术,能预先分析模具设计的合理性,减少试模次数,加快产品研发,提高企业效率。随着汽车产业的快速发展,越来越多的汽车零部件的材料正逐步由金属转向为塑料,以满足低成本轻量化的发展潮流。塑料零部件已经成为汽车上不可缺少的一部分,相关的模具及注塑产业也已经成为汽车产业供应链上最为关键的环节。

计算机辅助工程(CAE)技术已成为塑料产品开发、模具设计及产品加工中这些薄弱环节最有效的途径。同传统的模具设计相比,CAE 模流技术无论在提高生产率、保证产品质量,还是在降低成本、减轻劳动强度等方面,都具有很大优越性。近几年,CAE 模流技术在汽车开发领域逐步地得到了广泛应用。

8.2.1 模流分析技术简介

1. 注塑成型

模具的注塑成型分两个阶段,即开发/设计阶段(包括产品设计、模具设计和模具制造、热流道设计与制造)和生产阶段(包括购买材料、试模和成型)。传统的注塑模具设计需要依靠设计人员的经验进行设计,模具装配完毕后,通常需要几次试模,发现问题后,不仅需要重新设置工艺参数,甚至还需要修改塑料制品和模具设计,这样就需要反复的修模、试模,导致生产周期长、精度差、成本高。当 CAE 计算机模拟技术出现以后,运用 CAE 软件在模具正式制造前,进行整个注塑成型过程的模拟分析,尽早发现问题,及时修改制品和模具设计。

2. 模流分析

模流技术即利用 CAE 技术在模具加工前,在计算机上对整个注塑成型过程进行模拟分析,准确预测熔体的填充、保压、冷却情况,以及制品中的应力分布、分子和纤维取向分布、制品的收缩和翘曲变形等情况,以便能尽早发现问题,及时修改制品和模具设计,而不是等到试模以后再返修模具。这不仅是对传统模具设计方法的一次突破,而且对减少甚至避免模具返修报废、提高制品质量和降低成本等,都有着重大的技术经济意义。模流技术早期主要应用于结构体强度计算与航天工业上,而各领域的 CAE 应用功能不尽相同。

模流分析的重要性在于在项目开发的前期对产品的材料选择提供建议、对产品设计进行改进及优化、对模具设计进行改进与优化,而不是等到试模甚至生产后出现问题再去验证解决。模流分析不仅仅是判断方案行不行,更重要的是比较方案好不好。

3. 模流技术在注塑模设计与制造方面的主要工作内容

(1)优化塑料制品形状和结构。

(2)优化模具结构。

(3)优化注塑工艺参数。

4. 模流分析步骤

目前,各种模流分析软件对塑料件进行 CAE 分析的过程大致分为 3 个阶段:前置处理、计算机模拟、后置处理。

(1)前置处理是指塑料件几何模型的建立及有限元网格的划分和修改,注塑材料特性参数及注塑工艺条件的交互输入,为注塑过程的计算机模拟创造必要的条件。

(2)计算机模拟是整个分析过程的主体。

(3)后置处理是指注塑过程模拟结果的表格化和图形化。

8.2.2 汽车塑料零部件开发中遇到的问题

1. A面、工程化阶段问题点

(1)结构工艺性考量不充分,零件变形大、熔接痕、缩痕严重。

(2)材料选择是否与产品结构相匹配。

(3)新工艺可行性分析困难:①气辅成型;②镶件注塑。

2. 模具设计/制造阶段问题点

(1)零件大、结构复杂,全凭经验设计浇注系统困难。

(2)零件大、结构复杂,冷却系统设计合理评估困难。

3. 样车试制、试生产阶段问题点

(1)零件变形影响装配,变形原因不确定。

(2)整改方案可行性未得到验证。

(3)反复修模、试模,整改周期长。

针对汽车塑料零部件开发中遇到的种种问题,使用模流分析技术预先分析模具设计的合理性,减少试模次数,加快产品研发已成为车身开发设计过程中不可或缺的环节。

8.2.3 模流技术在车身开发中的应用

模流技术已广泛应用于汽车行业,是一个值得选择的理想优化工具,可以在模具制造之前对产品和模具的设计进行充分的优化,从而将潜在的问题如熔接线、缩痕、翘曲等尽可能提前消除,不仅解决实际质量问题,还有效地优化了设计和制造成本。为适应注塑行业新技术、新工艺的发展,发展中的模流分析软件不仅支持传统的填充、保压、冷却、翘曲分析,还支持玻纤、气辅、射压、共注、发泡等成型工艺。在一些特殊工艺(如双色注射、型芯偏移、双折射光学分析,模具的封装成型)上也得到应用。

(1)应用Moldflow软件进行CAE分析,通过填充、流动、冷却和翘曲等模拟分析,为模具开发过程中最佳浇口位置设置、流道系统布置、注塑参数优化和模具一次试模成功提供参考依据。

(2)在模具设计时,应用模流分析技术对注射模具浇口、注塑效果、注射压力、注射压力下降和产品质量等进行模拟分析,验证设计的正确性,为改善设计提供有益的依据。

(3)利用模流分析方法对产品的结构成型性进行模拟分析,找出产生缺陷的原因,提出产品结构优化方案。通过对不同结构优化方案的模拟分析、使用材料的合理性分析及成型后产品试验,确定产品的结构和材料,达到减重降耗、降低成本、提高产品质量的目的。解决产品在试制阶段出现的表面熔接痕和受热后变形问题,改善产品的结构强度和表面质量。

(4)应用Moldflow软件对汽车塑料件进行冲模、保压等方面的分析,查看物料流动的平衡性、熔接痕位置、最大注射压力和锁模力以及确定浇口位置和热嘴数目。完成汽车注塑模具的结构及关键部位的设计。提高熔融物料的流动性,改善填充效果。

(5)利用Moldflow软件分析汽车注塑模具的最佳浇口位置和冷却方式,对模具成型质量,如翘曲变形、困气现象、熔迹痕等进行模拟,预测设计中潜在的缺点,可有效地减少试模次数。

(6)在产品开发的前期,如果能够通过Moldflow验证设计的效果,从而能够预先知道设计效果,将会大大降低后续模具开发的成本,加快新产品开发速度。

(7)利用模流分析技术,能够准确预测塑料熔体在型腔中的整个成型过程,包括填充、保压、冷却过程,有效预测潜在的各种不良缺陷,计算产品翘曲变形量,并能优化注塑工艺参数,为产品设计和模具设计以及注塑生产提供技术支持服务,保证产品的质量,加快产品开发进度。

(8)模流分析可以对注塑成型过程进行模拟,包括射胶、保压、冷却、应力翘曲等注射全过程的模拟,显示射胶前沿温度场、压力场、速度场、密度场、型腔温度,并分析预测熔接线、气穴、缩水、气泡等位置。通过模流分析可以进行汽车部件成型工艺条件分析、浇口位置分析、塑料流动以及冷却质量分析、缩痕分析等。通过这些分析,可以获得熔接线位置、填充水平、流前温度、填充时间、压力降、注射压力、制品质量、表面温度变化、冷凝时间变化、冷却质量、排气点位置等预测结果。

模流分析数据准确可靠,能够准确有效地预测塑料缺陷,可极大限度地优化浇注系统的设计和注塑工艺条件,指导用户优化布置冷却系统和工艺参数,缩短设计周期,降低材料成本,减少试模次数与时间,有效提高产品开发制造速度,提高设计水平与质量。

目前新的生产工艺也越来越多的运用在塑胶产品生产上,例如:气体辅助、高光、双色、微型发泡、模内贴标技术等,这些技术的运用大大挑战了传统工艺的市场地位,而CAE模流分析技术可以让汽车开发不走或者少走弯路,在开发运用新工艺和新技术上做到有理有据。

8.2.4 模流技术的应用前景

对于高分子聚合物的塑料来说其成型收缩率大,尺寸比较难控制,收缩不均会造成残余应力,最终影响制品强度。"以塑代钢"不是简单的取代,需要按照塑料成型的规律,优化塑料零部件的产品设计、模具设计、工艺设计,以获得高质量、低成本的综合效益。

目前,以节能、环保为理念的汽车轻量化设计是未来汽车发展的必然趋势,而汽车轻量化主要是通过汽车小型化、材料轻质化和结构设计优化来实现。车用塑料在汽车轻量化方面的应用前景被看好。目前,世界上不少轿车的塑料用量已经超过120kg/辆,个别车型还要高,如德国奔驰高级轿车的塑料使用量已经达到150kg/辆,国内一些轿车的塑料用量也已经达到90kg/辆。目前,发达国家已将汽车用塑料量的多少作为衡量汽车设计和制造水平的一个重要标志。预计到2020年,发达国家汽车平均用塑料量将达到500kg/辆以上。

汽车轻量化使聚丙烯、聚氨酯、聚氯乙烯、热固性复合材料、ABS、尼龙和聚乙烯等塑材市场得以迅速扩大。近两年,车用塑料的最大品种——聚丙烯,每年以2.2%~2.8%的速度增长。从现代汽车使用的材料看,无论是外装饰件、内装饰件,还是功能件、结构件,到处都可以看到塑料制件的影子。外装饰件的应用特点是"以塑代钢",减轻汽车自身质量,主要部件有保险杠、挡泥板、车轮罩、导流板等;内装饰件的主要部件有仪表板、车门内板、副仪表板、杂物箱盖、座椅、后护板等;功能、结构件主要有发动机进气歧管、燃油箱、散热器水室、空气过滤器罩、风扇叶片等。

轻量化是汽车工业发展的关键,是汽车产品研发的方向,汽车塑料件的应用必然越来越广泛。鉴于塑料件自身成型复杂,难度较大,成型方式众多,有射压成型、气辅成型、发泡成型等,采用模流分析技术优化其产品设计、模具设计、工艺设计是必然的选择,是保证"以塑代钢"等汽车轻量化项目的必备利器。CAE模流分析软件作为注塑成型辅助工具,将是汽车轻量化塑料件工艺性设计与优化的最有效的工具。

8.3 冲压成型中的CAE技术

8.3.1 概述

随着CAD/CAE/CAM技术和汽车工业现代化的发展,板料成型过程的计算机仿真技术得到迅速发展和应用,车身覆盖件模具设计几乎完全突破了传统的设计方法。覆盖件成型仿真则成为在竞争中保持优势的强有力手段,而计算机模拟则是目前板材冲压成型中最为活跃的领域。车身覆盖件和一般冲压件相比较,具有材料薄、形状复杂、多为空间曲面、结构尺寸大和表面要求质量高等特点。覆盖件工艺性关键在于拉伸的可能性和可靠性。传统的"试错法"(Trial and Error)将造成大量的资源浪费,已不能适应现代产品更新换代周期越来越短的要求。采用冲压成型仿真技术可以改善此类问题。对板料成型过程进行计算机模拟,以替代实际试模,为覆盖件工艺设计、模具设计提供可靠的判据和合理的工艺参数,已成为当前覆盖件工艺设计、模具设计中的一种重要手段。

在汽车整车产品中,覆盖件特别是车身覆盖件的市场周期短,变化频繁。覆盖件开发从汽车造型开始,经过零件设计、工艺设计、模具结构设计、模具制造、试模,到能成功生产出产品为止,是一个相当复杂的过程。利用仿真软件对车身覆盖件冲压成型进行仿真,进行模具修正,对车身覆盖件进行试模生产,对促进汽车制造企业的发展和工业现代化的实现有非常重要的意义。

技术的不断创新和新技术不断应用,使我国的板料成型技术有了很大发展,促使汽车行业快速发展,车型和款式不断更新,形成一定规模的年生产能力,但与国外相比差距甚远。更重要的是国内尚未形成完整而独立的自主开发能力,总体上仍处于引进、改进、就地批量生产的发展阶段,国内汽车企业在总的设计和制造技术方面,仍远远落后于国外。国内虽然引进国外板料成型软件,但也有其难度,主要表现在:

(1)数值模拟技术是集工程力学、金属压力加工、材料科学、模具技术、材料成型理论、计算数学和计算机等众多学科相互交叉、紧密结合的先进制造技术。我国对该项技术的研究进展相对较慢,使技术人员很难吸收和消化,在实际生产中只能做一些简单的模拟分析。

(2)数值模拟时,很多技术参数大多是从经验或实践中得到,对于年轻的技术人员显得无地是从。因此必须在丰富的经验基础上才能将CAE技术真正应用到生产实际当中去。

(3)关键技术对外保密,且售后服务跟不上,使得技术人员在研发、应用上难题重重。同时,在已经运用了CAE软件的模具企业中普遍存在的问题是:

(1)工艺方案人员没有与CAE技术结合。

(2)CAE计算精度不够。

(3)各种成型缺陷分析不全面。

(4)没有信心坚持CAE下的高标准工艺设计。

(5)没有标准化的高水平CAE报告。

(6)调试没有把CAE报告当作指导。

(7)制造精度不够,对精细模面设计不支持。

(8)没有形成调试结果与CAE分析的闭环过程等。

近年来,板料成型数值模拟研究已经在国内引起了很大的一股研究热潮。有自开发软件的,也有利用国外软件进行应用性研究的。CAE技术的充分运用可以可靠地保证和极大地提高制件品质,CAE水平已经成为衡量一个模具企业技术水平高低的重要指标。

8.3.2 冲压成型技术

车身覆盖件不同于一般的冲压件,它具有材料相对厚度小、形状复杂、结构尺寸大、生产精度要求高、生产批量大等特点,因此开发周期和质量都难以控制。车身覆盖件是车身的基本组成部分,大都是空间曲面结构,形状复杂,结构尺寸大,质量要求高等。从而决定了在冲压成型过程中的变形复杂性,变形规律难以掌握,出现的成型缺陷问题也很多。如果覆盖件的冲压工艺性设计不合理,将直接影响模具结构的复杂程度和模具的加工工艺性,给冲压模具的设计、制造、加工及覆盖件的生产和装配带来困难。为了缩短覆盖件冲压模具设计制造周期及降低成本,必须进行覆盖件冲压工艺性的研究与分析。

由于车身覆盖件属于外观装饰性零件,它不仅要满足结构上的功能要求,更要满足表面装饰的美观要求,因此对表面质量要求很高,表面必须光顺,不允许有任何皱裂、划伤、拉毛和拉痕等缺陷,同时必须具有足够的刚性和尺寸稳定性。这给覆盖件成型的关键工序(例如拉伸),提出了很高的要求,而传统的手工设计制造方法难以保证拉伸件的质量,这也是车身制造技术的难点和关键。近年来,国内外各大汽车制造企业都将车身外形的设计和制造能力作为衡量汽车,特别是轿车身开发水平的重要标志,为此,世界各国均投入了大量的人力和财力开展车身覆盖件设计及其制造技术的研究与开发。合理的成型工艺设计是决定覆盖件能否顺利成型的关键,它将直接关系到产品的质量、成本、生产效率以及模具的使用寿命等方面。覆盖件冲压成型质量的分析及其关键技术已成为人们研究的热点。

1. 覆盖件冲压成型工艺

覆盖件的成型一般由落料(或剪切)、拉伸、修边、翻边、整形、冲孔、弯曲、胀形、切口等基本工序按需要排列组合而成,典型结构的覆盖件一般需要4~6道工序。冲压成型工艺设计,即针对具体覆盖件的形状、结构特点安排成型工序的步骤,考虑相应的模具结构,选择材料规格并考虑利用率及选择合适的设备。工艺设计中需要考虑的因素很多,主要有以下几个方面:

(1)冲压成型性能及加工方法、加工特点。

(2)设计工序最少且又能满足覆盖件性能要求的方案。大批量生产时,应尽量把多工序合并成一道工序,小批量则用单工序模。

(3)初步确定模具结构及影响强度及寿命的尺寸。

(4)根据覆盖件的大小计算冲压力,决定各工序所使用的设备。

(5)以冲压为主,多部门合作,重新讨论工艺方案,因为即使是最好的设计师,也不可能精通各部门的工作,通过讨论则可收集到大量的第一手资料,从而提高设计水平。分析讨论时要邀请质量控制、模具制造、调试和使用等部门人员参加,并做好记录。

(6)以降低成本、提高效率为目的,进行经济分析。

冲压成型工艺设计是针对给定的产品图样或数学模型或零件模型,根据其生产批量的大小、冲压设备的类型规格、模具制造能力及工人技术水平等具体生产条件,从对产品零件图的冲压工艺性分析入手,经过必要的工艺计算,制定出合理的工艺方案,最后编写出冲压工艺卡的综合性分析、计算、设计过程。实际生产中,冲压件形状、尺寸、精度要求各异,具体生产条件不同,但设计的基本原则与方法则大同小异。一般可按以下程序进行:

(1)收集冲压设计必需的原始资料。

(2)分析产品零件图的冲压工艺性。

(3)确定冲压工艺方案。

(4)选择冲压设备类型。

(5)编写冲压工艺过程卡。

(6)重新审查产品零件图和冲压工艺过程卡。

2. 覆盖件冲压成型常见质量问题

1)破裂

裂纹是材料在应力或环境(或两者同时)作用下产生的裂隙。裂纹扩展到一定程度,即造成材料的破裂。对有内部局部成型的冲压件,由于变形为双向伸长变形,若外部材料不能向内部补充,塑性变形量过大时就会产生破裂。破裂主要发生在制件孔形处、侧壁拐角处和 R 圆弧与壁颈交界处,如图 8-13 所示。因冲压成型与生产工艺条件的差异,破裂可以是一次性成型断裂,也可以是由于疲劳裂纹(即隐形裂纹)发展引起的断裂。其根本原因在于拉伸变形力大于侧壁开裂处材料的实际有效抗拉强度。

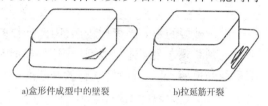

a)盒形件成型中的壁裂 b)拉延筋开裂

图 8-13 冲压成型中的局部破裂

根据冲压件现场的实际情况,通过检查制件破裂部位、断口形状及挤伤程度等,克服破裂的调整方法如下:

(1)克服边缘破裂的方法:改善坯料边缘状态,利用冲裁的方法下料制坯,从而保证坯料边缘断面的质量;对于内凹翻边坯料尺寸的确定,采用适当加大材料尺寸等方法。毛坯尺寸太大或形状不当,板料质量以及冲压时润滑不好也会使零件拉裂,对此应改变毛坯尺寸或形状,调整冲压工艺。

(2)克服剪切破裂的方法:将凸、凹模间隙调整均匀,适当加大凸、凹模圆角,增加拉伸工序或整形工序,控制各处材料进入凹模的阻力尽量趋于均匀一致。

(3)克服胀形破裂的方法:减小变形程度,扩大变形范围;在连接部位开工艺切口或工艺孔,减小径向拉应力;采用多道成型工序。

(4)克服拉伸破裂的方法:减小凸缘变形区的变形阻力;加大凸、凹模圆角半径;调整凸模与凹模的相对位置。增加整形工序,适当调整压边力。在不影响使用功能的情况下,适当减小局部成型深度,增大转角,在允许的情况下,增加工艺切口或工艺孔,以增加局部形状内部材料的流动,减小变形区的塑性变形量等。

另外,拉伸温度和润滑状态对成型质量也有影响。如果温度较低,板料成型性能较差,不利于拉出理想的拉伸件。在拉伸过程中,金属材料与模具的表面直接接触,相互作用力很大,使材料在凹模表面滑动时产生根大的摩擦力,增加了拉伸所需的压力和材料内的拉应力,这也是工件破裂的原因之一。

造成零件开裂的原因很多,在调整时应仔细检查开裂状况、产生的部位,确定产生开裂的拉伸行程位置,根据具体情况分析判断产生开裂的原因,从而制定出解决开裂的具体方案。针对日常工作中常遇到的破裂,调整方法见表 8-1。

破裂的原因分析及调整方法　　　　表 8-1

存 在 问 题	原 因 分 析	调 整 方 法
冲压件破裂或有裂纹	压料力过大	调整压力
	压料力不够	调整顶杆长度或弹簧位置
	毛坯尺寸太大或形状不当	调整毛坯形状和尺寸
	拉延间隙太小	加大拉伸间隙
	凹模圆角半径太小	加大凹模圆角半径
	凹模圆角不光洁	修光凹模圆角
	凸模圆角半径太小	加大凸模圆角半径
	冲压工艺不当	增加工序或调整工序
	凸、凹模不同心、不垂直	重装凸、凹模
	板料质量不好	更换材料或者增加退火工序，改善润滑条件

由于破裂的影响因素比较多，因此到目前为止还没有十分精确的判断破裂的准则。对于破裂的判断现在主要还是成型极限图：包括 FLCN 以及 FLCF；在有限元模拟上，人们一方面在探索新的模型，另一方面将现有的判断准则与有限元模拟结合起来进行研究。如 K. Komori 提出了一种节点分离的模型；Z. H. chen 等人应用了混合有限元法；RidhaHambli 等人用了一种反向技术的模型。对研究破裂准则和破裂模拟都有很大的帮助。

2) 起皱

在薄板冲压成型过程中当切向压应力达到或超过板料的临界应力时，就可能发生起皱。车身覆盖件拉伸成型中的起皱现象分为 4 类，即凸缘起皱、凹模口圆角处起皱、侧壁起皱和凸模底部起皱等。根据生产实践中零件皱纹发生的部位及其产生的力学原因，还可将起皱按部位分为凸缘起皱、悬空侧壁起皱；按应力原因则可分为压应力起皱、切应力起皱和不均匀拉应力起皱。图 8-14 所示压成型中典型的起皱实例。

图 8-14　拉延过程中毛坯凸缘边的起皱

拉伸过程中毛坯凸缘边的起皱是一种常见的现象，看似平常但影响因素很多，解决方法也不尽相同。有时局部的一点摺皱就会影响制件质量，降低零件外观美感，尤其是外覆盖件更为突出。起皱的原因分析及可能的调整方法见表 8-2。

由于起皱经常发生在汽车的覆盖件上，形成波纹或折叠，极大地影响了表面质量，因此近年来对起皱的研究，特别是理论研究越来越多。起皱的形成可以由 Hill 的分叉准则（Hutchinson 将其特别用于薄壁薄壳的情况）来预测，此研究表明，应力状态的各向异性以及进入侧壁的板料的曲率对起皱的影响最大，各向异性指数增大时，板料发生起皱时拉伸距离也变大。起皱还与坯料的长宽比有关，也与冲头冲压的距离有关。

用于起皱的有限元分析方法有两种：一种是具有完美结构的分叉分析，另一种是具有初始非理想度的非分叉分析。对于第一种方法，它能够非常精确地预测起皱现象，但是分析过程复杂，而且需要一定的起皱判据；第二种方法的精确度受到初始非理想度的影响。

Xuweih 采用了一种简单的模拟起皱现象的方法：在接触算法中采用节点直接投影以及使用 HG（blank holder gap），这种方法避免使用起皱判别准则，不需要复杂的塑性分叉理论以及坯料的初始非理想度。从 16 个单元区域的起皱分析入手，用能量法计算，初步得到各单元的起皱临界因子,然后进一步进行区域搜索或选定区域计算,找到包含某单元最可能发生起皱的区域,得到能反映各单元起皱发生难易程度的起皱临界因子,并用云图将它描述出来,可较精确、直观地预测起皱的发生。

起皱的原因分析及调整方法 表 8-2

存在问题	原因分析	调整方法
冲压件起皱或有皱褶	凸模不能顺利进入凹模	调整凸、凹模,使其对正
	凸模接触毛坯面积小	增大凸模接触毛坯面积
	压料面各部分进料阻力不均匀	使进料阻力均匀
	工艺补充部分不合理	减小不合理的工艺补充部分
	压料面的形状不正确	使正确配定压料面的形状
	工艺切口少	增加工艺切口
	工艺孔没有	增加工艺孔
	凹模圆角半径太大	可适当减小凹模圆角半径
	压料力不够	调整顶杆长度或弹簧位置
	板料质量不好	更换材料或增加退火工序,改善润滑条件

3)回弹

回弹是工件在冲压加工终了的卸载过程中,由于弹性应变能的释放和残余应力的重新分布而引起的工件形状与尺寸相对理想零件的偏离。回弹是板料成型后不可避免的现象,回弹现象主要表现为整体卸载回弹、切边回弹和局部卸载回弹,当回弹量超过允许公差后,就成为成型缺陷,影响零件的几何精度。因此,回弹一直是影响、制约模具和产品质量的重要因素。汽车冲压件中回弹问题相对突出的主要是以下两类:

(1)以弯曲为主要变形方式的类似 U 形弯曲件,如各种梁结构件,这类冲压件的外形尺寸通常都很大,又称为大弯曲件。

(2)以浅拉伸为主要变形方式的小曲率件,如前后翼子板、前后门外板、发动机罩外板、顶盖等,以及与之相应的内覆盖件。

图 8-15 所示是典型的回弹实例,局部放大 B 所示,由弯曲变形回弹造成的折边转角变化;局部放大 C 所示,由弹性回复造成的凸起或塌陷。

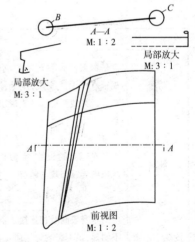

图 8-15 前盖外板的回弹

克服回弹,可通过采用合理的工艺方法来改善板材在成型过程中的应力状态,还可通过选用合理的回弹角、回弹半径、模具间隙等模具工艺参数解决。表 8-3 是典型的实际解决回弹的方法。

如何准确预测回弹后覆盖件的形状、设计出准确的型面以补偿回弹,在目前还是模具工业中的实际难题。传统方法是对于冲压件的回弹,靠反复的修模、试模来进行补偿。这样需要耗费大量的人力和物力,而且难以保证产品品质。有限元数值模拟技术的引入,为推动回弹问题的解决提供了有利的工具。利用数值模拟技术对汽车冲压件成型后的回弹变形进行准确预测,并在此基础上研究回弹控制方法以提高成型精度,对于降低汽车冲压件制造成本、保证整车装备质量、缩短新产品开发周期有着重要的意义。长期以来,人们在回弹预测方面做了大量的工作,常见的研究方法有解析法、实验法和有限元数值模拟方法。解析法只适合求解二维简单冲压件的成型回弹问题,由实验法获得的经验公式也有很大的局限性,与实验条件、实验数据处理方法、经验公式的应用条件等许多因素有关。将有限元数值模拟技术引入薄板成型领域后,解析法和经验法的缺陷都能够较好的克服。

回弹的原因分析及调整方法 表8-3

存在问题	原因分析	调整方法
冲压件回弹(拱起或塌陷)	弹性变形的存在	改变凸模的角度和形状
		增加凹模型槽的深度
		减小凸模与凹模之间的间隙
		增加矫正力或使矫正力集中在变形部分
		改进弯曲件局部结构及选用合适材料
		在工艺上采取措施(如增加整形模)
		用补偿法减少回弹

4)冲压成型其他缺陷

在覆盖件的冲压生产中,除了前面提及的几种常见的质量缺陷外,常发生的质量缺陷还有暗坑、波纹、棱线不清晰、拉毛、压痕、麻点及磕碰划伤等。这些质量缺陷的特点及产生原因见表8-4。

质量缺陷特点及原因分析 表8-4

质量缺陷	特点	产生原因	影响因素
暗坑	是覆盖件表面轻微的坑包,目视很难或无法发现,在油漆后的车身经光线照射后才表现出来	板料成型过程中,在设备、模具的作用下产生相对应的变形,这种变形由弹性变形和塑性变形组成	材料性能、产品结构、模具形状精度、尺寸精度、成型过程中作用力的分布等
波浪	是极轻微的皱纹,类似于一定区域内连续出现的暗坑	板料在成型过程中,凸缘部分在切向压应力的作用下,因失稳而发生起皱的板料,通过凸模与凹模之间的间隙而保留到冲压件的表面,形成表面波浪	产品的形状、板料的性能、模具状态等。特别是拉延时压边圈的协调能力差、翻边时压不住料、模具间隙不合理等因素直接导致波浪的产生
棱线不清晰	白车身表面及相连接表面棱线不明显,虽不影响焊接质量,可影响车身表面给人的美感	可能是凸凹模磨损引起精度下降,也可能是由于冲压设备气压低,没调到位所致	模具形状,尺寸精度,模具未压到底,工序件定位不准确等
压痕、麻点	在冲压的过程中形成覆盖件表面的非正常痕迹,即通常说的压印,或经油石打磨表面后反映出的亮点、痕迹等	模具表面有缺陷以及模具的压料表面或毛坯表面不清洁,存在沙土颗粒或其他异物	模具表面、模具结构等
磕碰、划伤	白车身表面被划破或磕有印迹,如不打磨,喷油漆也无法掩盖	工艺或人为因素	人工操作过程、工位器具结构及技术状态环境质量等

8.3.3 冲压成型中的CAE技术

车身覆盖件成型仿真技术,其发展大致经历了以下几个阶段。

第一阶段:20世纪60年代。最早出现的方法是"有限差分法",该方法仅限于解决诸如空心球胀形等轴对称问题,对复杂边界条件处理存在困难,因而未能得到广泛应用和普及。

第二阶段:20世纪70年代。有限元法的应用使板料成型仿真技术获得了突破。相继出现了刚塑性、弹塑性理论,以及运用这些理论进行的成型模拟,单元类型以膜单元和实体单元为主,这些研究工作极大地推动了板料成型理论的发展,但在实际生产中的应用并不成熟。实际上,在相当长一段时间内,板料成型有限元仿真技术的研究多是停留在试验和测试阶段。对冲压工艺设计师而言,早期的板料成型仿真效率低,且由于受冲压成型理论研究的限制,仿真结果也不可靠,因此,该项技术未能得到广泛应用。

第三阶段:20世纪80年代。动力显式有限元法在板料成型仿真技术中的应用使该项技术得到真正发展,并逐渐投入实际应用。同时,基于静态隐式增量法的板料成型仿真技术也得到了进一步发展。到1989年,动力显式有限元法因其对动态接触摩擦、大变形、大平移/转动等问题的较强的处理能力,在板料成型仿真领域获得了广泛应用。经过20多年的发展,板料成型仿真技术已经从实验室走向设计室。该阶段的各种研究工作主要集中在专家系统和建立知识库等方面,取得的重要突破是将有限元软件成功用于冲压成型仿真中解决相关问题,显著减少了成型仿真的时间消耗。

第四阶段:20世纪90年代。随着有限元及计算机技术的不断发展和进步,以及板料成型3D数值模拟技术的日渐成熟,应用重点正逐渐转移到复杂型面覆盖件的工艺分析上,研究的深度和广度也进一步增加。该时期,板料成型仿真技术已经进入实际应用阶段,在国际上出现了众多的板料成型仿真商品化软件。该阶段的研究重点仍然主要集中于成型性分析方面,主要包括成型过程仿真、破裂、起皱及回弹预测、冲压成型工艺条件对冲压成型结果的影响及相关冲压加工经验知识的引入等方面。

第五阶段:2000年以后。板料成型仿真领域的研究重点集中在以下几个方面:深入、全面地揭示零件几何形状、模具几何形状及结构、材料类型及性能参数、冲压设备、摩擦润滑条件、压边条件、拉伸筋形状、结构、布局及拉伸筋模型等因素对成型结果及成型性能的影响;通过引入知识工程、人工智能、专家系统、并行处理、优化设计、模糊控制等技术,进一步提高成型模拟精度及仿真计算效率;此外,随着对冲压产品的环保、高质、轻型化要求的提高,也对板料成型仿真技术提出了新的要求,在此基础上,提出了"第二代虚拟冲压仿真"软件的概念,为该项技术的发展指出了明确的方向。

1. 车身覆盖件冲压成型仿真分析理论

1)概述

车身覆盖件由难以展开成平面的空间曲面组成。车身覆盖件的冲压成型是一种复杂的板料冲压成型。在冲压成型过程中,板料上的应力、应变分布情况非常复杂。在其模具设计过程中,要注意板料变形过程中不同位置材料的变形协调问题,避免出现过分变薄以致拉裂、起皱、滑移线的出现,还要考虑将板料的回弹量控制在允许的范围内。综合上述要求,车身覆盖件模具靠人为经验进行设计,其工艺过程参数的优化既费时又费力,且不一定能达到预期效果。近年来,在金属塑性成型领域,随着非线性有限元分析技术的发展,数值模拟及分析方法已成为了工业设计开发和生产过程的一项关键技术及重要手段。通过该技术手段的应用,可大幅提高产品的质量、减小产品成本、缩短产品开发周期。

车身覆盖件成型问题是大位移、大转动、大应变的问题,特点是应变很大,材料已发生塑性变形,即不仅几何关系和平衡方程是非线性的,而且应力应变关系(物理方程)也是非线性的。

所以要想真实的模拟计算成型过程,下面的问题是必须要考虑的:

(1)板料成型过程中,虽然以塑性变形为主,但弹性变形和回弹也必须加以考虑和计算,所以,刚塑性材料模型一般不宜采用。

(2)由于薄板材料通常具有各向异性,所以应该选用具有材料各向异性特点的屈服函数。

(3)板料成型是一个小应变、大变形的问题,应采用有限变形理论来描述变形过程。

(4)在板料成型数值模拟过程中,应采用壳单元或薄膜单元。

(5)板料成型过程常有拉伸失稳(局部变薄)和压缩失稳(皱曲)的现象,应加以注意。

(6)板料成型过程是一个准静态的变形过程,但一般在模拟变形过程中应用动力显式算法,而在回弹中,应使用静力隐式算法。

非线性问题的求解方法通常有增量法、迭代法和混合法。在金属薄板料成型的几何非线性成型分析过程中,为了保证计算分析精度和求解稳定性,通常需要采用增量分析的方法。增量法实质是用一系列线性问题去近似非线性问题,即用分段线性的折线代替非线性曲线。当材料应力超过屈服极限时,将呈现弹塑性的性质,这种弹塑性行为与加载、应变率等变形历史有关。尽管可以采用全量理论和增量理论对材料的塑性变形过程进行分析,但采用增量理论能够反映结构加载过程,也可以考虑卸载情况,所以在板料成型有限元分析中,涉及材料非线性问题时,通常采用增量法求解。

有限元的基本思路就是将连续的空间求解区域离散成一组单元,然后将这些单元按一定方式组合在一起,从而近似模拟整个求解域的变化情况。

对于金属板料的变形力学问题,其变形过程是一个空间域与时间域函数。为了便于对板料变形过程进行分析,需要对变形时间和空间进行离散化处理。

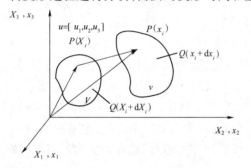

图8-16 应变的度量

2)几何非线性分析中应变和应力的描述

为了计算和反应冲压过程中变形体的运动变化过程,必须建立相应的应变位移关系、应力应变关系的描述方式,获得相应的几何和物理方程。对于车身覆盖件冲压成型这类具有几何非线性的弹塑性问题,由于所取参考构型和计算列式的不同,而具有不同的形式。为了描述物体中任一质点的位置随时间的变化情况,选择两个固定重合的坐标系,一个用大写字母 $X_i(i=1,2,3,)$ 来表示参考构型 V 的坐标系,另一个用小写字母 $x_i(i=1,2,3)$ 来表示现时构型 v 的坐标系,如图8-16所示。物体中任一质点 P 在参考构型中的坐标向量为

$$X = \begin{bmatrix} X_1 & X_2 & X_3 \end{bmatrix} \tag{8-6}$$

而在现时构型中的坐标向量为

$$x = \begin{bmatrix} x_1 & x_2 & x_3 \end{bmatrix} \tag{8-7}$$

于是物体构型的变化可以用下面的方程进行描述

$$x_i = x_i(X_a t) \quad (t, a = 1, 2, 3)$$

(1)应变的度量。在冲压成型过程中,由于材料发生了较大的塑性变形,产生了较大的应变,原来在线性范围内所定义的应力、应变的概念已经不适用了,必须重新定义,建立非线性的几何关系和物理方程。

如图8-16所示,设在 P 点的邻域内有一点 Q,在参考构型 V 中和现时构型 v 中,Q 点的坐

标分别为 $X_i + dX_i$ 和 $x_i + dx_i$，则在参考构型和现时构型中，P、Q 两点的距离分别为：

参考构型中

$$(dS)^2 = dX_i X_j = \frac{\partial X_i}{\partial x_m} \cdot \frac{\partial X_j}{\partial x_n} dx_m dx_n \tag{8-8}$$

现时构型中

$$(dS)^2 = dx_i x_j = \frac{\partial x_i}{\partial X_m} \cdot \frac{\partial x_j}{\partial X_n} dX_m dX_n \tag{8-9}$$

此线段在变形前后长度的变化即反应了物体的变形，对此可有两种表示，即

$$(ds)^2 - (dS)^2 = \left[\frac{\partial x_k}{\partial X_i} \cdot \frac{\partial x_k}{\partial X_j} - \delta_{ij}\right] dX_i dX_j = 2 E_{ij} dX_i dX_j \tag{8-10}$$

$$(ds)^2 - (dS)^2 = \left[\delta_{ij} - \frac{\partial X_k}{\partial x_i} \cdot \frac{\partial X_k}{\partial x_j}\right] dx_i dx_j = 2 e_{ij} dx_i dx_j \tag{8-11}$$

式中：δ_{ij}——Kroneker delta，且 $\delta_{ij} = \begin{cases} 1, i = j \\ 0 \neq i = j \end{cases}$ \hfill (8-12)

式(8-10)和式(8-11)分别定义了两种应变张量，即

$$E_{ij} = \frac{1}{2}\left(\frac{\partial x_k}{\partial X_i} \cdot \frac{\partial x_k}{\partial X_j} - \delta_{ij}\right) \tag{8-13}$$

$$e_{ij} = \frac{1}{2}\left(\delta_{ij} - \frac{\partial X_k}{\partial x_i} \cdot \frac{\partial X_k}{\partial x_j}\right) \tag{8-14}$$

E_{ij} 称为 Green – Lanrange 应变张量（简称 Green 应变张量），它是以参考构型定义的；e_{ij} 称为 Almansi 应变张量，它是以现时构型定义的。两者都是对称的二阶张量。

为了得到应变和位移的关系，如果知道了连接它在变形前后的位移矢量 u，则物体的变形也就完全确定。因此可以用位移矢量来表示应变张量。位移矢量 u 的分量 u_i，即

$$u_i = x_i - X_i \tag{8-15}$$

由式(8-15)可得

$$\frac{\partial x_i}{\partial X_j} = \delta_{ij} + \frac{\partial u_i}{\partial X_j} \tag{8-16}$$

$$\frac{\partial X_i}{\partial x_j} = \delta_{ij} + \frac{\partial U_i}{\partial x_j} \tag{8-17}$$

分别代入式(8-13)和式(8-14)中，得

$$E_{ij} = \frac{1}{2}\left(\frac{\partial u_i}{\partial X_j} + \frac{\partial u_j}{\partial X_i} + \frac{\partial u_k}{\partial X_i} \cdot \frac{\partial u_k}{\partial X_j}\right) \tag{8-18}$$

$$e_{ij} = \frac{1}{2}\left(\frac{\partial u_i}{\partial x_j} + \frac{\partial u_j}{\partial x_i} + \frac{\partial u_k}{\partial x_i} \cdot \frac{\partial u_k}{\partial x_j}\right) \tag{8-19}$$

当变形小时，上式中位移导数的二次项相对于它的一次项可以忽略，这时 Green 应变张量 E_{ij} 和 Almansi 应变张量 e_{ij} 都简化为无限小应变张量 ε_{ij}，它们之间的差别也消失了，即

$$E_{ij} = e_{ij} = \varepsilon_{ij} \tag{8-20}$$

所以，由式(8-18)、式(8-19)和式(8-20)相比，反应了有限变形和小变形的区别。

可以证明，Geren 应变张量 $[E]$ 和 Almansi 应变张量 $[e]$ 可以通过变形梯度张量来转换。而且，Green 应变张量 $[E]$ 是不随刚体转动而变化的客观张量，常用于非线性有限元分析中。

Green – Lagrange 应变张量和工程应变没有考虑到粒子的变形路径，所以这种应变张量比

较适合于弹性问题的分析和小应变非弹性的近似计算。当材料发生较为明显的塑性变形时，由于塑性变形与材料的变形路径和变形速率有关，所以上述应变张量就不太合适了。为了描述金属材料的塑性变形行为，必须考虑材料的变形历史。这就要从变形体的质点速度着手，使用应变速率张量和旋转张量来反映材料的塑性行为。

根据极分解理论，任何一个变形过程都可以分解成为由一个刚体转动与一个纯变形的合成过程。因而张量 F 可以分解为一个转动张量与一个变形张量，这种分解有左右两种形式，每种形式又可以分成两步，即：考察质点 P、Q，由于质点的位置不同而引起的速度变化可以表示为

$$dv_i = \frac{\partial v_i}{\partial x_j}dx_j = v_{ij}dx_j \tag{8-21}$$

式中的速度梯度张量分量可以分解为

$$v_{i,j} = \frac{1}{2}(v_{i,j} + v_{j,i}) + \frac{1}{2}(v_{i,j} - v_{j,i}) \tag{8-22}$$

从而可以认为速度梯度张量由一个对称张量（应变速率张量）和一个反对称张量（旋转张量）组成，即

$$V_{ij} = D_{ij} + \Omega_{ij} \tag{8-23}$$

应变速率张量是一个不随材料微元的刚体旋转而发生变化的客观张量。所以当应力表达中扣除了旋转张量的影响后，并且是具有刚体旋转不变性的客观张量，则可以采用应变速率张量进行分析计算。

(2) 应力的度量。如图 8-17 所示，设 dT、dA、N 和 dt、da、n 分别为从参考构形 V 和现时构形 v 中所取微元体上的微力矢量、微小面及法向量。

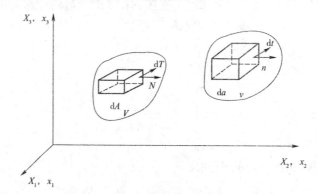

图 8-17 应力的度量

若用分量的表示形式，则

$$dT = \begin{bmatrix} dT_1 & dT_2 & dT_3 \end{bmatrix}^T \tag{8-24}$$

$$N = \begin{bmatrix} N_1 & N_2 & N_3 \end{bmatrix} \tag{8-25}$$

$$n = \begin{bmatrix} n_1 & n_2 & n_3 \end{bmatrix} \tag{8-26}$$

在现时构型中，由静力平衡条件，得

$$dt_i = \sigma_{ij}n_j da \tag{8-27}$$

定义的应力分量 σ_{ij} 称为 Cauchy 应力分量，用矩阵表示为

$$dt = [\sigma]^T n da \tag{8-28}$$

$[\sigma]$ 称为 Cauchy 应力张量，它具有明确的物理意义，代表真实的应力。

按照 Lagrange 规定：

$$dT_i = dt_i \tag{8-29}$$

则由式

$$dT_i = T_{ij}N_j dA = dt_i \tag{8-30}$$

定义的应力分量 T_{ij} 称为第一类 Piola-KIRCHHOF 应力分量，用矩阵表示为

$$dt = [T]^T N dA \tag{8-31}$$

式中：

$$[T] = \begin{bmatrix} T_{11} & T_{12} & T_{13} \\ T_{21} & T_{22} & T_{23} \\ T_{31} & T_{32} & T_{33} \end{bmatrix} \tag{8-32}$$

称为第一类 Piola-Kirchhof 应力张量，有时又称为应力张量。

按照 Kirchhof 规定：

$$dT_i = \frac{\partial X_i}{\partial x_j} dt_j \tag{8-33}$$

则由式

$$dT_i = S_{ij}N_j dA = \frac{\partial X_i}{\partial x_j} dt_j \tag{8-34}$$

定义的应力分量 S_{ij} 称为第二类 Piola-Kirchhof 应力分量，用矩阵表示为

$$[f]dt = [S]^T N dA \tag{8-35}$$

式中：

$$[f] = \begin{bmatrix} \dfrac{\partial X_1}{\partial x_1} & \dfrac{\partial X_1}{\partial x_2} & \dfrac{\partial X_1}{\partial x_3} \\ \dfrac{\partial X_2}{\partial x_1} & \dfrac{\partial X_2}{\partial x_2} & \dfrac{\partial X_2}{\partial x_3} \\ \dfrac{\partial X_3}{\partial x_1} & \dfrac{\partial X_3}{\partial x_2} & \dfrac{\partial X_3}{\partial x_3} \end{bmatrix} \tag{8-36}$$

$$[S] = \begin{pmatrix} S_{11} & S_{12} & S_{13} \\ S_{21} & S_{22} & S_{23} \\ S_{31} & S_{32} & S_{33} \end{pmatrix} \tag{8-37}$$

称为第二类 Piola – Kirchhof 应力张量，有时又称 Kirchhof 应力张量。可以证明，上述三种应力张量之间的关系为：

$$T_{ij} = \frac{\rho_0}{\rho} \cdot \frac{\partial X_j}{\partial x_k} \sigma_{kj} \tag{8-38}$$

$$S_{ij} = \frac{\rho_0}{\rho} \cdot \frac{\partial X_i}{\partial x_\alpha} \cdot \frac{\partial X_j}{\partial x_\beta} \sigma_{\alpha\beta} \tag{8-39}$$

$$S_{ij} = \frac{\partial X_i}{\partial x_\alpha} T_{j\alpha} \tag{8-40}$$

式中：$\rho_0 、\rho$——参考构型和现时构型中的材料密度。

从式(8-38)可见，Lagrange 应力张量 $[T]$ 是非对称的，所以它不适合用于描述应力应变关系，因为应变张量总是对称的，而从式(8-39)中可以看出 Kirchoff 应力张量 $[S]$ 是对称的；此

外,[S]也不随刚体转动而变化,因此 Kirchoff 应力张量[S]是客观张量。

Cauchy 应力张量[σ]和 Almansi 应变张量[e]都是在现时构型中定义的,考虑了物体的变形,因而是真实应力和真实应变,它们是相互匹配的。Kirchoff 应力张量[S]和 Green 应变张量[e]都是相对参考构型度量的,而且它们都是客观张量,所以它们构成材料本构关系的合适匹配。

车身覆盖件冲压成型涉及双重非线性问题,需要采用增量理论来分析依赖于材料变形历史的塑性过程,因而应变采用微分型或速率型的材料本构关系,这时要用到 Cauehy 应力张量的物质导数[$\dot{\sigma}$](material derivative)。可以证明,Cauchy 应力张量的物质导数[$\dot{\sigma}$]不是客观张量,它是受刚体转动的影响。但本构关系要求具体客观性,即不随坐标的变换而改变。为了消除刚体转动的影响,在连续介质力学中定义了一种其分量不随材料刚体转动而变化的速率型的应力张量,这就是 Cauehy 应力张量的 Jauinann 导数(或称 Cauehy 应力张量的 Jaumann 应力变化率),即

$$\sigma^J_{ij} = \dot{\sigma}_{ij} - \sigma_{ip}\Omega_{pj} - \sigma_{jp}\Omega_{pi} \tag{8-41}$$

式中:

$$\dot{\sigma}_{ij} = \frac{d\sigma_{ij}}{dt} \tag{8-42}$$

为 Cauchy 应力张量的变化率(物质导数),

$$\Omega_{ij} = \frac{1}{2}\left(\frac{\partial \dot{u}_j}{\partial X_i} - \frac{\partial \dot{u}_i}{\partial X_j}\right) \tag{8-43}$$

为旋转张量[Ω]的分量,表示材料的角速度。

式(8-41)写成矩阵形式,为

$$[\sigma^J] = [\dot{\sigma}] - [\sigma][\Omega] - [\Omega]^T[\sigma] \tag{8-44}$$

显然,Cauchy 应力张量的 Jaumann 导数[σ^J]是对称张量,由于它不受刚体转动影响,因而是客观张量。因此,可以用[σ^J]来建立速率型或微分型的本构关系。还有一种常用的应力率为 Green – Naghdi 应力率,其计算公式为:

$$\dot{\sigma} = \dot{\sigma} - W\sigma - \sigma W \tag{8-45}$$

在有限变形问题中,变形前后物体的构型发生了明显变化,物质坐标和空间坐标之间发生了有限改变。在建立有限变形条件下的弹塑性本构方程与小变形弹塑性本构方程在形式上是相同的,只是其中的应力速率和应变速率要具体客观。

针对不同的应变度量方式,必须构造相应的应力表达,从而通过两者的点乘积获得变形体的内力功。以上应力表达形式中,第一类 Piola – Kirchhoff 是非对称的,不适合用于建立应力应变本构方程,而第二类 Piola – Kirchhoff 应力张量、Jaumman 应力率、oreen – Naghdi 应力率都是客观张量,分别与 Green 应变、应变速率张量构成相应的共扼对。在有限元分析中采用随动局部坐标系,在这个共旋坐标系中就可以直接使用 Cauchy 应力率和应变速率构成共扼向量,建立相应的材料本构关系对材料的变形过程进行分析。

3)非线性弹塑性材料的本构关系

金属板料在冲压成型中实质上是一个弹塑性变形过程,具有大变形大应变的特点,应力应变关系呈现出强非线性性质。如何准确合理的定义和描述材料模型是进行数值仿真的一个重要前提。

对于弹塑性材料来说,冲压成型中当材料应力超过屈服极限时会产生塑性变形。另外,多

数金属还存在着应变硬化现象,已经发生了塑性变形的材料,其屈服强度会有所增强。因此,为了确定材料在什么条件下屈服以及屈服时的应力状态,需要研究材料的屈服模型;为了衡量材料屈服后发生塑性变形的程度,则涉及到塑性硬化法则。

(1)屈服准则

①第一类:各向同性材料的屈服准则——Von Mises 屈服准则。在三维应力空间,Von Mises 屈服准则可以表示为

$$\frac{1}{2}[(\sigma_1 - \sigma_2)^2 + (\sigma_2 - \sigma_3)^2 + (\sigma_3 - \sigma_1)^2] = \sigma_z^2 \quad (8\text{-}46)$$

式中:σ_1、σ_2、σ_3——对应于三个应力主轴方向的主应力。

②第二类:各向异性材料的屈服准则。

a. Hill 屈服准则。Hill 提出了非二次屈服准则,它可以考虑厚向异性的影响,但不能反映面内各向异性,其表达式为

$$\phi = |\sigma_1 + \sigma_2|^m + |\sigma_1 - \sigma_2|^m = 2(1 + 2r)^{-2}\sigma \quad (8\text{-}47)$$

式中:$\bar{\sigma}$——等效应力;

σ_1、σ_2——主应力;

r——厚向异性系数的平均值。

Hill 准则可以用在复杂应力状态下,并可以导出线性化的应力和应变增量关系,表达式简单,使用方便,能够较为准确的反映 r 值较高材料(如低碳钢)的各向异性行为。

b. Barlat 屈服准则。Barlat 在各向同性 Hershey - Hosford 准则的基础上,通过用应力张量取代主应力的方法将其扩展到各向异性的材料上,并且引入了其他六个参数,得到了 Barlat(1992)屈服准则。后来 Barlat 又在此基础上提出了新的准则 Barlat(1997)。

$$\phi = \alpha_1|\sigma_1 - \sigma_2|^m + \alpha_2|\sigma_2 - \sigma_3|^m + \alpha_3|\sigma_3 - \sigma_1|^m = 2^{-m}\sigma \quad (8\text{-}48)$$

式中:σ_1、σ_2、σ_3——应力主方向的函数。

以上三种材料的屈服模型可以相互转化,它们都是薄板冲压仿真常用的材料模型。

(2)塑性硬化模型。对于应变硬化材料,加载到塑性段某点后开始卸载,然后再加载,若要使材料重新进入塑性状态而产生新的塑性变形,应力分量必须满足与初始屈服准则相异的函数关系,即后继屈服函数。该函数的具体形式由采用的塑性硬化模型决定。

塑性硬化模型通常有以下几种:

①等向硬化。此法则规定材料进入塑性变形以后,屈服面在各方向均匀的向外扩张,其形状、中心及其在应力空间的方位均保持不变。在这种情况下后继屈服函数与初始屈服准则具有相同的表达形式。

②随动硬化。此法则规定材料进入塑性变形以后,屈服面在应力空间作一刚体运动,而其形状、大小和方位均保持不变。该理论认为当某个方向的屈服应力升高时,其相反方向的屈服应力应该降低。所以在随动硬化中,由于拉伸方向屈服应力的增加导致压缩方向屈服应力的降低,在对应的两个屈服应力之间总存在一个 $2\sigma_s$ 的差值,初始各向同性的材料在屈服后将不再是同性的。

③线性硬化。线性硬化模型,即通过双线性或多线性折线来表示应力应变曲线。对于双线性应力应变曲线,一般通过材料的弹性模量和切线模量两个斜率计算材料的塑性斜率,然后通过等效应力和等效应变进行分析计算,从而使问题大为简化。

在冲压成型有限元仿真研究中,一般采用等向硬化法则,这样得到的本构关系形式

简洁,便于实现编程,而且众多的试验结果表明,对板料采用等向硬化法则能够保证分析精度。

4) 单元理论

根据众多的研究实践,可用于冲压成型有限元仿真分析的单元有三类:基于薄膜理论的薄膜单元、基于板壳理论的壳单元和基于连续介质理论的实体单元。

薄膜单元的构造格式简单,对内存要求小,但薄膜单元忽略了弯曲效应,只适用于分析胀形等弯曲效应不明显的成型过程,另外薄膜理论只适合于二维成型问题分析。实体单元能够处理三维成型问题,也考虑了弯曲效应和剪切效应,其格式比薄膜单元还要简洁,但是采用实体单元进行冲压成型问题的分析时,计算时间太长,尤其是像处理覆盖件冲压成型这样的复杂三维成型问题时,其效率过于低。

基于板壳理论的壳单元既能处理弯曲和剪切效应,又不像实体单元那样需要很长的计算时间,而且板壳理论本身就是研究薄板三维变形行为的理论工具。因此,在车身覆盖件冲压成型有限元仿真分析中常采用壳单元。

壳单元大致可以分为两类:一类是基于经典 Kirchhoff 板壳理论的壳单元;另一类是基于 Mindiin 理论的壳单元。前者单元极其繁琐,计算效率很低,在冲压成型有限元仿真分析中几乎不采用。Mindiin 板壳理论采用位移和转动独立插值的策略,这种方法建立的板壳单元计算比较简单、精度较好,并能利用坐标变换以适应不规则外形,因而很实用。

近年来,人们基于 Mindlin 理论,采用各种有效的方法避免闭锁和沙漏现象,开发了多种用于冲压成型有限元仿真分析的壳单元,Belytschko – Tsay 壳单元(简称 BT 单元)就是其中计算精度和效率都很高的一种。用 BT 壳单元来建立覆盖件冲压成型中坯料有限元模型是非常合适的。

5) 有限元控制方程

有限元法的基本思路就是将连续的空间求解区域离散成一组单元,然后将这些单元按一定方式组合在一起,从而近似模拟整个求解域的变化情况。

采用 U.L. 格式,利用虚功原理建立的非线性大变形有限元控制方程为

$$M\ddot{u} + C\dot{u} + Ku = F_{ext} \tag{8-49}$$

式中：M——质量矩阵；

C——阻尼矩阵；

K——总体刚度矩阵；

F_{ext}——外力矢量；

$u,\dot{u},\ddot{u}$——节点的位移矢量、速度矢量和加速度矢量。

由于模具与板料之间的接触,还应加上接触力 f_c,即最后的有限元控制方程为

$$M\ddot{u} + C\dot{u} + Ku = F_{ext} + f_c \tag{8-50}$$

式中：f_c——接触力矢量,是法向接触力和切向摩擦力的合力。

冲压成型有限元仿真中常见的有两种求解算法,即静力隐式算法(staticimplicit algorithm)和动力显式算法(dynamic Explicit algorithm)。

(1)静力隐式算法。静力隐式算法在每一增量步内都要进行多次迭代,直至满足收敛条件后,再进入下一增量步,一旦某一步收敛条件不满足,则将导致收敛性错误而停止运算。此外,由于在每一增量步内的每一次迭代中,都要构造并计算新的刚度矩阵,计算效率低。所以当把静力隐式算法有限元应用于分析覆盖件冲压成型问题时,遇到了严重的计算效率和收敛

性问题。为了加快计算实现收敛,采用了对非线性方程组解耦的求解算法,解耦算法的基本公式如下。对每一次的平衡迭代,新的切向坐标系由当前的几何形状确定,如图 8-18 所示。线性化的方程组及其求解只是在局部坐标系内进行。

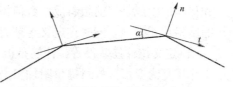

图 8-18 非线性解耦算法的节点坐标系

$$\begin{bmatrix} K_{Mnn}(u_0) + K_{Gnn}(u_0) & K_{Mnt}(u_0) + K_{Gnt}(u_0) \\ K_{Mtn}(u_0) + K_{Gtn}(u_0) & K_{Mtt}(u_0) + K_{Gtt}(u_0) \end{bmatrix} \cdot \begin{Bmatrix} \Delta u_n \\ \Delta u_t \end{Bmatrix} = \begin{Bmatrix} -R_n(u_0) \\ F_t - R_t(u_0) \end{Bmatrix} \quad (8-51)$$

式中:u_0——当前的位移;

Δu——位移增量;

R——节点残余应力;

F_t——切向摩擦力;

K_M——刚度切向的模分量;

K_G——有初应力引起的刚度分量。

平衡迭代的目的就是要使节点残余力趋于 0。由于刚度矩阵 K 是一个自由量,它的改变并不影响节点残余力趋于 0,也就是说迭代结果总是收敛的,节点残余力总能够正确地计算出来。如果图 8-18 中定义的 α 角切向刚度项在刚度矩阵中都忽略的话,上面经过解耦的公式将简化为如下切向和法向的方程:

$$K_{Gnn}u_0\Delta u_n = -R_n(u_0) \quad (8-52)$$

$$K_{Mtt}(u_0)\Delta u_t = F_t - R_t(u_0) \quad (8-53)$$

(2)动力显式算法。动力显式算法有限元不必构造和计算总体刚度矩阵,不必经过迭代,因而不存在收敛性问题,也不必因求解大量繁琐的联立方程组而降低效率,所以它能够获得一个高效、稳健的解答。虽然动力显式算法是条件稳定的,受最小时间步长的限制,但却可以利用这个最小时间步长限制来方便而有效地处理接触问题,因为对于接触问题而言,接触状态变化越小越容易处理。动力显式算法有限元的这些优势在处理像车身覆盖件的冲压成型问题时表现的更为明显。

但是,用动力显式算法有限元分析冲压成型问题也存在着不足之处:第一,把作为准静力过程的冲压成型问题处理成动力过程,可能会引起解的精度偏差;第二,为了提高计算效率,不得不加大虚拟冲压速度和材料密度,但这样同样会加大速度和加速度的虚拟惯性效应,这可能在某些情况下造成不真实的解。但大量的研究表明,在一般情况下,用动力显式算法有限元分析冲压成型问题所获得的结果是合理的。

2. 板料成型仿真的一般过程

应用数值模拟技术对板料成型过程进行有限元分析的一般过程如下:

(1)读入成型零件几何模型并进行有限元网格划分。成型零件的几何模型通常由 CAD 软件(如 UG,Pro-E,Catia 等)设计获得,由板料成型数值模拟软件直接导入其几何模型(如 UG 的 *.Prt 文件等),或采用图形数据交换标准 IGES 文件导入几何模型。然后利用板料成型数值模拟软件的网格划分模块,对该零件进行有限元网格单元划分。如果该零件几何模型中不包括工艺补充面部分,可应用板料成型数值模拟软件提供的模面设计功能,生产该零件的工艺补充面。

(2)定义成型工具。根据成型零件的结构尺寸和所使用的冲压设备的不同,覆盖件拉伸模可分为单动拉伸模和双动拉伸模。成型数值模拟时应根据不同的模具结构,定义相应的成型工具。

(3)定义毛坯。在生产毛坯前,应首先进行毛坯尺寸的计算,利用一步成型法进行坯料尺寸和形状的生成是当前板料成型数值模拟软件提供的重要功能。利用坯料的边界轮廓生成毛坯的网格单元模型。同时在定义毛坯时还应设置壳单元类型、板料的材料属性和接触类型等。

(4)定义拉伸筋。设置拉伸筋是板料成型中控制冲压件成型的主要手段之一。拉伸筋的根本作用是为变形区板材提供附加阻力,合理改变变形区板材的受力状态,达到顺利成型的目的。拉伸筋阻力可以方便、灵活地调节,所以可以弥补调节压边力的不足。在成型数值模拟中,拉伸筋可以有两种方法来实现,一种是建立真实的拉伸筋几何模型,这种方法计算精度较高,但需要对板料网格进行细化,大大增加计算时间;另一种是建立等效拉伸筋模型,即用等效的约束边界条件来代替实际的拉伸筋的影响,这种方法计算效率高,调整方便,所以得到广泛的应用,但计算精度受到等效阻力模型的影响。

(5)设置成型参数。成型参数包括荷载、模具的运动控制和边界条件的设置等。

(6)求解器计算。在生成求解器输入文件前,还应设置求解器参数,如自适应网格划分、输出控制参数等。然后由板料成型数值模拟软件生成求解器输入文件(如 Ls – DYNA 的 DYNA 控制文件 *.dyn 和 DYNA 模型文件 *.mod),提交给求解器(LS – DYNA 求解器)进行计算。

(7)后置处理。求解器完成计算后,必须对计算结果进行后置处理,以图形方式来直观地显示计算结果,实现计算的可视化。后置处理模块的功能包括:

①应力应变和厚度的等值线图。通过等值线图可以直接观察出应力应变和厚度的分布情况。

②应力应变和厚度的云图。云图可对不同等值线区域用不同颜色进行填充,这样可以更加形象地反映出应力应变和厚度的分布情况。

③成型极限图的显示,可以直观、方便地判断板料的成型性。

④变形过程的动画显示。

⑤截面应力、应变等物理量变化显示。

⑥根据分析计算结果,可以对板料成型过程的成型参数或模具提出修改建议,指导实际的模具设计。

8.4 现代汽车车身焊接技术及其发展趋势

8.4.1 现代车身结构对焊接技术的要求

车身装焊技术水平和质量直接影响车身结构强度、安全性和生产率。世界汽车工业正在朝着环保低碳、节省能源、安全性、舒适性、多样化方向发展,要求汽车采用新能源、新结构、新材料和新工艺。由此引起了车身焊装技术又一次的发展变化。

1. 现代车身结构对焊接技术的要求

1)车身轻量化,促进了新材料应用和焊接技术新发展

减轻汽车质量可以提高输出功率、降低噪声、降低油耗。目前欧洲大型汽车制造商正在进行"超轻型工程",预计将减轻车身质量30%,车体的设计中将采用超过80%的高强钢。除了采用高强钢外,各汽车商正在研究并部分采用了铝、镁轻合金、复合材料用于车身结构。

在车身结构设计方面,改进车身部件连接形式也能达到减轻车身质量的目的,如改零件搭接点焊为激光焊。

面对高强或超高强度钢、轻合金结构的焊接中出现的难题,研究开发新的焊接工艺和相应

的设备成为焊接装备行业急需解决的课题。

2)车身安全性的提高,要求车身焊接质量进一步提高

为提高汽车安全性,除了在结构设计、操控系统、安全防护等方面采取措施外,还应提高车身自身刚度和强度及焊接质量的稳定性,特别是采用高强或超高强度钢、镀层钢并提高其焊接性能,以提高车身关键部位构件的强度等方面,必须大量采用先进的新装焊工艺,如激光焊接、中频点焊、摩擦搅拌点焊、胶结点焊等以提高车身零部件焊接质量和强度,这将对焊接技术提出更新的要求。

3)改善车身品质,提高装焊几何尺寸精度

为了保证车身焊装的尺寸精度,各大汽车厂纷纷推出了一系列行之有效的控制方法和质量标准,建立新的车身几何尺寸精度控制理念和评估方法,探索车身尺寸精度标准,研究开发空间尺寸检测方法和手段。如美国汽车联合会大力实施的"2MM 工程";日本丰田公司在推行的"全球车身标准 GBL"模式;大众推行"车身奥迪特 Audit";神龙公司用控制"几何尺寸质量水平 IQG"和"几何尺寸合格率 IQV"来控制车身几何尺寸精度;提高车身装焊设备的设计、制造精度,满足车身几何尺寸精度控制要求,对车身装备采用标准化、模块化设计;使用高精度的数控加工中心手段,以及先进的三维检测手段进行装备精度控制;甚至不惜沿用航空工业中对大型飞机机身精度检测的激光跟踪仪,对长达数 10m 的装焊生产线进行精确检测等。

4)适应多品种车型,实现柔性混线装焊生产

为适应汽车品种多、更新快的特点,对车身装焊技术和生产线提出了更多更新的要求。在同一高度柔性的装焊生产线上,要求随机混线、高节拍生产的车身平台,装焊多种车型的车身。如神龙公司 PF2 平台四种车型在同一平台装焊,还将导入新车型。多家汽车制造厂都已实现多车型混线装焊。目前,世界汽车车身装焊装备制造厂商纷纷开发了各种车身总成柔性成型装焊技术。国内装焊装备制造厂商已经开发了多车型柔性成型技术。这种多车型混线生产的装焊生产技术已开始应用在国产品牌的汽车生产线上。

5)车型换代加速,焊接装备更新加快

世界汽车生命周期明显缩短,如 2002 年我国的汽车生命周期平均为 8.5 年,到 2008 年缩短为 6.2 年,计到 2015 年将缩短为 3.5 年,这将接近世界发达国家的汽车生命周期(3~3.5年)水平。由此给汽车装备开发制造业带来了新的挑战,即要求制造车身装备的柔性化能力更强,以在最短产品更换周期内,完成车型更新。

6)高可靠性、高节拍生产,要求装焊生产线高度自动化

由于汽车生产的多品种、高节拍、大批量,提出了高可靠性和高度柔性化的要求;对批量焊接生产品质要求高且一致性好,对"零缺陷"的质量控制与保证,提出了自动化焊接过程的监测与信息化管理的要求。

现代车身装焊生产线的自动化控制系统是一个集车身焊接车间各车身装焊生产线、物流传输为一体的庞大的自动化系统。对每条生产线来讲,又是集各工位工艺过程、车身成型定位、焊接涂胶冲孔等装备于一体。自动化系统包括自动化作业、物流传输、车型识别、故障诊断、安全防护等功能的自动化,并要对各工艺过程进行高质量、高可靠性的管理。为此各汽车商家都制定了非常严格的自动化控制的标准化、模块化设计的规范,以确保安全性和可靠性。

7)采用信息化工程技术开发车身装焊生产线装备

当代汽车产品开发设计已经高度数字化,采用了虚拟制造技术。新车型在产品开发的同

时,要求对新车型进行结构工艺性匹配分析,必须做同步(SE)工程。在车身装焊工程化过程中,运用先进的制造信息化工程技术,如采用 eM-Power 等软件进行装焊工艺分析、装焊工艺和装焊装备的仿真模拟设计、机器人离线编程、实现数字化工厂设计和虚拟制造等一系列开发设计。

2. 我国车身装焊技术

我国汽车工业起步晚,其车身装焊技术及其装备技术发展更晚。20世纪90年代以前,我国汽车以商用车为主。生产节拍低,产品几十年如一。车身装焊技术大多为简单夹具、传输机械和人工操作,采用手工点焊。车身装备都是汽车厂家的工艺部门设计制造的,仅仅是满足本厂生产需要。直到20世纪90年代,引进国外轿车车型生产技术之后,国外先进的车身装焊技术和装备引入到国内,才促使了国内车身焊接装备的发展。

最近几年,随着我国汽车工业的迅速发展,车身焊接技术和装备也取得了很大进步。但对车身新材料的焊接技术、新型的中频点焊设备、激光焊接设备、多品种车型混线柔性生产技术及其装备等与国外尚存在一定的差距,急需自主开发。

8.4.2 车身新材料和焊接新技术

1. 车身新材料焊接

随着汽车工业的发展,车身采用大量新型材料,从单一钢结构,逐步向高强度优质钢结构,进而向轻质合金和复合材料结构发展。

1)高强度钢的焊接技术

为减轻车身质量,提高车身抗冲击强度,汽车生产中大量应用高强度钢。近年来高强度钢使用率迅速提高。许多新开发车型车身高强度钢板应用比例超过50%。

我国常用的车身用钢按照冶金学分为:低强度钢——无间隙原子钢(IF steel)及软钢(mild steel);HSS——碳锰钢、烘烤硬化钢(BH steel)、IF 高强度钢(IF-HS)、低合金高强度钢(HSLA steel);AHSS——双相钢(DP stell)、相变诱导塑性钢(TRIP steel)、复相钢(CP steel)、马氏体钢(MS steel)。按照钢的强度分为:HSS——屈服强为 210-550MPa,抗拉强度为 270~700MPa;UHSS——屈服强度大于 550MPa,抗拉强度大于 700MPa。

高强度钢的使用,给车身件冲压成型和焊接都带来了新课题。高强度钢板无论是力学性能,还是化学成分或是显微结构都与普通钢板差别很大,给焊接工艺提出了新的挑战。由于高强度性能使得塑性温度区间变窄,为获得相同的塑性变形需要较大的电极压力,导致合适的焊接工艺范围变窄。通常是通过改进优化传统点焊工艺,采用脉冲点焊、中频点焊等专有技术,增加焊接压力、控制焊接过程,以获得性能良好的焊点质量。

近年来,发展迅猛的激光焊工艺大大提高了高强度钢板的焊接性能和接头焊接强度。对于 800MPa 级超高强度镀锌钢板,甚至达到 1200MPa 钢,由于强度高、回弹小、成型性好和良好的抗腐蚀性等特点,而成功地应用于白车身的高强度功能件,如 A、B、C 柱加强板,门槛、座椅骨架、保险杠加强板、纵梁、横梁等方面。而能否解决高强度镀锌钢板的焊接问题,是关系到车身轻量化、安全性以及该钢种能否进一步应用的关键问题之一。

近年来,各汽车生产厂家以及有关科研院所、大学研究所都在着力研究超高强度钢板的冲压和焊接工艺技术。其中,热冲压成型和中频点焊、激光焊接是实现超高强度钢车身部件冲压成型和高质量焊接的重要手段。

2)轻合金材料的焊接

为了进一步减轻车身质量,国外汽车厂商在车身结构设计中开始采用轻合金(铝合金、镁合金、甚至钛合金),由此给车身焊接或者称连接带来了新课题。如美国福特的 T 型车,大众 3L Lupo,奥迪 A2、A8,本田混合动力车均采用铝合金,使车身质量减轻约 40%~50%。奔驰新车型采用镁合金门内板,福特采用镁合金仪表板。较多的汽车结构采用铝合金的发动机罩、后门内板等。

铝合金的点焊难度较大,目前,较多的情况还是采用 TIG/MIG 焊,或铆接、TOX 连接法,或胶粘接的方法。英国焊接研究所,最近发明的摩擦搅拌点焊技术据称可以解决铝合金的车身焊接,得到很好的焊接强度,但由于摩擦搅拌点焊的焊点中心有个小孔,故往往仅用于内板结构件上。

3)碳素纤维复合材料

采用碳纤维增强聚合基复合材料制造车身和底盘零部件,可减轻车身质量达 50%~65%。但其完全不同于金属的焊接。也有成功采用树脂传递模塑成型工艺,试制出轿车碳纤维底板,实现碳素纤维复合材料连接的。

2. 车身焊接新技术及设备

1)新型电阻焊技术

(1)中频电阻焊。传统使用的普通交流工频电阻焊存在焊接质量不稳定、飞溅大、焊接质量缺乏有效控制、需要单相大容量电源等问题。面对当今汽车工业的发展,车身大量采用高强度钢、镀锌钢、多层钢,甚至铝合金板材,以及柔性自动化焊接生产线中大量使用焊接机器人状况,近年来,中频电阻焊技术已开发成熟,并形成成套的中频电阻焊技术和相应的设备,应用于车身焊接生产中。

中频逆变直流电阻焊(简称中频电阻焊)的控制电源是由三相交流电经整流成脉动直流电,再经由功率开关器件组成的逆变电路变成中频方波接入变压器,降压后整流成脉动较小的直流电供给电极对工件进行焊接。

中频电阻焊具有许多优点,如焊接质量受控,在配置新型控制器后,当网络电压波动 ±15% 时,焊接电流精度可控制在 2%;飞溅小,净化了焊接环境;降低焊接压力,提高电极寿命;由于采用三相供电,功率因数近 1,并减小供电电源容量;焊接相同厚度材料,可比普通交流点焊节能 20%~30%;超小体积和质量轻的焊接变压器方便地满足焊接机器人一体化焊钳的需要。目前,中频电阻焊已广泛应用于汽车焊接生产。

在车身零部件生产方面,主要采用固定式大功率的中频电阻点凸焊设备,对车身零部件实施凸焊或多头点凸焊接。如前地板通道内板多头大功率凸焊设备,提供了次级整流方式和中频电源方式的专用凸焊焊机,中频电源方式的专用焊机容量由原来的 200kVA 减为 40kVA,且焊接质量大大提高。

为了提高机器人点焊的质量、减轻机器人抓举负荷,在车身焊接生产线上已大量使用机器人中频点焊焊钳。国内汽车厂家使用的中频点焊焊钳和配套的电源和焊接控制器多为围外公司提供,如德国的博世、NIMAK、日本小原等。

目前,国内许多焊接设备制造商、大专院校、科研单位纷纷着力研发中频电阻焊技术和设备,并取得了可喜的成绩,不少已在生产中推广应用。

(2)伺服点焊钳。伺服点焊钳是点焊技术发展的新产品。伺服点焊钳的焊接行程和焊接压力通过伺服电动机或伺服气缸实现。通过伺服控制器(作为焊接机器人控制的一部分,或单独的焊钳伺服控制器),使焊接压力由带有压力反馈传感器的可编程伺服加压系统产生,能够保证在整个焊接过程中提供所需要的动态焊接压力,实现最适宜的电极进给速度和电极压力。伺服焊钳的加压速度可以比常规加压快 5 倍,且能自动补偿因压馈等因素造成的压力波动,特别适合于需要强顶锻压力的钢材焊接。对提高镀锌钢板、高强度钢板、不同厚度和层数工件的点焊质量,提供了有力的保障。

机器人伺服点焊钳往往与中频电阻焊技术结合,发挥出最大的优越性。

(3) 一体式点焊钳。一体式点焊钳将焊接变压器与点焊钳合成一体。早期以法国 ARO 公司为代表。在 20 世纪 60 年代开始推广和生产应用。一体式点焊钳的最大优势是集变压器在焊钳内,大大缩短了焊接二次回路,由此带来减少电能消耗和降低对供电电源容量的需要,达到节能的目的。由于没有常规分体式焊钳的二次电缆,减少了强磁场对人体的伤害,以及二次电缆极易损坏而增加的日常维护成本。由于一体式点焊钳没有粗硬的二次电缆,使操作者能够更为方便地操作点焊钳,提高焊钳可达性,减轻操作者的劳动强度,或使焊接机器人更容易实施焊钳姿态的调整。

在机器人焊接领域内,早已全部采用一体式点焊钳。随着车身新材料的使用和焊接质量要求的不断提高,伺服中频点焊钳越来越多地应用于焊接机器人生产线。

手工操作的悬挂式一体式点焊钳,由于对操作者的环保安全、操作方便、节能等优点,已在国内汽车制造厂大量使用。如上海大众的 Polo 车焊接生产线上全部采用一体式点焊钳,武汉神龙公司早已大量推广一体式点焊钳。

国内一体式点焊钳开发较早,早在 20 世纪 90 年代就有产品问世,并在汽车生产中应用,但由于当时尚未掌握关键设计和制造技术,未能在生产中大量推广,仍需对其进行技术攻关开发,以使其工业化推广。

2) 激光焊接技术

(1) 激光焊接技术的发展。激光焊接从 20 世纪 60 年代激光器诞生,不久就开始了研究激光焊接技术,应用于薄小零件或元器件的焊接。大功率激光焊接在工业生产中的大量应用,已经历了 40 年的发展,正成为金属材料加工与制造的重要手段,越来越广泛地应用在汽车、航空航天、国防工业等领域,尤其在汽车工业中的应用成果尤为显著。

虽然激光技术及其设备并不便宜,但在 3~4 年内很快就能收回预期的投资。一种 6kW 光纤激光设备,其效率可达 20%,光束质量仅到 6mm·mrad,可在长达 100m 的光缆中灵活传送,正常运行时间达 99.9%,而修理时间不超过 30min。

激光焊接的显著特点是焊接速度快,形成深而窄、热影响区小的焊缝。焊接一致性、稳定性好,一般不添加填充金属和焊剂,并能实现部分异种材料的焊接。光束易于控制,焊接定位精确易于实现自动化。但被焊工件装配精度要求高,要求装焊夹具满足激光焊接的特殊功能和要求。除了对焊接激光器应进行标准化外,同时还应规范配备夹具(夹具类型包括:轮状夹具、双轮夹具、对开轮夹具,还有单指形与双指形夹具)。

近年来,激光焊接广泛应用于汽车车身装焊生产线和车身零部件,以及汽车零部件的焊接。

(2) 激光焊接的种类。

① 激光熔焊。常见的激光熔焊接头形式如图 8-19 所示。汽车车身常用的是对接焊和搭接焊,前者用于车身零件冲压成型前的不同厚度、不同材质钢板的拼焊,后者用于车身装焊生产线的部件焊接,如车门、侧围等内板的焊接。其他接头形式则用于汽车底盘类零部件的熔化焊接。

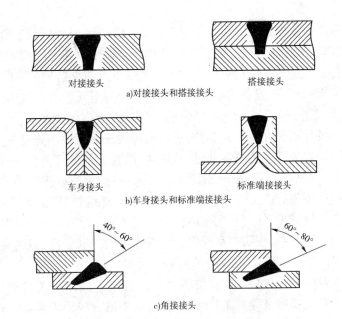

图 8-19 激光熔焊接头示意

②激光钎焊。激光钎焊的主要优势在于能生成光滑的表面,同时可以避免熔化锌镀层,这就避免了腐蚀可能需要的进一步处理工序。正是由于这些优势,激光钎焊能被用来处理一些表面可见的接合面,如车身总成的顶盖与侧围的焊接,车门、后行李舱盖的焊接等。激光钎焊的激光光源的典型参数为:激光功率 4~6kW,光斑大小 1.5~3.0mm,工作距离 150~250mm。激光钎焊的焊枪包括激光头和钎料输送装置,如图 8-20 所示。车身激光钎焊示意如图 8-21 所示。

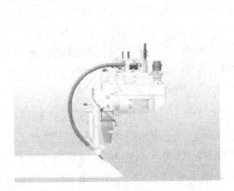

图 8-20 激光钎焊激光头与钎料输送装置示意

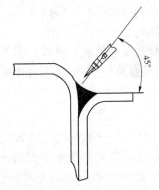

图 8-21 车身激光钎焊示意

③激光-电弧复合焊。常见的激光-TIG 复合焊是利用激光束深孔效应,显著提高了焊接速度(为 TIG 焊的 2 倍)。激光-MIG 复合焊由于填充焊丝和电弧加热范围较宽,显著增加了对间隙的桥接性。主要用于汽车零部件的焊接,如冲压桥壳轴头、差速器等底盘零部件。激光-MIC 复合焊可焊接 1~4mm 的铝、钢和不锈钢,甚至达到更深的焊缝。

④双/多光束激光焊接。双/多光束激光焊接是为了获得更大的熔深、更稳定的焊接过程和更好的焊缝成型质量,其基本方法是同时将两台或两台以上的激光器输出的光束聚焦在同一位置,以提高总的激光能量。主要用于中厚度零部件焊接。

(3)激光焊接设备的发展。最早用于大功率深熔激光焊接的是 CO_2 激光器,一般以连续方式工作,主要包括快轴流和 Slab 型两种类型。目前世界上 CO_2 激光器最大输出功率已超过

45kW，工业生产中应用的激光器输出功率范围在0.7~12kW。从20世纪90年代开始，以德国Trumpf公司4kWCO₂激光器为代表，已广泛应用于汽车焊接。我国于20世纪90年代末成功用于钢厂的车身件激光拼焊。目前可以自主生产的快轴流激光器最大输出功率为3kW。

半导体激光器具有效率高、设备成本低、体积小、维护费用低等优点，但半导体激光器面临的最大问题是光束模式差、光斑大、功率密度较低，故广泛应用于激光钎焊。

第三代激光技术的代表是光纤激光器，它是指用掺稀土元素玻璃光纤作为增益介质的激光器，具有以下优势：玻璃光纤制造成本低、技术成熟，以及光纤的可绕性所带来的小型化、集约化优势。玻璃材料具有极低的体积面积比，散热快、损耗低，所以转换效率较高，激光阈值低。由于光纤激光器的谐振腔内无光学镜片，具有免调节、免维护、高稳定性的优点，这是传统激光器无法比拟的。光纤导出，使得激光器能轻易胜任各种多维空间加工应用，使机械系统的设计变得非常简单，容易实现远程切割和焊接。无需热电制冷和水冷，只需简单的风冷，综合电光效率高达20%以上，大幅度节约电能，节约运行成本。

大功率光纤激光器特别是在金属加工方面将取代传统的固体激光器和CO_2激光器。因为光纤激光器在波长和光斑质量等方面的巨大优势，特别适合应用于金属薄板的切割和三维切割，而且光纤激光器的切割速度是CO_2激光器的2~4倍。光纤激光能使激光远程焊接或激光扫描焊接成为可能，并极大提高了汽车车身件激光焊接速度。高功率光纤激光器其输出功率已大于6kW。

(4) 汽车工业中激光焊接的应用。

①汽车底盘零部件的激光焊接。一辆汽车的底盘由数百种以上的零件组成，采用激光焊接可以将很多不同厚度、牌号、种类、等级的材料焊接在一起，制成各种形状的零件；过去无法实现或难以实现连接的零部件焊接，采用激光焊接可以优质、高效地完成，大大提高了汽车设计的灵活性。

②车身冲压件的激光拼焊。钢板激光拼焊是将汽车车身零部件所需的各种不同厚度、材质的钢板，经过剪切下料、激光拼焊再冲压成型为车身零件，如立柱、门槛、前后纵梁、车门等车身件，实现采用更合理的车身结构，提高车身强度，减轻车身质量。

③车身装焊生产线的激光焊接。激光焊接由于采用计算机控制，所以具有较强的灵活性和机动性，可以对车身内板构件（如门板、挡板、侧围、仪表板等）零部件实施焊接。

采用激光钎焊对车身外部、要求外表质量较高的部件实施焊接。如后行李舱门激光钎焊、顶盖+侧围激光钎焊等，通过光纤传输系统和机械手还可以进入汽车装配生产线达到自动化焊接的目的。

3) 摩擦搅拌点焊技术

摩擦搅拌点焊技术（FSW Spot elding）是英国焊接研究所（TWI）近年来研发的专有技术，适用于不同材料薄板点焊，特别适用于汽车铝合金、铝与钢的车身件焊接。据报道，该技术已应用于日本MAZDA车身焊接。

德国哈姆斯温德公司与利夫泰克公司共同研发的搅拌摩擦点焊设备已推向市场，焊点中心无匙孔，表面平整。

4) 等离子焊接技术

等离子焊接技术是通过产生强有力的等离子束充分熔化材料，其焊孔会随等离子弧的前移而闭合，使被焊对象的形变降至最小，以致用肉眼几乎无法看出来。这种焊接技术早在其他领域得到广泛应用。

但在汽车车身领域采用等离子焊接技术的仅一汽大众在国产奥迪 A4L 焊接生产线上有应用。车身等离子焊接具有以下优点：焊接强度增大 30%；车体表面更加美观，避免了焊接变形；加快了生产速度，增加了车身的防腐性；设备费用及维护费用大大降低等。

5) 胶接点焊技术

由于点焊接头受载时在焊点处存在较大的应力集中，而胶接接头虽具有优良的疲劳性能，但其静强度差，胶层的老化和脆化还会进一步降低接头性能。为了提高点焊接头的疲劳性能，提高胶接接头性能的可靠性，出现了将电阻点焊和胶接复合起来的新工艺——胶接点焊，即对工件点焊部位先涂胶搭接，再进行点焊。这样，胶焊接头不仅具有静强度高、可靠性好的优点，又具有良好的疲劳特性、密封性及声学性能。

胶焊工艺在汽车车身制造过程中的应用主要用于镀锌钢板、铝合金的连接。胶焊技术在异种材料的连接上应用潜力很大，有相当广阔的应用前景，有可能实现用现有连接工艺无法完成的异种材料的连接。当前，国内汽车车身制造中已经采用了胶焊技术。据报道，日本已生产出全胶焊连接的轿车。

8.4.3 车身尺寸精度控制

1. 车身尺寸精度控制工程

车身尺寸控制精度应从车身生产的每一个环节入手。车身由地板（分前中后）、侧围（分左右）、盖、前后盖、车门等主要部件组成，在这些部件中，还有数以百计的小件（包括冲压件和外购件）。这些部件要经过冲压、焊接等成型。在冲压和焊接过程中都会有变形，所以在白车身制造过程中都要进行尺寸控制，采用各种手段控制车身的尺寸链，以保证车身制造完成后，整体尺寸误差不超过 2mm。

目前，汽车行业常用的车身尺寸精度控制途径如下。

1) 建立车身尺寸控制链

在车型开发设计阶段，就要充分考虑到车身尺寸链的控制，建立基准点系统(RPS)：在设计、制造和检验三个阶段，确定统一的定位基准。保证具有其相同的尺寸关系。基准点系统涉及三个方面：数模基准、工艺基准和测量基准。在保证零件模具、检具、夹具定位基准一致的同时，白车身基准点所在的零件在各工序夹具上均与整车使用同一基准点，才能减少不同基准偏差造成的车身尺寸不稳定。

2) 批量生产的车身尺寸一致性尺寸控制

对白车身尺寸的监控，除对下线车身骨架进行测量，通过数据分析得出车身尺寸状况外，更重要的是对每一生产过程进行尺寸精度分析控制。比较好的常用方法：

(1) 从源头控制——保证冲压件各个环节状态一致。

(2) 焊接工装的精度控制。这是确保车身零部件尺寸精度的基础条件。如夹具设计的规范化，部件标准化。应定期对定位销、支撑面和夹具紧固件的磨损和松动进行检测等。

(3) 在生产过程中，操作者应严格遵守操作程序，并不间断地监察操作者操作的正确性。这就提出由机器人操作代替人工作业的必要性，以确保车身尺寸精度一致性的理念。

(4) 生产过程中。除需对分序零件尺寸进行检测外，还需定期检测工装夹具、工具精度，应建立车身尺寸一致性数据库，以保证各种在线检测的可重复性。而对操作者操作正确性的监控也需要标准的工艺文件支撑。

2. 车身尺寸精度检测技术

在实际生产过程中,对车身零部件尺寸精度控制工程的监督,从两个非常重要的方面着手:一是监测车身零部件生产各个工序的尺寸精度状况;二是监测零部件装焊设备精度保障状况。

1)车身零部件尺寸精度检测方法和手段

车身零部件焊接总成的尺寸精度检测一直是汽车制造过程中非常重要的质量控制程序。随着科技的发展,检测方法和手段也不断改进,一般采用生产过程抽查监测,它又分为定性检查和定量检测。

(1)车身焊接总成定性检查。这种检查是将车身分总成固定在检具上,对车身尺寸精度控制规定的基准定位点,需监控的尺寸、型面,在焊接总成与检具检测点位之间的间隙,用"止通"量规进行位置、尺寸精度的"止通"检查,如图8-22所示。常用于非关键质量控制的零部件或生产条件较差的生产厂。

(2)车身焊接总成定量检测。此检测是对焊接总成的车身尺寸精度控制规定检测的点面进行测量,得出其实测数,再与尺寸精度控制规定数进行比较,得出实际误

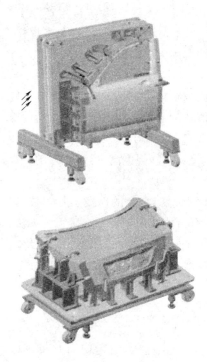

图8-22 车门、车盖检具

差,再判断焊接总成的尺寸精度。

常用的定量检测手段有焊接总成检具检测和三坐标检测。

①焊接总成检具定量检测技术。与定性检查的检具结构大致类似,只是在检测总成检测点与检具基准点之间的间隙时,定量检测要求用定量的量规或量具读出间隙的数值。随着科技发展,目前大多用专用检测支架和数字式千分表进行测量,如图8-23所示。

焊接总成检具定量检测技术主要用于车身总成、侧围总成、门盖总成等,其优点是比较灵活,可在生产过程中随时进行现场检测,无需转运到三坐标检测室。其测量精度当然低于用三坐标检测的结果。

②焊接总成三坐标检测技术。此检测是将被测焊接总成固定在按照尺寸精度控制点位设计的专用的检测支架上,用三坐标检测仪对需检测的点位进行实际数值测量,再通过检查软件自动进行比对,得出被测焊接总成的尺寸精度,如图8-24所示。这种检测手段一般用于中、大型焊接总成的离线检测,如车身总成、侧围总成、地板总成、门盖总成等。因需要借助三坐标测量仪,其投资大,不能随意检测,故用于要求较高的高档汽车生产。

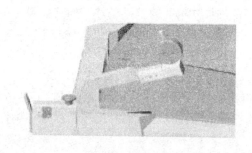

图8-23 定量检测的数字式测量机构

图8-24 侧围三坐标测量支架

2) 车身总成在线检测技术

在高档轿车、高节拍车身焊接生产线上,要求对车身关键部位,甚至是车身总成进行在线检测,以及时控制车身精度。

在车身焊接生产线,应用激光视觉检测技术,采用激光、视觉(CCD)传感、图像处理和计算机控制等技术,实现车身空间尺寸及位置精密测量的新技术,具有非接触、速度快、环境适应性好的特点,能够较好地满足车身总成或局部在线检测的要求。

目前国内多条车身装焊线上已经开始应用激光在线检测,包括固定式和机器人式等装置。

3. 装焊设备精度检测方法和手段

为了检查车身装焊设备的精度,目前常用的检测方法均为三坐标仪检测。随着科技的发展,测量手段也迅速发展。配以最新的测量软件,可以将被检测的数据实测值与理论值进行直接对比,方便快捷地得出测量结果,而且非常公正。

1) 固定式三坐标测量机

固定式三坐标测量机(图8-25)安装在专门区域内(或房间内),将车身或生产车身的设备放入进行检测。其特点是检测精度高,稳定性好。可以人工测量,也可以预先设定测量程序对被测对象进行自动检测,并通过软件自动记录显示测量结果。

2) 便携式三坐标测量仪

该检测系统操作方便、灵活,测量精度:点对点为 ±0.05mm(半径 $R1.5m$ 时),且对环境要求不高(无污染,环境温度40℃以内即可),如图8-26所示。广泛应用于装焊设备制造单位,特别对汽车生产现场的装焊设备测量。

图8-25 固定三坐标测量机(6000mm×2000mm)

图8-26 便携式三坐标现场检测

3) 激光跟踪仪

采用先进的激光跟踪技术,检测精度可达到 ±0.05mm(半径 $R35m$ 时),操作方便可靠,通过软件可与便携式三坐标配合,在同一坐标系统内检测,效率很高。同时对环境的要求不高(无污染,环境温度40℃以内即可),适应于大型装焊生产线整线的精度检测。

8.4.4 车身柔性化生产装焊技术

车身柔性化装焊有许多关键技术和技术难点。

1. 车身柔性化生产线的点位支撑单元

对于多平台的柔性,实现多车混线生产,汽车地板定位点的柔性切换和夹紧成为关键技术之一。目前实现地板柔性切换的方案有两种:

(1) 三轴机器人数控定位支撑单元(NC Locator),如图8-27、图8-28所示。通过三坐标机器人来实现地板定位点 xyz 三方向切换。控制方式为机器人的控制箱和示教器来实现。

图8-27 三轴机器人的数控定位支撑单元　　图8-28 用三轴机器人数控定位支撑单元组成的地板焊接生产线

（2）机械切换定位支撑单元（Flexible Underbod Unit）如图8-29所示。通过机械的分度和平移来实现定位点的切换，由PLC进行控制切换。

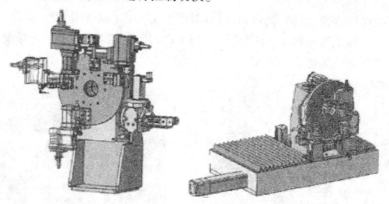

图8-29 机械切换定位支撑单元

2. 车身总成柔性成型技术

对于多车型的车身总成柔性焊接生产线，车身柔性成型工位除了地板切换外，就是侧围定位夹具切换。国际车身装备制造业开发较早，发展较快，已有多种较成熟的技术，应用于各汽车公司各种车型生产。

1）整体侧围夹具切换型

目前，Comau、Edag、Kuka 等公司的车侧围夹具的定位基本形式和原理几乎一样，都是整体侧围夹具切换。侧围夹具通过输送轨道进入主拼成型工位，然后进入精确定位的门式框架结构，对车身进行精确定位焊接。不同的是侧围夹具的输送和存储形式不一样，占地面积也有差异，如图8-30～图8-32所示。

2）上部夹具柔性回转成型技术

柔性生产其他形式还有上部夹具回转柔性成型，如图8-33所示。其结构形式是以侧围的上下中间为界，将地板和侧围下部定位夹具合成为下部体，左右侧围上部整合为上部夹具。下部夹具进行滑移切换，上部为4种不同车型定位夹紧的回转切换夹具，可以进行同一平台的4

款车混流生产。

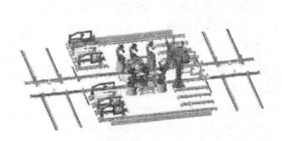

图 8-30 侧围夹具整体地面切换 COMAU 方式

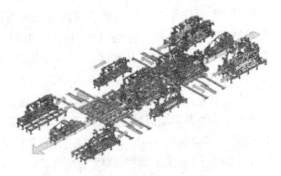

图 8-31 侧围夹具整体地面滑移切换 EDGA 方式

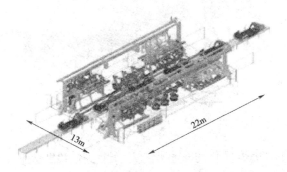

图 8-32 侧围夹具整体切换 KUKA 方式

图 8-33 上部夹具回转下部夹具平移柔性成型技术

3) 机器人柔性成型技术

用机器人抓举不同的成型定位夹具进行切换装配,实现整个车身的定位夹紧焊接和车型切换。根据车身结构可把整个车身成型夹具分为 3 部分或 4 部分:由机器人抓举定位夹具进行装配定位成型和夹紧焊接,如图 8-34 所示。

4) 车身内部定位成型技术

丰田全球车身制造技术系统在车体内部由一台夹具支撑并固定车体。夹具从敞开的顶部伸入,按车身设计的内部定位点在车身内部对这些定位点进行定位并按车身定位夹紧方案进行夹紧。当侧面焊接完成后,夹具从车体中抽出,车体则随着生产线移动到下一工位进行补焊,并安装车顶,对车顶进行焊接。这样,同一平台的每一种车型需要一个夹紧装置,不仅简化了操作,而且增加了灵活性,多种车型可以在同一生产线生产。

图 8-34 车身总成机器人柔性成型技术

3. 车身装焊生产线传输技术

汽车装焊车间需要大量高效率的零部件传输装置。

1) 地面柔性传输技术

国内的装焊车间大量采用的地面传输技术主要用于地板总成、侧围总成、车身总成的传输。按其传输原理主要有地面往复式传输装置和雪橇滚床传输装置。

(1) 地面往复式传输装置。国内常用的有两种：一种是以动力推杆驱动齿轮齿条机构，使传输线整体升降；另一种是以动力杆驱动摆杆，使传输线整体升降。前者以日韩公司采用较多。后者以欧洲公司采用较多。德国一家公司可以实现4~10个工位，每个工位最大500kg负荷。最大传输速度为1.5m/s，升降时间为2.7~2.9s。

(2) 雪橇滚床传输技术。雪橇滚床传输技术更广泛应用于车身装焊生产线，具有更多的灵活性，适用多车型混线生产，易于标准化、通用化。常用的滚床能实现1000m间距的传输。普通滚床传输6m的间距需要时间18s(含升降)，近年开发的高速滚床时间可以缩短为10s。升降滚床和固定滚床如图8-35和图8-36所示。

图8-35 升降滚床示意

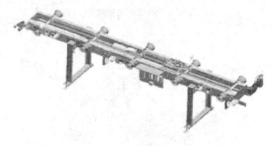
图8-36 固定滚床示意

(3) 地面链式和积放式传输技术。在高度自动化柔性化的车身焊接生产线，往往需要地面积放式传输装置，用于将车身部件按生产线节拍自动送到总成生产线指定的位置，由机器人进行抓举装配。如前后地板、顶盖、各种分总成部件等的积放式传输。

2) 空中传输技术

国内的焊装车间大量采用空中传输技术，主要用于生产线间的部件(地板、侧围等)、车身总成的传输。传输方式多种多样，用于各种不同场合。

图8-37 传送车身总成的EMS

目前较为先进的是单轨电动自行传输系统 EMS (Electrified Monorail Systeml)，如图8-37所示。该系统高度集中了机电一体化技术的物流输送系统，融合了机械、电气、计算机、自动控制四大技术精髓，是集仓储、运输、装卸、工艺操作四大物流环节为一体的柔性生产系统，通常简称为自行小车系统(英文EMS)。自行小车系统能实现起重、运输、积放储存、寄送、垂直升降与转线、水平自动合分流等功能。主要由中央控制系统、传输轨道、道岔和运行于其上的自行小车组成。其中自行小车又由牵引小车、承载小车、集电器、行走和升降电动机、吊具、传感器和控制箱等组成。负荷可达1000kg，速度为40m/min。

其他空中传输还有链式传输等，用于生产线间的地板、侧围等总成的传输。

8.4.5 工业机器人在车身装焊中的运用

汽车制造是一个技术和资金高度密集的产业，也是工业机器人应用最广泛的行业。全世界用于汽车工业的工业机器人已经达到总用量的37%。

在我国,工业机器人最初也是应用于汽车和工程机械行业中。我国正进入汽车工业高速发展时期,在未来几年,汽车对工业机器人的需求将会呈现出高速增长趋势,预计年增幅将大于50%。

我国市场上工业机器人总共拥有量近万台,大都是从日本、瑞典、德国、意大利等国家引进的。当前,工业机器人的应用领域主要有电弧焊、点焊、装配、搬运、喷漆、检测、码垛、研磨抛光和激光加工等复杂作业。

从机器人技术发展趋势看,工业机器人不断向智能化方向发展,完全实现生产系统中机器人的群体协调和集成控制,从而达到更高的可靠性和安全性。

在汽车整车生产中的冲压、装焊、涂装、总装四大工艺过程中广泛地应用着各种用途的工业机器人。近年来随着焊接机器人的大量应用,提高了零部件生产的自动化水平和生产效率,同时使生产更具有柔性,焊接质量也得到了保证。

在我国使用的工业机器人本机绝大多数仍靠进口。但除了工业机器人本体外,作为将工业机器人用于各种场合、用途的工艺、系统集成、自动化控制等技术和自动化设备,需要由国内专业的研发机构、生产企业投入大量的人力资金进行研制生产。

在车身装焊生产中,工业机器人与其他加工设备配合,几乎可以完成车身装焊生产中所有工作。利用机器人可以大大提高生产效率,减少工位,提高车身焊接生产的质量。工业机器人在车身装焊中应用场合大致如下:

1. 机器人点焊

由点焊机器人操作各式点焊钳,实施点焊焊接。机器人可以操纵大型焊钳,对地板等零件进行点焊,或者进行复杂位置焊点的焊接。机器人通过更换焊钳可以实现多位置、不同车身结构的焊接。点焊机器人系统组成如图8-38所示。

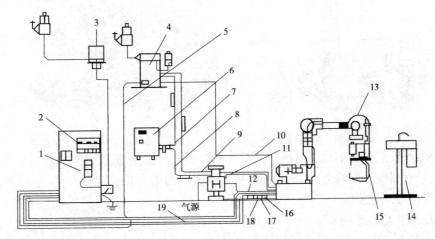

图8-38 点焊机器人系统构成

1-机器人示教盒;2-机器人控制柜;3-机器人变压器;4-点焊控制箱;5-点焊指令电缆;6-水冷机;7-冷却水流放开关;8-焊钳回水管;9-焊钳水冷管;10-焊钳供电电缆;11-气/水管路组合体;12-焊钳进气管;13-手首部集合电缆;14-电极修磨机;15-伺服/气动点焊钳;16-机器人控制电缆IBC;17-机器人供电电缆3BC;18-机器人供电电缆2BC;19-焊钳(气动/伺服)控制电缆SI

2. 机器人螺柱焊接

在车身焊接生产中,需要大量焊接各种形状规格的螺柱,采用工业机器人配以自动送料螺柱焊机,可以进行空间全方位的螺柱焊接。机器人螺柱焊接运用最多的是地板螺柱焊接工位。目前,一台螺柱焊机器人可以实现两种规格的螺柱自动焊接。机器人螺柱焊系统组成如图8-39所示。

3. 机器人搬运和装配

在装焊生产线上，通过机器人端拾器抓举被装配的车身分总成部件，送至车身装配定位夹具，并达到所需装配精度和夹持刚度，再进行机器人点焊，组合成车身总成。目前大量应用的机器人装配技术仅是将车身部件往总成线上装配，如前地板、侧围、发动机舱、后地板、顶盖等部件。

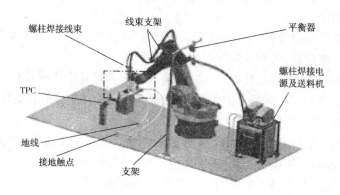

图 8-39 机器人螺柱焊接系统示意

如图 8-40 所示，机器人抓举侧围预装成型共 12 台机器人，机器人直接抓取 EMS 上传来的侧围，与汽车地板进行预拼装配，侧围夹具再进一步定位夹紧，形成一个车身的完全定位成型柔性焊接。

图 8-40 机器人直接抓取 EMS 上传来的侧围成型工位进行预装及焊接成型仿真

近年来，开发成功的车身总成机器人柔性成形系统，就是由机器人端拾器抓举车身侧围部件总成，或带有侧围部件的夹具，与地板夹具组装而成的车身总成定位夹具，这样就能轻松实现多车型混线柔性化装焊生产。

4. 机器人激光焊接

车身装焊生产线上进行激光熔焊或激光钎焊必须采用机器人焊接系统，随着激光源技术的不断进步，采用光纤激光进行远程激光焊接已成为现实，如一汽大众迈腾车的侧围激光熔焊，神龙 c5 后行李舱的激光钎焊，以及大量使用的车身顶盖的激光钎焊等。激光钎焊系统组成如图 8-41 所示。

5. 机器人涂胶

在车身装焊生产线上，大量的涂胶工作已由机器人涂胶系统完成。机器人涂胶一般有两种常用的方式：

（1）机器人通过端拾器抓举车身部件，如图 8-42 所示，按照一定的动作程序，由固定的涂胶枪输出设定流量的胶，对车身部件进行涂胶。随后机器人将车身部件送至存放架或需要装配的车身上。

（2）机器人抓握 1~2 种涂胶枪，按照一定动作程序对固定的车身部件进行涂胶，如图 8-43 所示。

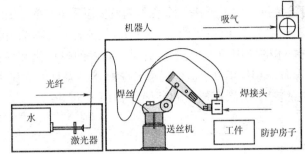

图 8-41　激光钎焊系统组成示意

图 8-42　机器人抓举车身部件进行涂胶

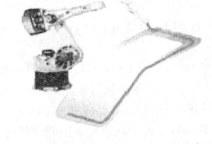

图 8-43　机器人抓握涂胶枪对车身部件进行涂胶

6. 机器人包边

为了适应汽车品种多、换型快的生产特点，车身制造企业纷纷开发了四门两盖的机器人包边技术，并已广泛用于汽车生产。机器人包边的关键技术是机器人滚边工艺、滚边头的结构设计和压模设计等。机器人包边装置如图 8-44 所示。

7. 机器人激光在线检测

机器人激光在线检测系统由三部分组成，即一个机器人、一套激光检测系统和一个终端数据处理计算机，如图 8-45 所示。机器人激光在线检测技术能使车身装焊过程中各种故障的检测更为有效、快捷和准确，而且还为监控工艺装备的工作状况、预报其可能故障提供了实现基础。

图 8-44　机器人包边装置

图 8-45　机器人激光在线检测装置

8. 其他车身装焊线机器人加工技术

工业机器人在车身装焊生产线上还有多种其他用途，如机器人冲孔、机器人铆接或 TOX 连接、机器人切割等。

8.5 车身涂装技术的发展趋势

近年来,汽车车身涂装技术发展很快。涂装工艺发生了质的变革。涂装前磷化处理、涂底漆的阴极电泳涂装等实现了全自动化;中涂、面漆实现了静电自动喷涂、机器人喷涂实现了喷涂无人化;智能化控制技术的应用,使涂装工艺实现了高度的自动化和现代化,涂装质量达到和超过了汽车的使用寿命,即 10 年以上。但随着科学技术的发展和人民生活水平及环保要求的逐年提高,对汽车的涂装工艺、涂层质量和环境保护(低公害或无公害)等方面也提出了更高的要求。

8.5.1 表面处理技术

为了提高涂层对底材的附着力和耐腐蚀性,汽车的金属(Fe、Zn、Al)制件在涂漆前都要进行除油和磷化处理。目前表面处理工艺及设备基本定型,仅在脱脂和磷化后的水洗次数、磷化后进行钝化或不钝化等细节上有点差别。

1)处理方式

外形结构较简单的工件(无空腔,缝隙结构)采用喷射式;有空腔结构的工件(如汽车车身)由 20 世纪 70 年代末的喷射式为主,逐步改为全浸式;现今所用前处理药品还是以中温碱性脱脂(45~66℃)、中低温磷化(40~45℃)为主体;表调槽液的使用寿命短,且与产量无关;磷化以 Zn、Ni、Mn 三元处理液和亚硝酸盐催化为主。钝化还是以含铬钝化为主;有些国家因环保需要取消了磷化后的钝化工序。

2)环保型涂前表面处理药品

(1)目前生物可降解性活性剂配置的脱脂剂,无镍、无亚硝酸盐的磷化液,无铬钝化剂等的商品开发正在进行阶段。

(2)节省能源的低温脱脂剂,低温少渣的磷化液,长寿面的表调剂正在开发之中,并有全面替代现用的各种表面处理液的趋势。

3)新底材的应用和新型漆前处理工艺及用材

(1)为提高汽车车身的耐腐蚀性和减少空腔涂蜡量,采用镀锌钢板(电镀和热镀两种)和预涂钢板。

(2)为节省燃料,使汽车轻量化,用铝合金和镁合金制造车身或其部件,用塑料制造顶盖、叶子板。

(3)开发新型的漆前处理工艺及用材。如能同时处理 Fe、Zn、Al、Mg 制件的漆前处理工艺,各种塑件的漆前处理工艺和配套的底漆材料的研发等。

8.5.2 阴极电泳涂装技术

电泳涂装法是汽车涂装工艺中普及和技术更新最快的涂底漆的方法。阴极电泳涂料的泳透率高,涂层耐腐蚀性优良,形成了替代阳极电泳涂装之势。仅车内耐腐蚀性要求较低的零部件采用阳极电泳。阴极电泳涂装已成为汽车车身、车轮、车架等涂底漆(或地面合一涂层)的先进技术之一,至今尚无替代它的更先进的涂装方法。其发展趋势是:

(1)现今用阴极电泳涂料属第四、五代(分薄膜型和厚膜型)。为适应环保、节能和提高工件边角耐腐蚀性,目前已经和正在开发无铅、锡的阴极电泳涂料,VOC(有机挥发物)含量低和低温加热的阴极电泳涂料,低温固化型阴极电泳涂料和边角覆盖型阴极电泳涂料。

(2) 为适应底面合一涂层和无中涂的两涂层体系的需要,而开发耐候性阴极电泳涂料。

(3) 为降低成本,开发新一代作为车身的三涂层涂装体系的底漆用的高泳透率、更薄膜型或低密度的阴极电泳涂料。

(4) 开发适应粉末/电泳(PD/ED)涂装工艺倒置的阴极电泳涂料。

8.5.3 膜过滤技术

超滤(UF)技术后,实现了半封闭循环清洗,提高了电泳涂料的利用率,解决了杂质离子对电泳漆槽液的污染变质问题,但 UF 膜元件和 RO(用于海水淡化的反渗透技术)膜元件价格昂贵,使它们的应用面受到限制。随着复合膜开发技术的进步,UF 和 RO 元件的造价降低,将为扩大它们在水处理领域应用创造良好的条件。

汽车涂装车间用水量大,漆前处理和电泳涂装的水洗工序耗用大量的水。为保证每道水洗工序水的污染度不超标,需添加优质自来水来置换;为防杂质离子污染被涂漆表面,磷化处理和电泳后清洗的最后一道水洗工序需用纯水(电导率 $<5\mu S/cm$),每平方米清洗面积的水量为 1.5~2.0L,年产 30 万台轿车车身(面积约为 $80m^2$/台)的前处理和电泳涂装的耗水量为 30t/h 左右,污水量也与此相仿。因此,节省水资源、保护环境和降低成本的措施就是扩大膜过滤技术的应用,用 RO 法替代离子交换树脂法制纯水。

总之,膜过滤技术在提高涂装材料的利用率、水的再循环利用和涂装用水处理(纯水的制取和涂装污水的处理)等领域中应用很有前途。

8.5.4 自动静电涂装技术

与人工喷涂相比,自动静电涂装技术具有涂膜装饰性好、质量稳定,涂料利用率高、使用方便,生产效率高,一次喷涂层较厚($35~40\mu m$)等优点。高转速旋杯式自动静电涂装机在经济规模的汽车车身的中涂和面漆喷涂线上几乎已完全替代了人工喷涂。采用智能化的自动静电涂装机(ROBOT),可实现喷涂无人化。

自动静电喷涂机不仅使用于传统的有机溶剂型涂料的中涂、本色面漆、金属底色漆、罩光漆等的喷涂,经改进后也使用于导电的水性涂料的喷涂;不仅能识别车型,能自动换色,还能按设定的工艺要求,自动调节供漆供气量、杯的转速及行程、自动清洗等。

从节省涂料、节省工时和改善喷漆工的劳动条件及提高涂层质量和环保的角度考虑,自动静电涂装工艺将是汽车车身的液态中涂和面漆的主要工艺手段。

8.5.5 静电粉末涂装技术

粉末涂料及其涂装工艺由于其涂膜性能及工艺性差的缘故,没有像同期开发的电泳涂装工艺在汽车工业中那样快地普及。近 10 年来在环保的促使下粉末涂装得到了高速地发展,在粉末装工艺及涂装技术上有了突破性进展。

粉末涂装作为防腐涂层和车身的中涂层,在国外汽车工业中已有较多条涂装线采用,在国内汽车涂装中尚局限于简单的中小金属件的涂装。

8.5.6 烘干技术

目前为了保证汽车涂层的质量,新车生产线用涂料几乎都属热固性合成树脂涂料。为了适应大量流水生产,涂膜固化都靠烘干来实现,以缩短固化时间,满足生产节奏的需要。因而汽车涂装是耗能大户,而烘干工序又是涂装耗能最多的工序之一,也是产生 VOC、CO_2 污染的公害源之一。因此节能、降低成本、环保和保证涂膜的固化质量是当今涂膜固化工序及其烘干设备的重要课题。烘干技术发展趋势如下:

(1)开发、选用低温烘干型涂料。

(2)扩大"湿碰湿"(wet on wet)烘干工艺的应用范围,减少烘干工艺。

(3)改进烘干设备,优化其结构,减少烘干室的散热面积和选用优质保温材料,减少热损失,提高热能的有效利用率。

(4)扩大高红外固化加热、辐射与对流结合式和以天然气为热源的烟道气直接加热式等高效节能技术的应用。

(5)在以油或燃气为热源的场合采用同时能处理烘干室废气功能的焚烧炉,同时达到废气热能的综合利用。

8.5.7 车用涂料

汽车用涂料在近百年中已实现了四次大的更新换代。即油性漆→硝基漆(汽车喷漆)→以醇酸和酚醛为主的合成树脂涂料→电泳涂料和优质合成树脂(环氧、氨基醇酸、丙烯酸、聚酯、聚氨酯等)→环保型(即低 VOC)涂料等。

在严格限制 VOC 排放量的环保要求促进下,汽车用涂料在近10年中已形成高固体分化、水性化和粉末化,替代了传统的有机溶剂型汽车涂料。高固体分涂料属低 VOC 型涂料,基于它的施工性能及所需的施工条件与溶剂型涂料相同,原有的涂装线不需改造就可采用。但与水性涂料、粉末涂料相比,其 VOC 排放量降得不彻底。可能在汽车用本色面漆、罩光清漆、塑料件专用涂料和汽车修补用涂料等方面还有一定的前途。故在开发采用水性涂料和粉末涂料时也要求它们的施工性能良好,尽可能地利用原用涂装设备及涂装条件,少投资。并要求开发的中涂、水性底色漆达到下述目标:

图 8-46 汽车涂膜的构成和减少 VOC 的方向
HS-高固体分涂料;WB-水性涂料;PC-粉末涂料;ED-电泳涂料

(1)性能与溶剂型的中涂、底色漆等同。

(2)涂装作业性的范围应尽可能宽。

(3)VOC 含有量应尽可能少。

(4)价格要尽可能便宜。

涂料在汽车车身各涂层中的应用状况如图 8-46 所示。目前符合环保要求的汽车车身的涂装工艺见表 8-5。

汽车车身的最新的涂层配套涂装工艺　　表 8-5

涂　层	涂料类型	涂装工艺	各种配套涂层的溶剂(VOC)释放量对比
底漆层 中间涂层 面漆底色漆 罩光清漆层	环氧系阴极电泳涂料 聚氨酯水性中涂或粉末中涂 水性丙烯酸底色漆 丙烯酸系粉末罩光清漆或水性罩光清漆	阴极电泳涂装法 自动静电喷涂 水性静电喷涂 自动静电喷涂	①传统涂料(即底漆为阴极电泳、中涂、面漆均为有机溶剂型、自动静电喷涂法涂装)——VOC 释放量为76g/m² 以上 ②水性涂料各层,仅罩光仍用传统的有机溶剂型清漆——VOC 释放量为36g/m² ③从底到面均用水性涂料——VOC 释放量为27g/m² ④水性涂料各层,仅罩光用粉末清漆——VOC 释放量为20g/m²

参 考 文 献

[1] 钟诗清.汽车车身制造工艺学[M].北京:机械工业出版社,1992.
[2] 钟诗清.汽车装焊工艺及设备.武汉汽车工业大学教材出版中心,1996.
[3] 李红林,贺华波.模流分析技术 CAE 在塑料模具设计与制造中的应用[J].电加工与模具,2003(4).
[4] 单岩,王蓓,王刚.Moldflow 模具分析技术基础[M].北京:清华大学出版社,2009.
[5] 张雄飞.车身覆盖件冲压成形仿真分析[D].武汉:武汉理工大学汽车工程学院,2009.
[6] 钟诗清.汽车制造工艺学[M].广州:华南理工大学出版社,2011.
[7] 王锡春.汽车涂装工艺技术[M].北京:化学工业出版社,2005.
[8] 许瑞麟等.汽车车身焊接技术现状及发展趋势[J].电焊机,2010(5).